Bernhard Müller

China. Hinter dem Reis

BERNHARD MÜLLER

CHINA. HINTER DEM REIS

Erlebnisberichte aus dem Reich der Mitte

Seifert Verlag

Umwelthinweis:
Dieses Buch und der Schutzumschlag wurden auf chlorfrei gebleichtem Papier gedruckt. Die Einschrumpffolie – zum Schutz vor Verschmutzung – ist aus umweltverträglichem und recyclingfähigem PE-Material.

1. Auflage
Copyright © 2015 by Seifert Verlag GmbH, Wien
Umschlaggestaltung: Rubik Creative Supervision, Cover-Fotos Bernhard Müller
Druck und Bindung: CPI books GmbH, Leck
ISBN: 978-3-902924-45-2

Inhalt

Vorwort von Kurt Seinitz	9
Vorwort des Autors	11
»Es zählt nicht die Größe der Stadt, es zählt die Größe der Freundschaft« – Wie alles begann	13
Der talentierte Mr. Fei	22
Der erste Besuch	31
»Doch wer kennt schon Harbin?«	44
Willkommen in Ice Vegas!	57
Gānbēi!	81
»In Austria we share our drinks« – Trinkgewohnheiten international	98
Ningbo – die angeblich »ruhige Welle«	110
Die EXPO 2010	119
Von Tigerbalsam, Tigerparks und Tigerfrauen	132
Vertrauen, Respekt, guānxì und echte Freundschaften	143
»Lernen von Daqing«	165
Àodìlì! Langnasen unterwegs im Land des Lächelns	171
Ein Österreicher als General Luó Shēngtè in China – eine Spurensuche	190
Auf dem Land	200
Eisessen mit Herrn Li – Peking, anders betrachtet	206
Seegurke, Hühnerkralle, Schweineohren & Co.	225
Fußmassagen in Shanghai und andere Erlebnisse	240
Auf den Spuren des Kaffees im Land des Tees	250
»Ich war in Jinhua« – »Wo?«	261
Chop Suey – Vermischtes zum Schluss	265
»Wenn du das Wasser trinkst, vergiss nicht, wer danach gegraben hat« – Danksagung	288
Quellen	291

»Willst du eine Stunde glücklich sein, schlafe.
Willst du einen Tag glücklich sein, geh fischen.
Willst du ein Jahr glücklich sein, habe ein Vermögen.
Und willst du ein Leben lang glücklich sein, liebe deine Arbeit.«

Chinesisches Sprichwort

Meinen chinesischen Freunden

Wèi wǒmen de yǒuyì gānbēi!
(Auf unsere Freundschaft!)

Anmerkung des Autors:

Aus Gründen der besseren Lesbarkeit wird im Text auf eine geschlechtsneutrale Formulierung, wie z. B. EinwohnerInnen, GastgeberInnen, TouristInnen etc. verzichtet. Selbstverständlich richten sich alle Formulierungen gleichermaßen an beide Geschlechter.

Vorwort von Kurt Seinitz

Den Autor Bernhard Müller, von 2005 bis 2015 Bürgermeister von Wiener Neustadt, habe ich als echten China-Versteher, besser gesagt: Chinesen-Versteher kennengelernt. Er ist als Politiker nicht nur eine Kontakt-Kanone, sondern hat sich bei seinen Dienstreisen im Reich der Mitte auch als »Verkaufs-Kanone« entpuppt mit u. a. vier Bösendorfer-Flügeln (eine im Sinne der Chinesen gute Wahl).

In seinem Buch schildert er recht lebhaft die Anbahnung, Entwicklung und Früchte der ungewöhnlichen Städtepartnerschaft zwischen Wiener Neustadt (43.000 Einwohner) und der nordchinesischen Provinz-Metropole Harbin (10 Mio. Einwohner). Wir erleben, wie auch echte persönliche Freundschaften entstehen, wo es doch immer heißt, solche seien mit Chinesen etwas »kompliziert«. In diesem Sinne liefert uns der Autor aus seinen persönlichen Erfahrungen auch einen kleinen »Knigge« über den Umgang mit den Menschen (und den Funktionären) im Reich der Mitte, und die Erkenntnis: Der Umgang ist gar nicht so kompliziert, wenn man sich im Gastland so verhält, wie man auch in Österreich möchte, dass andere mit einem umgehen. Im Übrigen gleichen einander Chinesen und Österreicher in ihrer Lebensweise und Lebensauffassung mehr, als sie vielleicht wahrhaben wollen.

Wiener Neustadt in der Person des Bürgermeisters Müller hat mit seiner Städtepartnerschaft mit Harbin einen Teil Chinas bekannt gemacht, der – zu Unrecht – nicht in jenem allgemeinen Fokus der Aufmerksamkeit steht wie Zentral- oder Südchina. Harbin ist aus seiner Geschichte heraus die »russische Stadt« mit historischem russischem Flair in China, sozusagen ein Gegenpol zum »westlichen Shanghai«. Harbin hat das größte Reservat sibirischer Tiger, ein einzigartiges Eisskulpturen-Festival und nicht zuletzt wissenschaftliche Einrichtungen für die Weltraumfahrt.

Wir beide waren in Harbin, als gerade in einem Bahnhof der Superlative die Hochgeschwindigkeitsstrecke aus Peking eröffnet wurde. China hat bereits das größte Hochgeschwindigkeitsnetz der Welt. Daran denke ich oft, wenn der Eisenbahnzug zwischen Wiener Neustadt und Wien kurz eine »Hochgeschwindigkeit« der eher bescheidenen österreichischen Art fährt.

Kurt Seinitz   *Wien, 7. Juni 2015*
Ressortchef
Internationale Politik,
Kronen Zeitung[1]

---

1 Erster China-Aufenthalt 1972, Autor der Bücher »Vorsicht China« und »Zeitbombe China«

Vorwort des Autors

Als ehemaliger Kommunalpolitiker und Vorstandsmitglied einer österreichisch-chinesischen Freundschaftsgesellschaft, besuchte ich in den letzten zehn Jahren rund 15 Mal dienstlich wie auch privat die Volksrepublik China. Meine Reisen in den Norden, Osten und Süden des Landes führten mich an Orte, von denen Sie, sofern Sie kein Insider sind, vermutlich noch niemals gehört haben – von Daqing und Harbin über Jinhua bis Ningbo. Ich begab mich in Pu'er und dem Land des Tees auf die Spuren des Kaffees, sprach mit betagten Winterschwimmern im eisigen Nordchina, spielte mit Beamten »Stein, Schere, Papier«, musste erkennen, dass Fußmassagen in Shanghai statt Entspannung Schmerzen bringen können und lernte so zunehmend das Land und die Menschen mit ihren Mentalitäten immer besser kennen. »China. Hinter dem Reis« ist ein persönlicher Reise- und Erlebnisbericht, der versucht, kurzweilig, aber informativ, den Bogen von hochrangigen politischen Zusammentreffen, über Gespräche mit jungen Menschen auf der Straße, bis hin zu berührenden Erlebnissen und echten Freundschaften zu spannen. Ich habe darauf verzichtet, insbesondere über Peking und Shanghai Zahlen, Daten, Fakten zu berichten, die in jedem Reiseführer bequem nachgelesen werden können. Mein Augenmerk hinsichtlich genauerer Beschreibungen habe ich besonders auf jene von mir bereisten Destinationen gelegt, die nicht in herkömmlichen touristischen Routenplanern vorkommen. Das Buch möchte aber auch mit manchen Mythen aufräumen, wie jenen, dass alle Chinesen gleich aussehen, keinen Schnaps vertragen, stets nur Reis essen und Pflaumenwein trinken. Auch was in China mit Hunden geschieht, findet Erwähnung. Und wie sagte schon der große chinesische Philosoph Konfuzius: »Wissen, was man weiß, und wissen, was man nicht weiß, das ist wahres Wissen.«

Bernhard Müller *Wiener Neustadt,*
1. Juli 2015

»Es zählt nicht die Größe der Stadt, es zählt die Größe der Freundschaft« – Wie alles begann

Für Außenstehende ist es nur schwer begreiflich, wie eine Stadt wie Wiener Neustadt (Hauptwohnsitzer mit Stichtag 23.06.2015: 43.386) – österreichweit eine mittelgroße, weltweit eine Kleinstadt – jahrzehntelange, herausragende, intensiv gepflegte und gelebte Beziehungen zur Volksrepublik China, ihrer Botschaft und einzelnen Städten haben kann. Und in der Tat blieb es auch für mich lange Zeit ein unerschlossenes Gebiet mit unzähligen Rätseln. Die maßgebliche Persönlichkeit, mit der alles begann, war Norbert Wittmann. Der Jurist und Rechtsanwalt war Sprachentalent, Kosmopolit, Weltreisender sowie Kulturliebhaber und -politiker. Er interessierte sich bereits zu einer Zeit für die Volksrepublik China, als diese noch von der Weltöffentlichkeit und auch den meisten politischen Beobachtern und Analysten als hoffnungslos rückständiges, vorwiegend agrarisches Land ohne wirtschaftliche Zukunft und internationale Bedeutung angesehen wurde. Bereits im März 1971 besuchten drei Mitarbeiter des Chinesischen Rates zur Förderung des internationalen Handels (Handelsvertretung in Österreich) unter der Führung ihres Stellvertretenden Leiters Chin

Chingsan im Beisein von Kulturstadtrat Norbert Wittmann den Wiener Neustädter Bürgermeister Hans Barwitzius. Bei ihrer Aufwartung äußerten die Gäste die Bitte, beim nächsten Mal Kommunaleinrichtungen der Stadt besichtigen zu dürfen. »Stadtrat Dr. Wittmann wurde in Würdigung seiner Verdienste auf Grund einer wissenschaftlichen Arbeit nach Peking eingeladen.«[2] Der Besuch von Vertretern dieser wichtigen Institution und die ausgesprochene Einladung nach China wären für die überwiegende Zahl europäischer Städte auch noch im Jahr 2015 etwas Besonderes, waren aber zu Beginn des Jahres 1971 wirklich bemerkenswert, zumal es im März jenes Jahres noch keine diplomatischen Beziehungen zwischen der Volksrepublik China und der Republik Österreich gab.

Mit Wirksamkeit vom 28. Mai 1971 nahmen die beiden Länder offizielle diplomatische Beziehungen auf, und im September des Jahres wurden die jeweiligen Botschafter akkreditiert. Bereits seit September 1964 gab es zwischen China und Österreich ein Abkommen über den Austausch von Handelsvertretungen. Als kleine Sensation kann daher gewertet werden, dass der chinesische Botschafter Wang Yueyi, begleitet von einer hochrangigen Delegation, bereits im Oktober Wiener Neustadt als erste Stadt außerhalb Wiens besuchte. Seine Exzellenz »verwies auf den erfreulichen Aspekt, dass die persönliche Kontaktaufnahme neue Perspektiven des gegenseitigen Verstehens eröffne, woraus in Zukunft

---

2 Amtsblatt und Mitteilungen der Stadt Wiener Neustadt Nr. 10/Juli 1971, S. 5

engere politische, wirtschaftliche und kulturelle Beziehungen resultieren könnten«[3]. Was Botschafter Wang 1971 noch im Konjunktiv formulierte, sollte Wirklichkeit werden und jahrzehntelang andauern – geprägt von Botschaftsbesuchen, wechselseitigen Einladungen und Durchführung von gemeinsamen kulturellen Veranstaltungen. So zum Beispiel im Mai/Juni 1973 die Ausstellung »China – Kultur und Gesellschaft« in der Ausstellungskirche St. Peter an der Sperr, zu der die chinesische Botschaft Fotomaterial und Exponate zur Verfügung stellte. 12.890 Gäste besuchten die Schau. Im Oktober 1974 eröffneten das städtische Kulturamt und das Österreichische Chinaforschungsinstitut gemeinsam die Ausstellung »Das Chinesische Plakat«.

Norbert Wittmann blieb der Motor der österreichisch-chinesischen Beziehungen, avancierte zum Rechtsanwalt der chinesischen Botschaft in Wien, bereiste das Reich der Mitte und begeisterte viele Menschen für dieses damals so unbekannte, fremde Land. Unter jenen, bei denen er ein tiefes, ernsthaftes Interesse für China weckte, befand sich auch sein Sohn Peter, der als einer von damals wenigen jungen westlichen Menschen den Wunsch hegte, Mandarin in der Volksrepublik zu studieren. Peter Wittmann ist heute in der chinesischen Community und in diplomatischen Kreisen ein angesehener westlicher Politiker und eine geschätzte Persönlichkeit. Anfang der 2000er-Jahre traten die Beziehungen der Stadt Wiener Neustadt zu China in

---

3 Amtsblatt und Mitteilungen der Stadt Wiener Neustadt Nr. 14/November 1971, S. 16

eine neue Phase. Der geschäftsführende Vizepräsident und Gründer der Österreichischen Gesellschaft für Chinaforschung (ÖGCF) im Jahre 1971, Universitätsprofessor Gerd Kaminski, hatte 1999 im Rahmen einer Asienreise Wiener Neustadt der ostchinesischen Stadt Ningbo als eine mögliche Kooperationspartnerin vorgeschlagen. Durch einen im Juni 2000 erfolgten Besuch der stellvertretenden Bürgermeisterin Yu Yikang samt Begleitdelegation wurden diese Kontakte auf eine offizielle Ebene gehoben und mündeten schließlich unter Bürgermeisterin Traude Dierdorf im Beschluss, Ningbo zur offiziellen Freundschaftsstadt von Wiener Neustadt zu erheben. Nach einem Gegenbesuch einer Wiener Neustädter Delegation unter Leitung des Ersten Vizebürgermeisters Holger Linhart, an der auch der Gründungsgeschäftsführer der Fachhochschule Wiener Neustadt Helmut Detter teilnahm, schwand der anfängliche Elan allmählich, und die Beziehung zwischen den beiden Städten kam zwischenzeitlich sogar vollkommen zum Erliegen.

Eine Herausforderung und Chance ganz neuer Dimension sollte sich für die Hauptstadt des niederösterreichischen Industrieviertels ab dem Jahr 2005 auftun. Als junger, kurz im Amt befindlicher Stadtrat für Finanzen und Wirtschaft stellte ich fest, dass sich eine Reihe von prosperierenden chinesischen Städten für meine Heimatstadt interessierte und konkrete Anfragen zu einer Verschwisterung zum Ausdruck brachte. Besonders bemühte sich die nordostchinesische Metropole Harbin, Hauptstadt der Provinz Heilongjiang (»Schwarzer Drachenfluss«), um Wiener Neustadt. Im Mai 2005 erhielt ich den Auftrag, in Vertretung von Bürgermeisterin Dierdorf, zwei Repräsentanten des Auswärtigen Amtes (Harbin Foreign Affairs Office) der Stadt Harbin im Rathaus zu empfangen. Es handelte sich dabei um Peter Cao und Michael Gao, die freundlich und in großartigem Englisch die Anliegen ihrer Stadt vorbrachten. Als Ziel wurde offen und ohne Umschweife der Abschluss eines Partnerschaftskontrakts zwischen beiden Städten genannt und umgehend eine Einladung nach Harbin an die Bürgermeisterin, aber auch an mich, ausgesprochen. Mit der Begründung, dass Wiener Neustadt bereits mit Ningbo zwar keine Schwester-, aber doch eine offizielle Freundschaftsstadt hatte, gab mir die Bürgermeisterin den Auftrag, den Emissären abzusagen. Noch bevor ich dies tun konnte, langte bereits eine E-Mail bei mir ein, in der noch einmal der Wille zur Verschwisterung betont und neuerlich eine Einladung nach Harbin ausgesprochen wurde. Mein Wissen über das Reich der Mitte war damals sehr bescheiden. Es beschränkte sich auf Eindrücke aus TV-Dokumentationen und die Lektüre eines am Flohmarkt erworbenen, guten, aber veralteten Buches über China.[4] In diesem Sinne wusste ich auch nicht, dass es für Chinesen ein wichtiges Ritual ist, bei politischen, diplomatischen, oder wirtschaftlichen Terminen jedem, den man kennenlernt und erstmalig trifft, in würdiger Form eine Visitenkarte zu überreichen. So geschah es beim Besuch von Peter Cao und Michael Gao im Empfangssaal des

---

4 Martin, Helmut: China ohne Maoismus? Wandlungen einer Staatsideologie. Reinbek bei Hamburg 1980

Rathauses, dass ich zwar Geschenke der Stadt für die Gäste, aber keine Visitenkarten vorbereitet hatte. Da ich damals neben meiner Tätigkeit als Stadtrat im Brotberuf noch am Gewerbeamt des Magistrates der Stadt Wiener Neustadt beschäftigt war, eilte ich in mein nahes Büro, holte meine dienstlichen Visitenkarten und übergab sie den Harbinern. Die chinesischen Gäste mögen verwundert gewesen sein, dass ein Politiker gleichzeitig auch »Beamter« ist – in der Tat war ich lediglich Vertragsbediensteter, ohne pragmatisiert zu sein, aber in China ist der Begriff Beamter gängig und ein viel gebrauchter Terminus Technicus. Jedenfalls langte, wie erwähnt, sehr rasch eine freundliche Mail bei mir ein. Was nun tun? Sollte ich lapidar zurückschreiben, dass eine Partnerschaft mit Harbin nicht erwünscht oder möglich sei? Ich hatte massive Bedenken und nahm Kontakt mit Chinakenner Peter Wittmann auf. Dieser riet mir, auf Zeit zu setzen, nicht abzusagen, sondern höflich auszurichten, eine Städtepartnerschaft sei im Moment nicht möglich, aber man bitte, in Kontakt zu bleiben. So geschah es, und niemand konnte damals erahnen, dass sich Traude Dierdorf ein halbes Jahr später aus gesundheitlichen Gründen aus der Politik zurückziehen und ich am 27. Oktober 2005 ihr Nachfolger als Bürgermeister werden sollte.

Kaum war ich im Amt, meldete sich eine bekannte Persönlichkeit der österreichischen Innenpolitik via Peter Wittmann bei mir. Der ehemalige langjährige Bundesminister und nunmehrige Präsident der Organisation zur Unterstützung der österreichisch-chinesischen Beziehungen (OECB) Franz

Löschnak überbrachte die Nachricht, dass sich Wiener Neustadt mit einer etwaig beabsichtigten Verschwisterung mit Harbin nicht zu lange Zeit lassen dürfe, denn die chinesische Metropole schaue sich auch nach potenziellen anderen Schwesterstädten in Österreich (z. B. Baden bei Wien) um. Jetzt galt es abzuwägen, ob tatsächlich eine Partnerschaft mit einer chinesischen Stadt eingegangen werden sollte, und wenn ja, mit welcher. Es war mir wichtig, dass eine mögliche internationale Kooperation nicht zu einem Parteipolitikum wurde, und ich band daher von Anbeginn den Parteiobmann der zweitgrößten Fraktion, Vizebürgermeister Christian Stocker, in diese Frage ein. Wir stimmten sofort überein, dass wir das nachhaltige und intensive Interesse von bedeutenden chinesischen Städten an Wiener Neustadt nicht ungenutzt lassen und diese Chance ergreifen sollten. Harbin hatte sich am meisten um eine Zusammenarbeit bemüht sowie ernste Avancen gemacht, aber es galt, nüchtern betrachtet, die beste Lösung für Wiener Neustadt zu finden. Neben der Provinzhauptstadt von Heilongjiang interessierten sich auch Anyang, Handan, Dujiangyan und andere Kommunen für die zweitgrößte Stadt Niederösterreichs. Der Ratschlag von Franz Löschnak war eindeutig: »Wenn ihr eine chinesische Schwesterstadt wollt, dann nehmt Harbin.« Wie klug die Empfehlung war, sollte sich später deutlich zeigen.

Über Antrag des Stadtsenates beschloss der Gemeinderat der Stadt Wiener Neustadt am 28. Juni 2006 mit überwältigender Mehrheit (aber nicht einstimmig) eine Städtepartnerschaft mit Harbin. Dass als Beginndatum formal 2008 geführt wird, liegt daran, dass der damalige Harbiner Bürgermeister Zhang Xiaolian erst in diesem Jahr zur formellen Urkundenunterzeichnung nach Wiener Neustadt kommen konnte. Im Alten Rathaus wurde die Freundschaft am 1. Juli endgültig feierlich besiegelt. Wiewohl schon der Beginn der Partnerschaft sehr Ziel-, sprich an konkreten Inhalten orientiert und nicht nur von Freundlichkeit, sondern von großer Herzlichkeit geprägt war, begriff ich lange nicht, weshalb sich eine asiatische Millionenstadt für eine europäische Kleinstadt interessierte. Mir war klar, dass Alleinstellungsmerkmale wie Heimatgemeinde der ältesten Militärakademie der Welt (1751/1752) und des größten Naturflugplatzes Europas (1909), ehemalige Kaiserresidenz (1452 bis 1493), erste akkreditierte Fachhochschule von Österreich (1994), europaweit wichtigstes Zentrum für Tribologie (Lehre von Reibung, Verschleiß und Schmierstoffanwendung) sowie die Nähe zu Wien, aber auch zu osteuropäischen Staaten für ein wirtschaftlich und geopolitisch aufstrebendes sowie an Knowhow-Transfer interessiertes Land wie China von Bedeutung ist. Aber dass die enormen Größenunterschiede für das Reich der Mitte überhaupt keine Rolle spielen, habe ich erst vor Ort richtig verstehen gelernt. Für chinesische Dimensionen ist auch Wien mit rund 1,8 Mio. Einwohnern keine große Stadt. Wiewohl Deutschland (81,8 Mio. Einwohner) zehnmal so groß ist wie Österreich, wäre Wien – würde es zu Deutschland gehören – nach Berlin die zweitgrößte Stadt. Daran lässt sich ermessen, wie überdimensional groß die Bundeshauptstadt für das kleine Österreich ist. Harbin nimmt Nummer

59 der weltweiten Millionenstädte ein, Wien Nummer 132. Die Bedeutung unserer Bundeshauptstadt leitet sich nicht von der Größe, sondern von ihrer historischen und kulturellen Geschichte ab, und sie wird als Weltstadt wahrgenommen und gewürdigt. Weil im Bewusstsein von Chinesen, die in der Diplomatie, in der international agierenden Bürokratie oder in der Politik tätig sind, nahezu alle europäischen Städte kleine Städte sind, spielt es überhaupt keine Rolle, ob diese 43.000, 500.000 oder 1,8 Mio. Einwohner haben. Daher bekam ich auf meine Frage (»Wieso interessiert sich eine Stadt mit über 10 Millionen Einwohnern für das winzige Wiener Neustadt?«), die ich bei einer meiner ersten Reisen nach Harbin stellte, die für chinesische Spitzenfunktionäre einzig logische Antwort: »Es zählt nicht die Größe der Stadt, es zählt die Größe der Freundschaft!«

Der talentierte Mr. Fei

Während der Verhandlungen über den Abschluss eines Partnerschaftsvertrages mit Harbin trat eine mir bis dahin unbekannte Person auf den Plan. Eine Erscheinung, Mitte bis Ende 60, die so gar nicht dem europäischen Klischee eines chinesischen Mannes entsprach. Groß gewachsen, über 1,80 m, schwarzer Nadelstreifanzug, ein Abzeichen am Revers, weißes Hemd, Krawatte mit perfekt gebundenem Knoten, die pechschwarzen Haare stylisch nach hinten gekämmt. Der Mann mit der kerzengeraden Körperhaltung und den vorzüglichen Manieren hatte Stil und war weltgewandt – das war rasch zu erkennen. Aber wer war dieser Fei Zu-Xi, der sich westlich William nannte?

Dieser Mann von Welt, mit herausragenden Kontakten und einem schier unglaublichen Netzwerk, hatte es wahrlich nicht immer leicht gehabt im Leben. Geboren 1938 in Shanghai, studierte er Maschinenbau an der Technischen Hochschule seiner Heimatstadt und lehrte später an der Fachschule für Leicht- und Nahrungsmittelindustrie. Drei Jahre nach Mao Zedongs Tod und dem Ende der Kulturrevolution, unmittelbar nach den ungewissen Zeiten der sogenannten Viererbande und des Mao-Nachfolgers Hua Guofeng, ganz am Beginn des Aufbruchs in ein neues China unter Deng Xiaoping, hatte Fei Zu-Xi China 1979 Richtung Italien verlassen. Eine generelle Reisefreiheit bestand damals nicht, aber Deng hatte es ermöglicht, dass die Nachkommen von berühmten Familien ausreisen durften – und die Familie Fei war berühmt. Fei Zongfan, Vater von Fei Zu-Xi, war einer von nur ca. 12 auserwählten Personen (für das gesamte chinesische Reich!), die im Rahmen eines besonderen Programms ein Stipendium für ein Auslandsstudium in den USA erhalten hatten. Fei senior hatte Chemie studiert und wurde später Chefingenieur bei einem großen Ölkonzern. William wohnte nach seiner Ausreise einige Monate in Mailand bzw. in Florenz. Er tat dies zuerst alleine, ohne Frau und kleine Tochter, aber mit Sorgen und unter schwierigen Umständen. Richtig sesshaft wurde er in Italien nie. Bereits 1980 übersiedelte er nach Österreich, holte die Familie nach, und im April kam in Wien sein Sohn He Feili (westlich Philipp) zur Welt. Drei Jahre später gründete er seine erste Firma in Wien, die Fei-Ma-Import & Export GmbH, und 1984 wurde er österreichischer Staatsbürger – eine Zäsur in seinem Leben. Seine Tochter ist heute ein chinesisches Supermodel mit dem Künstlernamen Qi Qi. Die 1,81 m große Werbeikone und Schauspielerin wuchs in Österreich auf und spricht Deutsch, Mandarin, Kantonesisch und Englisch. Sie ist mit dem berühmten Schauspieler Simon Yam verheiratet, der als facettenreicher und wandlungsfähiger Darsteller gilt. Er spielte in über 170 Filmen, u. a. an der Seite von Angelina Jolie und Til Schweiger in »Lara Craft: Tomb Raider« (2003) und erhielt zahlreiche Filmpreise in Asien, wie

2010 den Star Asia und auch den Hongkong Film Award. Qi Qi und Simon Yam haben eine gemeinsame Tochter, Ella. Williams Sohn Philipp wuchs in Österreich auf, lebte zeitweilig in China und ist mit seinem Wiener Unternehmen in der Immobilienbranche tätig. William Fei sagt heute, mit knapp 77 Jahren: »Ich habe mein halbes Leben in China und mein halbes Leben in Österreich verbracht. China ist mein erstes Mutti-Land, Österreich mein zweites.« Die Aufenthalte in Österreich sind in den letzten Jahren deutlich kürzer, die Intervalle dazwischen länger geworden, und er entschuldigt sich umgehend, dass sein Deutsch durch die mangelnde Übung schlechter geworden sei. Ich hingegen denke mir, wie schwer es sein muss, mit 42 Jahren – so alt bin ich gerade – ohne jede Sprachkenntnis nach China auszuwandern, wie es umgekehrt, damals im genau gleichen Alter, mein väterlicher Freund getan und erfolgreich gemeistert hat. Im Laufe der Jahre und Jahrzehnte hat Mr. Fei eine steile Karriere in der Wirtschaft gemacht und »mit seinen chinesischen Partnern nahezu hundert Flughafen- und Autobahnprojekte erfolgreich abgeschlossen«, nicht zuletzt, weil er eine hervorragende Asphalttechnik aus Österreich im Reich der Mitte einführte.[5]

Als ich im Jahr 2010 gemeinsam mit dem damaligen österreichischen Generalkonsul in Shanghai, Michael Heinz, die Weltausstellung besuchte, aßen wir mit der stellvertretenden Regierungskommis-

---

[5] Broschüre »Organisation zur Unterstützung der österreichisch-chinesischen Beziehungen«, zum zehnjährigen Bestehen der Gesellschaft. O. O., o. J. (2007), S. 3

särin und Projektleiterin des Österreich-Pavillons, Birgit Murr, zu Mittag. Dabei fragte ich die Chinakennerin, ob ihr William Fei ein Begriff sei. »Meinen Sie Fei Zu-Xi?«, antwortete sie mit einer Gegenfrage. Ich bejahrte. Darauf meinte sie: »Ja, den kenne ich. Wegen Reichtums geschlossen! Es gibt kaum einen Meter Autobahn in China, an dem er nicht in irgendeiner Weise beteiligt war.« William würde das so niemals sagen – auch nicht denken. Bescheidenheit ist ihm zutiefst eigen und nicht nur chinesische Höflichkeit. Als ich ihm eröffnete, dass ich beabsichtige, ihm ein Kapitel im Buch über meine persönlichen China-Erfahrungen zu widmen, sah ich zwar kurz ein erfreutes Lächeln in seinem Gesicht, aber er betonte sofort, dass dies nicht wichtig sei, und schon gar nicht seine Bekanntschaft mit vielen bedeutenden Menschen aus Politik, Wirtschaft und Wissenschaft in China – »Das brauchst du nicht schreiben!« Wenn er das sagt, ist es keine Koketterie, sondern ernst gemeint. Ich schreibe es dennoch und stelle mir innerlich einige Fragen. Wie würde ich, wie würden die meisten Europäer reagieren? Würden wir ernsthaft ersuchen, gute Verbindungen zu bekannten Persönlichkeiten und wichtigen Menschen in einem Buch auszusparen, oder würden wir uns eher gerne in deren Licht sonnen und rühmen, sie zu kennen? Die Antwort muss jeder für sich geben. Nicht selten gibt es ein ganz besonderes »Ni hao«, wenn nämlich William Fei in den unterschiedlichsten Provinzen einen ehemaligen Arbeitskollegen, Weggefährten oder Freund trifft, den er Jahre, oder gar Jahrzehnte nicht mehr gesehen hat und dieser freudig »Fei, was machst denn du hier?« fragt – wie mir später übersetzt wird. 2001 wurde er internationaler Wirtschaftsberater der Provinzregierung Fujian, und seit 2009 ist er in selbiger Funktion für die Stadtregierung Harbin tätig. Im April 2003 stellte ihm die chinesische Zentralregierung über die staatliche Agentur SAFEA (State Administration of Foreign Experts Affairs) ein offizielles Experten-Zertifikat aus. Anlässlich des Staatsfeiertages am 30. September wird er jährlich von der Zentralregierung zum Festakt in die Halle des Nationalen Volkskongresses eingeladen, und ich kenne ein Fotoalbum, das William Fei mit einer Reihe von ehemaligen und aktiven hohen und höchsten Repräsentanten der Volksrepublik China zeigt. Auch in Österreich wird er von Politik und Wirtschaft gleichermaßen hoch geschätzt, hatte guten Kontakt zu Bundeskanzler Wolfgang Schüssel und hat diesen immer noch zu einem seiner Nachfolger-Bundeskanzler Werner Faymann. Bundespräsident Heinz Fischer hat er ebenso bei einem Staatsbesuch in China begleitet wie Wolfgang Schüssel und Franz Vranitzky. William Fei ist stolzer, aber bescheidener Träger des Verdienstzeichens der Republik Österreich (2002) und des Ehrenzeichens der Stadt Wiener Neustadt (2013), die ihm viel – nicht nur eine Schwesterstadt in Nordostchina – zu verdanken hat. Eine besondere Würdigung wurde ihm im Jänner 2015 zuteil, als er in einem feierlichen Festakt zum Ehrenbürger von Harbin ernannt wurde und von Bürgermeister Song Xibin die Urkunden überreicht bekommen hat. Fei ist damit der erst 19. Harbiner Ehrenbürger seit 1949 und der erste Ausländer überhaupt. Irgendwie scheint sich der Kreis damit zu schließen. Man sagt ihm, dass er vermutlich der erste Österreicher ist, der in China mit derart hohen Insignien einer Stadt bedacht wurde, und damit rückt die vor mehr als 30 Jahren angenommene Staatsbürgerschaft wieder in den Fokus. Trotz des beeindruckenden Lebensweges, des hart erarbeiteten Wohlstandes, der erfolgreichen Kinder und Schwiegerkinder, der bezaubernden Enkel – auf die man allesamt stolz sein kann –, trotz der generellen Zufriedenheit am Lebensabend, überkommt auch William Fei manchmal Sentimentalität, wenn er sagt: »In Österreich bin ich ein ›Ausländer‹, und in China werde ich als Österreicher begrüßt.« Im Gespräch mit mir deutet er auf sein Gesicht: »Außen bin ich Chinese, aber ich bin Österreicher.« Es scheint eine kleine Wunde bei Fei Zu-Xi geblieben zu sein, dass er fortgehen musste. Die Jahre, die er nicht in China verbracht hat – nach der Ausreise 1979 besuchte er erstmals wieder 1985 seine Heimat –, fehlten ihm irgendwie, und er würde sie gerne nachholen.

William Fei hat die entbehrungsreichen Zeiten nicht vergessen. Die Kulturrevolution bezeichnet er unumwunden als »furchtbare Katastrophe«. Sie zerstörte seine Hoffnungen für China und bestärkte in ihm den Gedanken, auszuwandern. Sein verstorbener Cousin Fei Xiaotong – für ihn stets wie ein Bruder – war ein berühmter Professor für Soziologie, Anthropologie und Ethnologie sowie ehemaliger stellvertretender Vorsitzender der Politischen Konsultativkonferenz des Chinesischen Volkes. In den Jahren der Kulturrevolution war der Vorzeigeintellektuelle Misshandlungen und Erniedrigungen ausgesetzt. William musste auch leidvoll erfahren, dass das Grab seines Vaters Fei Zongfan von Fanatikern des proletarischen Klassenkampfes in dieser Zeit zerstört wurde. Er erinnert sich mit einem Lachen, dass sein erstes »Appartement« in Wien – in dem er fünf Monate gelebt hat – 8 m² groß war. Da war es nur ein schwacher Trost, dass acht in China eine absolute Glückszahl ist. Erst als er eine Wohnung mit 45 m² gefunden hatte, konnte er seine Frau und seine kleine Tochter nach Österreich holen. Sein erster Job, bevor er sein erstes Unternehmen gründen konnte, war Tellerwäscher und Kellner in einem Chinarestaurant. »Ich betrachtete es als einen Weg, meinen Unterhalt zu bestreiten, sowie als gute Chance, die Gesellschaft und Kultur des Landes besser kennenzulernen.« Aber es war ihm sehr bald klar, dass er nicht dauerhaft in dieser Branche würde arbeiten wollen. Damals hatte er nicht zu träumen gewagt, einmal Bundespräsidenten und Bundeskanzler auf Staatsbesuchen in sein Heimatland zu begleiten. Der Shanghainese Fei hat über die Umwege Italien und Österreich auch sein Heimatland »erobert«, große wirtschaftliche Erfolge gefeiert und es zu einer hochrespektierten und geschätzten Person gebracht. Der talentierte Kosmopolit ist aber vor allem immer eines geblieben: ein Mensch mit außergewöhnlich hohen moralischen Vorstellungen und uneingeschränkter Integrität. Er, der Mann der Wirtschaft und der internationalen Beziehungen, verachtet es, wenn ökonomisch gut situierte Menschen stets nur auf den eigenen finanziellen Vorteil aus sind oder vorgebliche Pflege von kulturellem Austausch und Völkerverständigung nur betreiben, um dabei selber zu verdienen. Eine

Verquickung von ehrenamtlichem Einsatz für die österreichisch-chinesischen Beziehungen mit persönlicher Geschäftemacherei widert ihn an, das ist klar zu erkennen. In solchen Fällen wird der ansonsten so freundliche Mann, der für seine Beratertätigkeiten für die Provinz Fujian und die Städte Harbin sowie Wiener Neustadt nie einen Cent verlangt und sämtliche Unkosten wie Flüge etc. freiwillig immer selbst getragen hat, ungemütlich. Ruft man ihn aber an, weil man seine Unterstützung bei einem Problem oder seinen Rat braucht oder ihn einfach sehen will, dann kommt William zu diesem Treffen mit einem Geschenk – sei es ein wunderschönes Tuch, edle Stäbchen oder ein verziertes Messer aus Shanghai. Darüber hinaus beschäftigen ihn die hohen Telefonkosten, die man hat, wenn man ihn in China anruft, und er kümmert sich folglich um günstige SIM-Karten und billige Tarife. Ihn, den passionierten Antialkoholiker und Saft-Liebhaber im Rahmen einer Wirtschaftsdelegationsreise bei der allabendlichen Reflexion über das Erreichte an der Hotelbar auf eine Limonade einzuladen, ist ein schwieriges bis unmögliches Unterfangen. Ruft man nach der Rechnung, stellt sich heraus, dass der früher zu Bett gegangene Gentleman bereits sein Getränk bezahlt hat, obwohl man ihn ausdrücklich einladen wollte. Was William Fei aber gerne annimmt, sind private Einladungen nach Hause, ausgedehnte Gespräche und echte Freundschaftspflege. Viel mehr als mit Geschenken kann man ihm mit Verlässlichkeit, Aufrichtigkeit und Engagement Freude bereiten. Wenn der Mann der alten Schule über jemanden sagt, er sei ein »alter Freund«, dann ist das etwas besonders

Wertvolles, weil es zutiefst ernst gemeint und kein chinesischer Höflichkeitsritus ist.

Nach meinem Ausscheiden aus der Politik im Februar 2015 hatte ich vergessen, William Fei meine neue Telefonnummer mitzuteilen, aber er hat sie – fast möchte ich sagen selbstredend – aufgetrieben und mich angerufen. Ich spürte sofort, dass es ihm wichtig war zu erfahren, wie es mir ging, und dass es für ihn überhaupt keine Rolle spielte, ob ich Politiker war, oder nicht. Ich freute mich zu hören, dass er in Österreich weilte. Wir vereinbarten ein Treffen, und er bot sofort an, mit dem Auto von Wien nach Wiener Neustadt zu fahren, um mich zu Hause zu besuchen. Wie nicht anders zu erwarten, kam er mit Geschenken. Ich sagte ihm, dass ich bei Recherchen darauf gestoßen bin, dass wir uns am 18. Mai 2005 das erste Mal gesehen und kennengelernt haben, vor rund zehn Jahren also. »Wir haben eine tiefe Freundschaft, wir sind alte Freunde«, antwortete William – es berührte mich. »Das Leben ist ein Kreislauf. Es kann niemand hinaufkommen, der nicht auch unten war.« Er weiß, wovon er spricht. Er war unten, und er hat dies nie vergessen, seit er oben ist. »Du hast ein gutes Gefühl für die Chinesen«, sagte William Fei zu mir, bevor er ging. Ich weiß es nicht. Aber ich habe ein gutes Gefühl dabei, diesen Menschen als Freund bezeichnen zu dürfen.

Der erste Besuch

Seit dem ersten Besuch der Harbin-Emissäre Peter Cao und Michael Gao in Wiener Neustadt war über ein Jahr verstrichen. Nun ging es darum, die Gegeneinladung anzunehmen, denn vor einem etwaigen Städtepartnerschaftsbeschluss im Gemeinderat war es notwendig, sich vor Ort ein Bild über die Stadt und die Menschen zu machen. In diesem Sinne trat eine kleine, aber für unsere Stadt hochrangige Delegation den Weg Richtung Fernost an. Von 16. bis 21. Juni 2006 bereisten Nationalratsabgeordneter Peter Wittmann, Vizebürgermeister Christian Stocker und Erich Prandler, der Leiter der Wirtschaftskammer, Bezirksstelle Wiener Neustadt, sowie meine Wenigkeit Harbin und Peking.

Noch vor dem Abflug ereilte mich eine üble Erkältung, die vermutlich daher rührte, dass ich mir – eigentlich gar nicht notwendige – Schutzimpfungen in einer viel zu kurzen Zeitspanne geben hatte lassen. Vor uns lagen ein zehnstündiger Trip von Wien nach Peking und ein beinahe zweistündiger Anschlussflug nach Harbin. Was das für einen Mann meiner Größe (1,89 m) und meines Gewichts (darüber soll der Mantel des Schweigens gebreitet werden) bedeutet, lässt sich leicht erahnen. Ist die Beinfreiheit für größer gewachsene Menschen in der Economy-Class von international bekannten Fluggesellschaften schon wenig berauschend und der Gebrauch von Thrombosespritzen bei langen Flugzeiten ärztlich angeraten, so lernt der Erstreisende bei chinesischen Inlandsflügen neue Dimensionen des »Komforts« kennen. Es kann passieren, dass man einen defekten Sitz erwischt, bei dem die Rückenlehne niemals richtig einrastet, wodurch der Fluggast hinter einem beinahe ausrastet und man daher auch beim besten Willen die Sicherheitsanweisungen der Stewardess (»Put your seat in the upright position!«) nicht umsetzen kann. Zwei Stunden »Schaukelstuhl« und der ständige Versuch, der Crew zu erklären (»It doesn't work«), warum man ein Verhalten zeigt, das dem von unruhigen westlichen Volksschulkindern ähnelt, sind die Folge. Davon abgesehen, ist es für beleibtere Menschen vor jedem China-Inlandsflug eine Zitterpartie, ob der Sicherheitsgurt passt oder ob man eine Verlängerung desselben (»belt enlargement«) anfordern muss. Nach einigen solchen Erlebnissen ist man jedenfalls rasch von der Notwendigkeit überzeugt, sich englische Fachvokabeln anzueignen oder jedenfalls vorsorglich nachzuschlagen. Am Flughafen des Zielortes angekommen, wurden wir von Vertretern des Harbin Foreign Affairs Office herzlich willkommen geheißen und gemeinsam in einem Van zum Hotel gebracht. Rund 22 Stunden waren nunmehr vom Zusperren der eigenen Haustür bis zur Ankunft im Hotel Shangri La vergangen. Es war Abend in Harbin, und wer die Uhren nicht bereits beim Zwischenstopp in Peking um sechs Stunden vorgestellt hatte, dem war geraten, dies spätestens jetzt zu tun. Nach dem Einchecken und einer kurzen Wartezeit auf das Gepäck im umwerfend schönen Hotelzimmer, in dem mir ein freundlicher Page – leider überflüssigerweise – den Wasserkocher erklärte, wurden wir umgehend zum Diner im Hotel eingeladen. Bedenken, wir seien mit unserer Reisekleidung »underdressed«, wurden sofort zerstreut. Glücklicherweise erhielten wir die Losung »casual clothes«, denn ein kurzer Blick in meinen Koffer hatte gezeigt, dass mein Anzug hoffnungslos zerknittert aussah. Ohne vorher gebügelt zu werden, wäre er unmöglich tragbar gewesen.

Abgekämpft von der langen Reise, aber hungrig, begaben wir uns also in »casual clothes« zum gemeinsamen Abendessen, das vom Auswärtigen Amt in einem stilvollen Extraraum des Restaurants Shang Palace im Hotel gegeben wurde. Mein erster Kontakt mit original-chinesischer Küche! Frisch gekocht, frei von Glutamaten, viel Gemüse und teils exotisch anmutende, nicht identifizierbare Gerichte. Aber vor dem Kennenlernen asiatischer Köstlichkeiten galt es, den Durst zu stillen. Wir erfuhren zu unserer Überraschung, dass es ein Harbin Bier gibt, und schlugen einträchtig zu. Das ziemlich helle und mit 4,3 % Alkoholgehalt etwas leichtere Bier als der durchschnittliche österreichische Gerstensaft (Durchschnittsgehalt: 5 % Alkohol, was auf 90 % aller heimischen Biere zutrifft) kommt unserem Geschmacksempfinden sehr entgegen und ist – nicht nur nach langer Verweildauer in trockener Luft von Flugzeugen – süffig zu trinken. Während ich also mit dem Bierkonsum keinerlei Probleme hatte, begann nun die Schwierigkeit der nur annähernd würdevollen Nahrungsaufnahme mittels Stäbchen. Peter Wittmann, der China-Erfahrene, schwang elegant die Hölzer, und meine beiden anderen Mitreisenden entpuppten sich nach kurzen Einweisungen als rasch lernfähig – im Gegensatz zu mir. Ich musste kapitulieren und bat um das rettende Essbesteck europäischer Prägung. Zum Glück ersparten mir unsere Gastgeber vom Außenamt jenes Bonmot, das Chinesen derweilen manchmal zu erzählen pflegen, wenn sie mitleidig mitansehen, wie ihr westlicher Gast hoffnungslos am ordentlichen Gebrauch der Stäbchen scheitert: »Lass dir von einem Vierjährigen zeigen, wie man das macht.« In der »Chinesischen Champions League« ist man im Übrigen angekommen, wenn man es schafft, drei Erbsen – oder Erdnüsse – gleichzeitig und schön hintereinander gereiht, mit den Stäbchen zu erfassen.

Wie gut ich nach den Reisestrapazen und einem herrlichen Abendessen geschlafen habe, kann ich heute nicht mehr sagen, aber jedenfalls waren wir alle von dem tollen Empfang, dem Ambiente und der Freundlichkeit, die uns zuteil wurde, beeindruckt. Es wurde seitens der Gastgeber alles aufgeboten, um uns zum Staunen zu bringen und zum künftigen Partner zu machen. Trotz aller Annehmlichkeiten plagen mich in Harbin stets nachhaltige Schlafschwierigkeiten. Das ist am Beginn der Reise dem Jetlag geschuldet und setzt sich nahezu während des gesamten Aufenthaltes aufgrund der Zeitverschiebung fort. Glücklicherweise sind meine Umstellungsprobleme nicht so arg wie bei manchen Delegationsmitgliedern, die sich am Mittagstisch in Harbin heimlich ein kontinentales

Frühstück herbeisehnen, weil es nach ihrer inneren Uhr 6 Uhr morgens ist, während sie um Mitternacht chinesischer Zeit Lust auf ein Abendessen verspüren. Vor diesen Dingen bin ich gefeit, ich esse leider fast zu jeder Tages- und Nachtzeit gerne. Was mir aber Probleme bereitet, ist vor allem im Frühjahr und Sommer der zeitige Sonnenaufgang und die damit verbundene Sonneneinstrahlung und Helligkeit im Hotelzimmer ab spätestens 4 Uhr morgens. Auf http://www.sunrise-and-sunset.com/de/china/harbin/ sind alle Statistiken und Berechnungen nachzulesen. So kann man exemplarisch für den 15. Juni 2015 Folgendes erfahren: Sonnenaufgang 3.42 Uhr (d. i. der früheste Wert für dieses Jahr), Sonnenuntergang 19.24 Uhr. Die Variante, die überaus dicken und komplett blickdichten Vorhänge zuzuziehen, fällt für mich aus, weil ich in diesem Fall wieder die Sorge hätte, zu verschlafen, da ich durch die Zeitumstellung keinesfalls wach werden würde. Ein etwas neurotisches Verhalten, wie es durch die Serienfigur »Monk« Bekanntheit erlangt hat.

Da ich auch zu Hause selten frühstücke, ist es mir in China noch weniger ein Anliegen, aber die Neugierde, wie es sein würde, und die Tatsache, meine Mitreisenden sehen zu wollen, spornten mich an. Es ist nicht leicht, sich in diesem riesigen Hotel zurechtzufinden, in dem es neben zahlreichen Liftanlagen auch Rolltreppen gibt. Auf den überlangen Gängen stehen im Abstand von geschätzten zehn Metern junge, hübsche Damen in einheitlichen rot-schwarzen Kostümen mit langen Röcken und weisen den Gästen mit grazilen Handbewegungen den Weg zu jenem großen Saal, in dem das Frühstücksbuffet aufgebaut ist. Was also essen, um 7.30 Uhr, das war die Frage, während man die Deckel der Wärmebehälter abnahm, unter denen wahlweise Beilagen wie Nudeln und Reis oder Hauptspeisen wie Rindfleisch mit Gemüse, Schweinefleisch mit Zwiebeln oder etwas, das wie »Acht Schätze« aussah, zum Vorschein kamen. Zusammengefasst eben nicht das, was der Kontinentaleuropäer normalerweise um diese Zeit zu sich nimmt. Ich schritt daher weiter das Buffet ab und sah die Lösung: frischer Krautsalat. Der ist gesund, beinhaltet viele Vitamine, würde mich erfrischen und mir guttun – da war ich sicher. Ich lud eine nicht zu kleine Portion auf meinen Teller, holte mir noch einen Tee und gesellte mich zu meinen Reisekollegen, die schon gemeinsam an einem Tisch Platz genommen hatten. Während ich ihnen einen guten Morgen wünschte und wir uns gegenseitig nach dem Wohlbefinden erkundigten, entdeckte ich, dass es ganz offensichtlich – von mir unbemerkt – durchaus auch Dinge zu essen gab, die einem österreichischen Frühstück nachkamen, wie semmelähnliches Gebäck, Butter, Obst, Joghurt und sogar Wurst. Aber egal, ich hatte ja den herrlichen Krautsalat. Nach einigen Bissen wurde mir allerdings klar, warum dieser relativ einsam am Ende des Buffets stand. Er war derart scharf, dass er getrost als Muntermacher bezeichnet werden konnte. Ich holte mir demütig eine Portion Rindfleisch mit Gemüse und war froh, damit die Auswirkungen des Krautsalates auf meinen Rachen lindern zu können.

Offizielle Chinareisen von Politikern oder Wirtschaftskapitänen sind kein Urlaub, auch wenn dies von manchen Boulevardzeitungen gerne so dargestellt und von vielen Menschen gerne geglaubt wird. In der Regel findet der erste Gesprächs- oder Besichtigungstermin um 9 Uhr Ortszeit statt, was bedeutet, dass, je nach Wegstrecke, die Abfahrtzeit zwischen 7.30 und 8 Uhr liegt. Dies auch dann, wenn die Abende davor hart waren – worauf an anderer Stelle in diesem Buch noch eingegangen wird. Vor allem bei der morgendlichen Verkehrslage dauern die Anfahrten bis zu 1½ Stunden, und der europäische Kleinstädter erhält auf seine im Halbstundentakt erfolgende Frage, »Und wo sind wir jetzt?«, immer dieselbe Antwort: »In Harbin.« Aber eigentlich wenig Wunder, bei einer Stadt, die im Großraum rund 10,6 Mio. Einwohner hat. Wobei ich mich seit Jahren frage, worin der Unterschied zwischen Agglomeration und Gesamtgebiet liegt und wie dieser für den Gast sichtbar sein soll. Bei unserem ersten Besuch, das werde ich erst später bemerken, wurde einerseits darauf Bedacht genommen, uns die Schönheiten der Stadt und des Umlandes sowie die kulturelle Vielfalt, aber auch die zum Teil sehr schmerzvolle Historie von Harbin näherzubringen, und andererseits uns ein wenig Zeit für Erholung zu geben. Das sollte sich bei den folgenden Reisen deutlich ändern. Als im Sommer 2013 bei einer hochrangigen Pressereise ein Journalist ob des nahezu unerträglich dichten Arbeitsprogramms zu mir sagte, dass es ihm fast schon zu viel werde und etwas Freizeit gut wäre, war ich in der Lage ihm ein genüssliches »Das ist kein Urlaub!« entgegenzuhalten.

Die Stadtregierung von Harbin lädt zweimal jährlich Delegationen aus ihren Schwesterstädten sowie sonstige internationale Gäste (z. B. Minister und Botschafter) ein und tut dies immer im Jänner zum weltweit berühmten »International Ice and Snow Sculpture Festival« und im Juni zur »Trade Fair«, einer internationalen universalen Handelsmesse. Neben der Besichtigung des Museums über japanische Kriegsverbrechen, das den Harbinern sehr wichtig ist und bei nahezu keinem Programm fehlen darf (aber nichts für schwache Nerven ist), eines Werkes von Nestlé sowie der Eröffnung der Handelsmesse stand auch eine Besprechung über mögliche künftige Kooperationen zwischen den Städten Harbin und Wiener Neustadt auf dem Programm. Dabei zeigte sich, dass unsere Gastgeber top vorbereitet und informiert über unsere Heimatstadt waren. So wussten sie z. B. darüber Bescheid, dass Wiener Neustadt im Jahr 2000 eine Freundschaftskooperation mit der südchinesischen Stadt Ningbo eingegangen war, obwohl dies in der Öffentlichkeit kaum bekannt und nicht einmal auf der offiziellen Homepage der Stadt zu finden war. Die absoluten Höhepunkte unserer Reise bildeten aber der Empfang im Rathaus durch Bürgermeister Shi Zhongxin und eine Reihe weiterer hoher Persönlichkeiten sowie das große Festbankett der Stadt Harbin für rund 500 geladene Gäste aus dem In- und Ausland. Zugegebenermaßen war ich bei beiden Veranstaltungen ziemlich nervös. Knapp 33 Jahre alt, erst seit acht Monaten Bürgermeister, hatte ich keinerlei Erfahrung mit diplomatischen Gepflogenheiten auf internationaler Ebene, und schon gar nicht mit chinesischen Bräuchen und Verhaltensweisen. Wer alte Rathäuser in Europa kennt, egal, ob sie so aussehen wie jenes in Wien, Brüssel, Karlsruhe oder das in Wiener Neustadt, der konnte in Harbin einen Kontrast erleben, wie er größer nicht sein könnte. Wir fuhren, alle feierlich mit Anzug und Krawatte gekleidet, im Van von unserem Hotel im Daoli-Distrikt in den Songbei-Bezirk (über 200.000 Einwohner), der »North to Song« genannt wird, weil er im Norden des Songhua-Flusses gelegen ist. Der Songhua ist der bedeutendste Nebenfluss des Heilong Jiang (oder Amur) mit einer Länge von 2.308 km. Das Changbai-Gebirge nahe der nordkoreanischen Grenze ist das Quellgebiet, der Amur die Mündung; dabei durchquert der Songhua die Mandschurei und Harbin. Nur der Jangtse (6.300 km) und der Gelbe Fluss (5.464 km) sind länger als der Songhua.

Am Zielort angekommen, erblickten wir einen hohen, frei stehenden, futuristisch wirkenden Turm, mit 28 Stockwerken und einem großen Vorplatz inklusive Fahnenmast mit Chinaflagge. Auch im Inneren unterschied sich das Rathaus gänzlich von westlichen Vorstellungen eines Amtsgebäudes. Viel Glas, viel Stein, Panoramaaufzüge, weite Gänge, wenig Menschen. Eine junge Studentin, die ein Praktikum im Außenamt von Harbin absolvierte, erzählte uns, dass sie noch nie zuvor im Rathaus gewesen sei, was vermutlich auf viele Menschen in der Stadt zutraf. Wir wurden in einen Empfangsraum gebracht, der von der Ausstattung her ähnlich aussah wie jene Räume, die man aus TV-Berichten und von Fotos kennt, wenn in China Staatsbesuche stattfinden: An der Stirnseite zwei elegante, Sofa-artige Sessel aus edlem Holz mit hellen Bezügen für die beiden jeweils höchstrangigen

Personen, getrennt durch einen Beistelltisch, auf dem Mikrofonanlagen, Namensschilder, Taschentuchspender, Blumen und zwei geschlossene Tassen Tee bereitstehen. Dahinter ein Sessel für den Dolmetscher, und entlang von beiden Seitenwänden des Raumes Plätze für die restlichen geladenen Personen. Ähnliche Bilder gibt es beispielsweise vom Besuch von US-Präsident Gerald Ford (mit Gattin Betty) 1975 bei Deng Xiaoping, vom deutschen Bundeskanzler Helmut Kohl bei Jiang Zemin 1995 und von US-Präsident George W. Bush bei Hu Jintao 2005. Hierarchie wird in China groß geschrieben, und gewisse Aufgaben sind fest mit der Funktion verbunden, die man innehat, und daher nicht delegierbar. So war ich als Bürgermeister der umworbenen Partnerstadt der höchstrangige Gast, auch wenn mir insgeheim lieber gewesen wäre, von den Pflichten während der offiziellen Zeremonien entbunden zu sein. Die immense, nicht aufgesetzte Höflichkeit und Freundlichkeit der Gastgeber sowie deren ernstes Interesse an unserer Stadt ließen aber meine Nervosität bald schwinden. Abgesehen von der Tatsache, dass mir in der Hektik einige englische Vokabeln nicht einfielen, lief es gut, und es kam weder zu diplomatischen Verwicklungen noch zu einer Trübung der Stimmung. Bürgermeister Shi war hinsichtlich der Konversation im Vorteil, da er diese in seiner Muttersprache führen konnte, zumal seine Ausführungen für uns ins Englische übersetzt wurden. Am Schluss des offiziellen Teiles fand die feierliche beiderseitige Unterzeichnung einer Absichtserklärung (»letter of intent«) zur Verschwisterung der beiden Städte statt.

Es stand mir nunmehr noch ein Höhepunkt und

eine Herausforderung zugleich bevor: das feierliche Bankett der Stadt Harbin für rund 500 Gäste in einem Ballroom in unserem Hotel. Bei derartigen Festakten, seien sie von einer wichtigen Stadt oder einer Provinz organisiert, gibt es stets einen Ehrentisch und viele weitere Tische für die restlichen Geladenen. In Harbin handelte es sich um eine große runde Tafel für ca. 35 Personen, die man als geschlossenen Ring bezeichnen kann. In deren Mitte, einer entsprechend dimensionierten Freifläche, stand ein übergroßer, herrlicher Blumenschmuck. Bei späteren Harbin-Besuchen im Winter konnte ich feststellen, dass in der Mitte des Tisches anstelle von Blumengestecken Glasskulpturen (Schwäne u. Ä.) aufgebaut waren, die sich bei näherer Betrachtung als hervorragend geschnitzte Eisfiguren herausstellten und ganz langsam in den stark beheizten Festsälen vor sich hinschmolzen. Der vierköpfigen Delegation aus Wiener Neustadt wurde von freundlichen Damen ein Tisch zugewiesen, ehe mich der Ruf eines Mitarbeiters des Außenamtes ereilte, ich dürfe am Ehrentisch sitzen und solle daher mitkommen.

Darauf war ich nicht vorbereitet, und daher stellte sich zuerst eher ein Gefühl der Überforderung denn des Stolzes ein. Beim Ehrentisch angekommen, löste sich meine Verkrampfung, als ich sah, dass mein Platz genau neben jenem von William Fei war. Als ich bemerkte, dass es nicht nur Stäbchen, sondern auch Besteck – das für mich so wichtige Werkzeug zur unfallfreien Nahrungszufuhr – gab, war ich nahezu euphorisch. Nach einigen Eröffnungsreden, unter anderen auch vom Bürgermeister, wurden die

Gäste am Ehrentisch namentlich begrüßt. Zu wissen, wann man höflicherweise bei der Nennung des eigenen Namens aufsteht, ist eine wahre Herausforderung, da nicht nur wir nahezu unüberwindbare Schwierigkeiten mit der annähernd korrekten Aussprache chinesischer Namen haben, sondern auch deutsche wie »Bernhard Müller« für den ansässigen Moderator tückisch wirken. So kann vorkommen, dass Ehrengäste begrüßt werden, ohne es zu merken. Mir blieb das glücklicherweise erspart, da mir mein Tischnachbar Fei einen freundlichen Stupser gab und »Jetzt sind Sie dran!« hinzufügte. Wenn man das erste Mal bei einem Festbankett am Ehrentisch sitzt, kommt man zum einen nicht aus dem Staunen heraus, und zum anderen fühlt man sich ein wenig in die Kindheit sowie zum Spiel »Reise nach Jerusalem« versetzt – mit dem gravierenden Unterschied, dass in China keine Stühle entfernt werden. Aber darüber soll an anderer Stelle berichtet werden.

Nach fünf Tagen Aufenthalt war unser erster Besuch in Harbin, bei dem wir uns zeitweise wie im Märchen »1001 Nacht« gefühlt haben, zu Ende. Tief beeindruckt von der Professionalität der Gastgeber, dem unbedingten Willen sich weiterzuentwickeln und konkrete Ergebnisse zu erzielen, der gelebten Internationalität der Stadt, den kulinarischen Genüssen, der Horizonterweiterung, die wir erfahren durften, sowie der landschaftlichen Schönheit und imposanten Urbanität, waren wir entschlossen, dem Gemeinderat der Stadt Wiener Neustadt die Beschlussfassung über eine Verschwisterung vorzuschlagen. Wir waren uns nach dieser Reise sicher, dass mit dieser Millionenstadt nicht nur eine folkloristische Partnerschaft, sondern vielmehr eine echte, projekt- und zielorientierte Beziehung möglich war. Wir sollten recht behalten. Was wir damals jedoch nicht erahnen konnten ist, dass echte und tiefe Freundschaften entstehen würden. Unabhängig von Ämtern und Funktionen, in guten wie in schlechten Zeiten.

»Doch wer kennt schon Harbin?«[6]

»Kennen Sie Chinas Megastädte? Jenseits von Peking und Shanghai sind Millionenstädte herangewachsen, von denen die meisten hierzulande noch nicht einmal gehört haben«, schrieb das deutsche Handelsblatt analytisch korrekt in seiner Online-Ausgabe 2012.[7] Und an diesem Befund hat sich seither nichts geändert. Seit 1960 hat sich die Anzahl der Millionenstädte weltweit von 105 auf 488 mehr als vervierfacht, und laut der Statistikplattform Geohive finden sich unter den 100 größten Millionenstädten (Agglomeration) der Welt 21 aus China. Es sind dies (Platzierung in Klammer): Shanghai (6), Peking (8), Guangzhou (22), Shenzhen (23), Chongqing (25), Wuhan (30), Tianjin (31), Dongguan (40), Hongkong (41), Chengdu (43), Foshan (45), Nanjing (51), Harbin (52),

---

6 Van Hess, Hans: Die 101 wichtigsten Fragen. China. München 2008, S. 76. »Doch wer kennt schon Harbin oder Zhengzhou, Shijiazhuang oder Jilin, vier beliebig herausgegriffene Städte, die ebenfalls über oder an die zwei Millionen Einwohner aufweisen?«

7 http://www.handelsblatt.com/technik/forschung-innovation/chinas-megastaedte-die-faszinierenden-metropolen-der-volksrepublik/6098448.html

Shenyang (55), Hangzhou (58), Xi'an (64), Shantou (80), Zhengzhou (86), Qingdao (91), Changchun (92), Jinan (94). Hand aufs Herz: Wer hat schon einmal die Namen der Megacities Foshan, Shantou oder Jinan gehört, geschweige denn, dass er wüsste, wo sie liegen bzw. was sie charakterisiert? Also stellt sich die Frage: Was ist Harbin, was macht es aus, und lohnt es sich, diese 1898 von russischen Einwanderern gegründete Stadt zu besuchen?

Ein interessanter Indikator ist das Buch »Highlights China«.[8] Unter den »50 Ziele[n], die Sie gesehen haben sollten«, befindet sich auch die nördlichste Provinzhauptstadt. Sie wird als »das St. Petersburg Chinas« bezeichnet und gewürdigt.[9] Weitere ehrenvolle Attribute lauten »das orientalische Paris«, »das orientalische Moskau« sowie »die Perle am Nacken des Schwans«, weil die Form der Provinz Heilongjiang mit jener eines Schwanes verglichen wird, wobei Harbin an dessen Nacken liegt. Obwohl die Stadt mit den vielen Zuschreibungen, die es unter die 50 sehenswertesten Destinationen des riesigen Reiches der Mitte geschafft hat, in unseren Breitengraden kaum bekannt ist, steigt nicht nur die Bedeutung von Binnentourismus für die nordostchinesische Metropole immer mehr an, sondern sie wird mittlerweile auch von westlichen Reisebüros gezielt, zum Teil in Kombination mit Peking, angeboten.

Das Beeindruckende an Harbin (mandschuri-

---

8 Fülling, Oliver; Bolch, Oliver: Highlights China. Die 50 Ziele, die Sie gesehen haben sollten. München 2011
9 Ebenda, S. 42

sche Ableitung von »Ein Ort, um Fischernetze zu trocknen«), das aus neun Bezirken (größtes Distrikt: Nangang; über 1 Million Einwohner), zwei kreisfreien Städten und sieben Kreisen besteht, ist ihre immense Vielfalt. Die Mischung aus altem China mit Tempeln und Monumenten, neuem China mit Wolkenkratzern und Skyline, ergänzt um einen Stadtkern mit russischer Architektur sowie orientalischem Flair und umgeben von herrlichen Feuchtgebieten, machen einen Besuch zum besonderen Erlebnis. Bei einem Zusammentreffen anlässlich eines Auftritts des Wiener Neustädter Sinfonischen Orchesters Merkur während des Summer Music Concerts im Jugendpalast, teilte mir die extra angereiste Leiterin des Österreichischen Kulturforums in Peking, Kulturrätin Gudrun Hardiman-Pollross, ihre Einschätzung mit, dass Harbin zu einer der schönsten Städte Chinas gehöre, nicht zuletzt, da im Gegensatz zu anderen Metropolen alte Gebäude nicht prinzipiell zerstört wurden, um Neubauten Platz zu machen.

Der Drachenturm verkörpert wie kaum etwas anderes in Harbin das moderne China. Der lóng tǎ – wie er in Pinyin heißt – ist ein Fernseh- und Aussichtsturm mit einer Gesamthöhe von 336 Metern (Eiffelturm: 324 Meter) und wurde im Jahr 2000 eröffnet. Er ist nach dem Fernsehturm Taschkent (374,9 Meter) in Usbekistan der weltweit zweitgrößte Stahlfachwerkturm. Der berühmteste seiner Art ist der Eiffelturm, der 1889 anlässlich der Weltausstellung in Paris nach etwas mehr als zweijähriger Bauzeit eröffnet wurde und laut Vertrag 20 Jahre danach hätte wieder abgerissen werden sollen, was eine Konzession an die vielen damaligen Gegner des modernen Bauwerkes war. »Um zu begreifen, was wir kommen sehen, muss man sich einen Augenblick einen schwindelerregenden, lächerlichen Turm vorstellen, der wie ein riesiger, düsterer Fabrikschlot Paris überragt, muss sich vorstellen, wie alle unsere Monumente gedemütigt, alle unsere Bauten verkleinert werden, bis sie in diesem Alptraum verschwinden«, hieß es in einem veröffentlichten »Protest der Künstler« (u. a. Alexandre Dumas, Charles Gounod, Guy de Maupassant) vom 14. Februar 1887. Von Forderungen, den Drachenturm, der nach den Plänen von Professor Ma Ren Le von der Shanghai Tongji University errichtet wurde, wieder abzubauen, ist man in Harbin weit entfernt. Neben kleinen Shops im Erdgeschoss und im ersten Stock befindet sich in einer der unteren Etagen auch eine Dauerausstellung, die sich dem Leben und Sterben der Dinosaurier widmet. Obwohl die Tourismusguides bei jeder Führung – und ich habe zwei über mich ergehen lassen – mit ernster Miene betonen, dass sich neben Dino-Plastikfiguren in manchen Vitrinen auch echte historische Knochen befinden, ist Skepsis angebracht. Aber da der Besuch des Drachenturmes ohnehin ein anderes Ziel verfolgt, ist dies nicht weiter erheblich. In der Höhe von 186 Metern können sich die Gäste in einem Buffet-Restaurant stärken, das 500 Personen Platz bietet, bevor sie in der geschlossenen Aussichtsplattform in den Genuss eines überwältigenden Überblickes über die Stadt kommen. Wer nun für einen imposanten Rundgang innerhalb der Kuppel, aber ausschließlich auf einem transparenten Glasboden, der das Gefühl eines Skywalks vermittelt, bereit ist, muss nur noch kurzfristig das eigene Schuhwerk gegen Filzpantoffeln tauschen, um den gläsernen Untergrund nicht zu zerkratzen. Es handelt sich beim »Exciting Ring« um den längsten Spaziergang dieser Art weltweit, mit einem Umfang von 60 Metern in einer Höhe von 181 Metern. Und wem dies als Adrenalinschub noch nicht genügt, der kann auch ein Stockwerk höher, nunmehr im Freien auf der offenen Aussichtsplattform bei 191 Metern Höhe zum Bungie-Running ansetzen. Den Abschluss bildet ein Schauraum (Höhe: 203 Meter), der sich mit Relikten der Tang-Dynastie (618–907) beschäftigt. So mancher Gast ist nach einem ausgiebigen Besuch im lóng tă und der Erfahrung von schwindelerregenden Höhen froh, wieder sicheren Erdboden unter den Füßen zu haben. Ich jedenfalls, denn seit früher Kindheit plagt mich stark ausgeprägte, nahezu unüberwindbare Höhenangst.

Neben dem Drachenturm als herausragendem Wahrzeichen zeigt sich das neue China vor allem in der Entwicklung von Stadtvierteln mittels hochgeschossigen Wohnbaus sowie durch Infrastrukturprojekte wie den Bau eines U-Bahn-Netzes, das im Endausbau neun Linien mit insgesamt 340 km umfassen soll (seit September 2013 ist ein Teil der Linie 1 in Betrieb), oder die Gondelbahn über den Songhua-Fluss. In 10–12 Minuten kann man in einer Kabine für acht Personen bequem, aber nicht ganz kostengünstig, um 13,80 Euro, den Songhua (Wegstrecke: 1.156 Meter) überqueren und hat dabei eine herrliche Aussicht. Diese kann jedoch im berüchtigten Harbiner Winter getrübt sein, wenn bei Tagestemperaturen von −23 Grad Celsius die

Fensterscheiben der Gondeln nicht nur außen, sondern auch innen dick zugefroren sind. Es soll vorkommen, dass Einheimische weniger für ein Ticket bezahlen als Fremde – wie manche Touristen beklagen. Aber dabei dürfte es sich nicht um ein rein chinesisches Phänomen handeln, denn selbiges Verhalten wird gerüchteweise von einer Reihe österreichischer Fremdenverkehrseinrichtungen behauptet.

Das noch im Bau befindliche, an der Nordseite des Songhua gelegene Harbin Cultural Center wird ein Wahrzeichen der Stadt werden, soviel lässt sich schon vor der Fertigstellung sagen. Ich durfte im Sommer 2013 gemeinsam mit österreichischen Journalisten den Rohbau der verschiedenen Gebäude besichtigen, und wir waren bereits von dem, was wir damals zu sehen bekommen hatten, schwer beeindruckt. Im Endausbau soll die vom Pekinger Architekturbüro MAD konzipierte Anlage mit einer Fläche von 41.000 m² ein »Großes Theater« mit einer zweistöckigen Galerie für 1.600 Gäste, ein kleines Theater (400 Sitze), ein Freizeitzentrum und den »Wetland Park« am Flussufer – und somit Kunst, Kultur und Natur – verbinden. Zwischen dem »Großen Theater« und dem »Kunst- und Kulturzentrum« liegt ein beachtlicher, künstlich angelegter See, der den Einklang von Mensch und Umwelt verkörpern soll. Opern- und Theateraufführungen, Ballett, Kammermusik, Kleinkunst, Ausstellungen, aber auch Kulturvermittlung und Kunstunterricht sollen hinkünftig im Harbin Cultural Center, von dem ein Teil des Gebäudekomplexes wie eine riesige Skisprungschanze aussieht, eine Heimat finden.

»Das moderne Harbin lebt unübersehbar von seiner Rolle als Brückenpfeiler nach Russland. Aber den eigentlichen Reiz machen die Gassen des Stadtteils Daoli mit ihrem kopfsteingepflasterten Zentrum der Zhongyang Dajie aus. Hier sieht man noch viele mehr oder weniger gut erhaltene Gebäude aus dem frühen 20. Jahrhundert.«[10] Ein offizielles Denkmal der Volksrepublik China seit 1996 und ein absolutes Muss für jeden Harbin-Touristen ist die Sophienkathedrale im Herzen der Stadt. Die ehemals russisch-orthodoxe Kirche, die heute ein Architekturmuseum, das unter anderem Harbin in alten Ansichten zeigt, beherbergt, wurde 1907 erbaut und während der Kulturrevolution nicht zerstört. Diesem glücklichen Umstand verdankt die Kathedrale ihrer damaligen Nutzung: Als Warenlager für ein benachbartes Kaufhaus. Das Gebäude ist innen nicht restauriert, was einerseits seine unverfälschte Ursprünglichkeit zeigt, andererseits aber bei vielen Besuchern die Frage »Warum lassen die das verfallen?« aufkommen lässt. Außen ist das in byzantinischem Stil erbaute Kirchengebäude, das denselben Namen wie berühmte Gotteshäuser in Almaty, Kiew, London oder Washington trägt, aber unbestritten eine Augenweide und gern ausgewähltes Fotomotiv.

Nicht modern, obwohl es der Name vermuten ließe, ist das Modern Hotel in der Zhongyang Dajie (Central Street) Nr. 68, mit einer reichen, wechselvollen Geschichte. Obwohl in vielen Quellen das Jahr 1906 als Baubeginn genannt wird und 2006

---

10 Fülling, Oliver; Bolch, Oliver: Highlights China. Die 50 Ziele, die Sie gesehen haben sollten. München 2011, S. 42

»100 Jahre Modern Hotel« gefeiert wurde, versucht Mark Gamsa von der Tel Aviv Universität (Israel) in seinem fundierten Text »Die vielen Gesichter des Hotel Moderne in Harbin« zu belegen, dass es erst 1913/14 errichtet worden ist.[11] Das Haus, das in seiner langen Historie sowohl einst Sitz des russischen Konsulats wie auch eines Offiziersklubs, später wiederum, zur Zeit der japanischen Besatzung, das Harbin Yamato Hotel und 1948 schließlich Quartier für 200 kommunistische Kader war, ist in der Provinz Heilongjiang nicht zuletzt deshalb überaus berühmt und populär, weil es im Zentrum einer beliebten TV-Serie stand. Wer im Modern nächtigt, fühlt sich ob des französischen Renaissance-Baustils in die Zeit Ludwigs XIV. versetzt, und lange Zeit pochte das Management darauf, vom besten Hotel in der Stadt zu sprechen. Aber seit es neue 5-Sterne-Unterkünfte wie das Shangri La oder das Sofitel Wanda gibt, ist diese Zuschreibung nicht mehr aufrechtzuerhalten. Feierliche Bankette und Hochzeiten erfreuen sich in diesem historischen Gebäude jedoch immer noch großer Beliebtheit. Aber auch im berühmten Modern ist der Geschäftsreisende nicht davor gefeit, dass er sich nach einem langen, arbeitsintensiven Tag im Foyer – der Begriff Bar wäre unangebracht – auf ein durstlöschendes Cola freut, aber feststellen muss, dass er von der freundlichen Bedienung eine heiße braune Flüssigkeit serviert bekommt, weil die Dosen des Erfrischungs-

---

11 Gamsa, Mark: The many Faces of Hotel Moderne in Harbin. In: East Asian History, Nr. 37, Dezember 2011, S. 27ff

getränks dauerhaft, ohne jeden Anflug von Zweifel, neben der Heizung gelagert werden. Während China-Neulingen bei derartigen Erlebnissen die Fassungslosigkeit ins Gesicht geschrieben steht, nimmt es der Vielgereiste gelassen. Eben China live!

Der Jile Tempel oder »Tempel des Glücks« wurde zu Beginn der 1920er-Jahre errichtet und ist einer von insgesamt vier berühmten buddhistischen Häusern aus den drei nordostchinesischen Provinzen. Auf dem 5,7 Hektar großen Areal befinden sich u. a. das »Tor des Berges«, »Die himmlische Königshalle«, »Die Halle des Mahavira«, »Die Halle der drei Heiligen«, der Turm, in dem die heiligen Schriften verwahrt werden, und die überaus sehenswerte Mönchsklause. Beeindruckend sind weiters die mehrere Meter hohen Statuen, die auf den Wegen zwischen den Hallen in die Höhe ragen und die spazierenden Menschen daneben wie Zwerge wirken lassen. Der »Tempel des Glücks« wurde sowohl von der Provinz Heilongjiang wie auch auf nationaler Ebene als herausragendes Kulturrelikt des Buddhismus gelistet und ausgewiesen. Von großer kultureller Relevanz ist schließlich der Harbin Konfuzius Tempel. Auf einer Fläche von 25.000 m^2 wurden ab 1926 in einer dreijährigen Schaffensperiode 5.674 m^2 verbaut. Der Konfuzius Tempel, der 1996 unter staatlichen Schutz gestellt wurde, ist sowohl der älteste komplett erhaltene Gebäudekomplex in der gesamten Provinz Heilongjiang wie auch der größte seiner Art in Nordostchina. Bei einem Besuch kann der Gast die herrliche Kombination aus einem Chinagarten mit alten Bäumen und wunderbaren Pflanzen sowie traditioneller Architektur genießen. Diese Mischung lädt zum ausgedehnten Verweilen und Entspannen ein und bietet Entschleunigung pur.

»Nordchinas Stadtperle Harbin«,[12] wie der Dumont Bildatlas China schreibt, hat darüber hinaus vieles zu bieten, was einen eigenen Stadtreiseführer rechtfertigen würde. Beispielsweise die herrliche, 42 km lange Promenade entlang des Songhua-Flussufers mit dem zweifelhaften Namen Stalin-Park, der ursprünglich Riverside Park hieß, aber nach dem Tod des sowjetischen Diktators als Freundschaftsbeweis zur UdSSR umbenannt wurde, wobei es bis heute blieb. Aber auch die vielen Statuen, Cafés und das sehenswerte Denkmal der Flutkontrolle aus dem Jahr 1958, das nach dem Bau der Regulierungsmaßnahmen zum Gedenken an die tausenden Überschwemmungstodesopfer errichtet wurde. Des Öfteren bin ich schon um 4.30 Uhr morgens zum Monument gepilgert, wenn ich wieder einmal nicht schlafen konnte, um immer aufs Neue zu staunen, dass um diese Zeit dort hunderte Menschen Gymnastik betreiben, mit Wasser und Pinsel Schriftzeichen auf den Asphalt malen, tratschen oder einfach Spaß haben.

Zahlreiche Museen runden das Kulturprogramm ab, wie das Museum der Provinz Heilongjiang mit interessanten Relikten aus der Jin- (mehrere Epochen) und Qing-Dynastie (1644–1911), aber auch aus Russland, oder insbesondere das sehenswerte Internationale Schwesterstädte-Museum. Im Haus mit der Adresse Tiandi Straße Nr. 91, Daoli-Bezirk,

---

12   Dumont Bildatlas China. Ostfildern 2011, S. 21

das früher einmal als dänisches Konsulat gedient hat, haben das Harbin Foreign Affairs Office und die Harbin Pharmaceutical Group ein Museum zur Würdigung der internationalen Partnerschaftsbeziehungen ihrer Heimat eingerichtet und jeder offiziellen Schwesterstadt sowie der eigenen einen Raum gewidmet. Es sind dies unter anderen Aarhus (Dänemark; rd. 260.000 Einwohner), Arras (Frankreich; rd. 41.200 Einwohner), Edmonton (Kanada; rd. 812.000 Einwohner), Ekurhuleni (Südafrika; 3,2 Mio. Einwohner), Krasnodar (Russland; rd. 745.000 Einwohner), Magdeburg (Deutschland; rd. 231.000 Einwohner), Minneapolis (USA; rd. 383.000 Einwohner), Niigata (Japan; rd. 808.000 Einwohner), Nyiregyhaza (Ungarn; rd. 118.000 Einwohner), Ploiesti (Rumänien; rd. 210.000 Einwohner), Punta Arenas (Chile; rd. 131.000 Einwohner), Riccione (Italien; rd. 35.200 Einwohner), Rovaniemi (Finnland; rd. 61.500 Einwohner), Salvador (Brasilien; rd. 2,7 Mio. Einwohner), Sunderland (Großbritannien; rd. 174.000 Einwohner), Wiener Neustadt (Österreich; rd. 43.400 Einwohner).[13] Auf einer Fläche von 1.800 m² und auf zwei Ebenen bietet das 2009 eröffnete Museum – übrigens das erste dieser Art in der ganzen Volksrepublik – mit rund 1.200 teilweise sehr ansprechenden und ausgefallenen Exponaten einen hervorragenden Überblick über Charakteris-

---

13 Die Einwohnerzahlen (EW) dürfen nur als Richtwerte betrachtet werden, weil einerseits z. T. keine aktuellen Daten vorliegen und andererseits die Angaben zwischen Großraum und eigentlichem Stadtkern verschwimmen und manchmal sehr ungenau sind.

tiken, Vielschichtigkeit und auch Unterschiedlichkeit der Twin Cities. Die einzige österreichische Partnerstadt ist von der Einwohnerzahl her die drittkleinste.

Harbin unterstreicht seine Internationalität aber nicht nur durch partnerschaftliche Beziehungen zu Städten aus der ganzen Welt, sondern auch durch bedeutende Veranstaltungen wie die wirtschaftlich so wichtige Handelsmesse, wandelt mit dem Bierfestival auch auf den Spuren – zugegebenermaßen in den viel zu großen Schuhen – des Münchner Oktoberfestes und kann insbesondere auf das kulturell hochwertige, alle zwei Jahre stattfindende Summer Music Festival verweisen. 2002 wurde erstmals seitens der Stadt das Harbin International Beer Festival veranstaltet, welches seitdem jährlich im Juli am selben Ort wie die Eis- und Schneewelt stattfindet. Brauereien aus China, Dänemark, Deutschland, Japan, Russland, den USA und anderen Staaten bieten ihre Köstlichkeiten an und betreiben Gastronomiestände in Hallen und Zelten. Das Harbin Summer Music Festival (oder Harbin Summer Music Concert of China) wurde 1958 als »Musikmonat« gegründet. Das erste offizielle Konzert fand 1961 im Jugendpalast statt. Danach gab es bis zum Beginn der Kulturrevolution 1966 jährlich ein Festival. 1979 wurde die Konzertreihe wieder eingeführt und seit 1994 gibt es einen zweijährigen Veranstaltungszyklus. Nicht umsonst wurde die Stadt 2010 von der UNESCO offiziell als Mitglied in das »Creative Cities Network« als »Music City« aufgenommen. Das »Creative Cities Network« wurde 2004 von der UNESCO ins Leben gerufen und umfasst die Sparten Literatur, Film, Musik, Handwerk und Volkskunst, Design, Media Art und Gastronomie. Seit der Gründung fanden 69 Städte aus 32 Staaten in das Netzwerk Eingang. Harbin gilt als offizielles Exzellenzzentrum für Musik und befindet sich in dieser Sparte in Gesellschaft von Städten wie Bogota, Bologna, Glasgow oder Hannover. Österreich hat mit Graz (Design, 2011) und Linz (Media Art, 2014) zwei »Kreative Städte«.

Weltberühmt aber wurde ein anderes Großevent: das Harbin International Ice and Snow Sculpture Festival. Und wer das gesehen hat, fragt nicht mehr »Wer kennt schon Harbin?«, sondern »Wer kennt das Eis- und Schneefestival nicht?«.

Willkommen in Ice Vegas![14]

Der Mensch neigt dazu, häufig auf Erzählungen seines Gegenübers »Das kann ich mir vorstellen« zu erwidern. Aber Harbin im Winter, das ist nur sehr schwer vorstellbar, wenn man es nicht persönlich erlebt hat. Richtiggehend fühlen konnte ich diese so außergewöhnliche Jahreszeit sofort bei meinem ersten Besuch, nachdem ich um ein Uhr nachts, vom Flughafen kommend, den bereitgestellten PKW verließ, um nur wenige Meter zum Hotel zu gehen. Auf Nachfrage erfuhren meine Begleiter und ich, dass es −27 Grad Celsius hatte. Ich spürte, wie in dieser kurzen Wegstrecke mein Bart zu vereisen begann.

Harbin im Winter, das bedeutet Eis- und Schneefestival, Eislaternenfest, Eisschwimmen, Schlitten- und Skifahren, Eisrestaurants, Feuerwerk – einfach Winter-Wunderland. Hinter dem Hotel Shangri La beispielsweise und auch von diesem betrieben, gibt es jedes Jahr für die Dauer der kalten Jahreszeit sowohl ein Restaurant wie auch eine Bar, die ausschließlich aus Eis bestehen und nur mit Gefrorenem eingerichtet sind. Lediglich auf den Sitzen und Hockern werden Felle aufgelegt, um den Gästen

---

14 Diese Werbebezeichnung verwendet die Stadt Harbin bei offiziellen Imagevideos (»Inside Ice Vegas«).

beim Verzehr der Speisen und bei der Konsumation der Getränke einen trockenen und warmen Untergrund zu bieten. Es bedeutet aber auch, Dinge des frostigen Alltags kennenzulernen, die man noch nie zuvor gesehen, gespürt und für möglich gehalten hat. Während in Österreich viele Skisportregionen immer mehr das existenzbedrohende Verschwinden des Winters mit allen Folgen zu beklagen haben, plagen Nordostchina diesbezüglich keine Sorgen. Die kalte Jahreszeit erstreckt sich über fünf Monate. Von November bis März liegen die durchschnittlichen Monatstemperaturen in Harbin tief im Minusbereich. So ist es keine Seltenheit, dass die Scheiben jener Busse, mit denen Delegationen und Gäste aus dem Ausland von einem Termin zum nächsten chauffiert werden, auch innen dick angefroren sind. Bedenkt man, dass vermutlich jedem Mitteleuropäer nach ein- bis zweistündigen Terminen im Freien bei knapp 20 Grad Celsius unter null einigermaßen kalt ist, so sind daran anschließende eineinhalbstündige Autofahrten zu Hauptverkehrszeiten wenig erholsam, wenn die Fahrzeuginnentemperatur 0 Grad beträgt. Aufwärmen sieht anders aus. Ich wurde einmal Augenzeuge, wie unser Busfahrer zu einer CD griff und entgegen meiner Erwartung nicht für Musik sorgte, sondern die Hülle als Eiskratzer verwendete – innen wohlgemerkt! Wer darauf hofft, sich nach unzähligen terminlichen Verpflichtungen in der Hotellobby aufwärmen zu können, der irrt gewaltig. Aus gutem Grund tragen die Kellnerinnen bei ihrer Arbeit dicke Winterjacken, denn die stets im Betrieb befindlichen Drehtüren – warum eigentlich? – befördern gnadenlos und unaufhaltsam die eisige Luft in die überdimensionierten Foyers. Auch in Restaurants, und seien sie noch so elegant eingerichtet, ist es keine Seltenheit, dass stark eingemummtes Personal das Service durchführt und Gäste, die zu nahe an großen Glasfronten sitzen, Rheumaanfälle befürchten, weil sich die Zugluft anfühlt, als befände man sich in einem Vogelhäuschen. Mangels Gefieder bleibt vielfach nur der Griff zum heißen Tee, zum hochprozentigen Getreideschnaps oder zu beidem – in abwechselnder Folge. Wenn Nordchinesen diese Zeilen lesen, werden sie nicht widersprechen, was den Genuss von Kornbrand betrifft, aber sie sind sicherlich über unsere Begründung hiefür erheitert. Zum einen benötigen insbesondere viele Männer in der Provinz Heilongjiang keinen speziellen Grund, um Klaren zu trinken, und zum anderen ist die Kälte für Einheimische naturgemäß nichts Ungewöhnliches. Im Gegenteil, besonders Tapfere – häufig ältere Menschen – wollen stolz öffentlich zeigen, wie zäh, unverwüstlich, selbstdiszipliniert und gesund sie sind. Und sie tun dies, indem sie, nur mit Badehose bzw. -anzug und Badehaube bekleidet, einige Minuten lang im eiskalten Wasser des Songhua ihre Längen schwimmen. Neoprenanzüge wie beim Winterschwimmen in der steirischen Mur werden Sie hier vergeblich suchen. Um dieses Spektakel, das ich einmal staunend verfolgen durfte, zu ermöglichen, muss zuerst unter enormem technischem Aufwand ein Schwimmbecken in den mehrere Meter dick zugefrorenen Fluss geschlagen werden. Der »Swimmingpool« wird rund 200 Meter flussaufwärts westlich der Harbin Songhuajiang Road Bridge in den zugefrorenen Fluss gemeißelt. Die Startblöcke, von denen die Teilnehmerinnen und Teilnehmer ihr frostiges Unternehmen auf Pistolenschuss hin beginnen, sind natürlich aus Eis geschnitzt. Lediglich die Leiter zum Ein- und Ausstieg ist aus Metall, alles andere aus Gefrorenem. Ein Chinese mit etwas lädiertem Gebiss, aber erstaunlicher Kondition, erzählte mir, dass er 77 Jahre alt sei, seit Jahrzehnten Eisschwimmen gehe und sich ein Leben ohne dieses Elixier nicht vorstellen könne. Da ihm das Absolvieren von Längen offenbar nicht ausreichte, machte er zur Erheiterung des zahlreich anwesenden Publikums nahe dem Beckenrand einen Kopfstand auf gefrorenem Untergrund, um sich anschließend wie ein Nudelwalker auf der Schneeoberfläche zu wälzen.

Beeindruckt von den Leistungen der Schwimmerinnen und Schwimmer, die ein intensives Training und eine akribische Vorbereitung absolvieren müssen, entstand bei Wolfgang Trofer, dem ersten Vizebürgermeister von Wiener Neustadt, und mir die Idee, einem Gemeinderat, der bei der nächsten Winterreise Teil der Neustadt-Delegation sein würde, einen Streich zu spielen. Unser Freund Marco Sodomka war das auserwählte »Opfer«, dem wir die abenteuerliche Story auftischten, es wäre in Harbin Usus, alle anwesenden offiziellen Vertreterinnen und Vertreter der Schwesterstädte zum gemeinsamen Eisschwimmen einzuladen. Man könne dies zwar ablehnen, wenn man es sich nicht zutraue, aber es wäre ein besonderer Akt der Höflichkeit, dabei mitzumachen. »Du kennst ja die chinesischen Gepflogenheiten. Ich wollte damals auch nicht so recht, aber ich habe es hinter mich gebracht, weil alle anderen ausländischen Gäste es auch durchgezogen haben. Es ist sehr kalt, aber es ist zu schaffen. Aber wenn du nicht willst, musst du nicht. Es gibt keinen Zwang.« Mit dem koketten Hinweis, bei den Freunden aus Harbin punkten zu können, und der zusätzlichen Anmerkung, dass die anderen Gäste und ich angeblich nicht gekniffen hätten, wurde erfolgreich an sein Ehrgefühl appeliert. Wer will schon gern Spielverderber sein. Er biss an! Allerdings galt es nun für mich, dieses mein Eisbad im Songhua auch zu »beweisen«, denn es war völlig klar, dass die »fotoverrückten« Chinesen ein derartiges Erlebnis im Bild festgehalten hatten. Zum Glück gibt es künstlerische Profis wie Art-Director Andreas Krenauer, der ein Foto, das mich im Hochsommer beim Verlassen des Wiener Neustädter Föhrensees zeigt, durch Computersimulation mit Atemhauch, geröteter Haut und einem winterlichen Himmel versehen und so zum vermeintlichen Beweisstück manipulieren kann. Wie beiläufig übermittelte ich Marco den »Beleg« vom Eisbad. Nur nicht zuviel Druck, die Angelegenheit musste sich jetzt von selbst entwickeln. Nach einiger Zeit trat Lockvogel Wolfgang Trofer auf den Plan, um scheinheilig Kollegen Sodomka zu fragen, wie er sich auf das Eisschwimmen vorbereite und ob er Tipps habe, wie man sich vor Erfrierungen schützen könne, zumal man gemeinsam nach Harbin reise und dies zusammen durchstehen müsse. Er vermute, dass es Schutzcremen gäbe, mit denen man sich vor den Folgen des Eiswassers wappnen könne. Natürlich ließ Marco das Abenteuer nicht einfach auf sich zukommen, sondern begann – nicht zuletzt, da seine Gattin Ärztin ist – über die Gefahren des Winterschwimmens für Neulinge zu recherchieren. »Eisbaden ist nicht unbedenklich. Untrainierte und Unerfahrene sollten sich langsam an die kühlen Temperaturen herantasten. Dies könnte zum Beispiel mit Wechselduschen oder Kneipp-Bädern geschehen. Man sollte nie alleine, sondern immer in Gruppen baden gehen. Immerhin besteht die Gefahr, dass der Eisbader einen lebensgefährlichen Kälteschock erleiden könnte«[15], schreibt die Internetplattform www.gesundheit.de und Spiegel online ergänzt, dass »Menschen mit Herzproblemen oder Bluthochdruck [...] deshalb lieber vom Ufer aus zugucken«[16] sollten. »Für alle anderen Ungeübten gilt, nur im flachen Wasser zu plantschen und auf jeden Fall eine Begleitung an der Seite zu haben.«[17]

Für Begleitung war offenbar gesorgt, da ja viele Besucherinnen und Besucher aus den Schwesterstädten mitmachen würden, aber alles andere kam ihm alarmierend vor. Als Vizebürgermeister Trofer dann auch ständig scheinheilig nach schützenden Cremen fragte, reagierte er bald ungehalten und betonte mit Nachdruck, dass es keine solchen Cremes gäbe. Seine Gattin hatte selbstverständlich dringend vom Eisbad abgeraten und darauf hingewiesen, dass die Risiken viel zu hoch seien. Schließ-

---

15 http://www.gesundheit.de/fitness/sport-im-winter/tipps-fuer-den-winter/eisbaden-ein-kick-fuer-den-koerper
16 http://www.spiegel.de/gesundheit/ernaehrung/eisschwimmen-was-die-extremsportart-mit-dem-koerper-macht-a-878359.html
17 Ebenda

lich erbat Marco nochmals die Übermittlung des Müller'schen »Beweisfotos«, um es seiner Frau zu zeigen. Ich »roch den Braten« und wich mit dem Vorwand, technische Schwierigkeiten zu haben, aus, denn schon sehr bald trat die Wiener Neustädter Gruppe, der auch Mitverschwörer Krenauer angehörte, ihre Reise nach Harbin an.

Dort, in Harbin, geschah es schließlich, dass man den schon extrem nervösen Marco aufklärte. Er nahm das Ganze zuerst fluchend, aber dann heiter und vor allem erleichtert zur Kenntnis. Ich war damals nicht vor Ort, aber ich bin sicher, dass darauf mit mehr als einem chinesischen Schnaps angestoßen wurde. Selbstredend kämen die Herrschaften vom hiesigen Außenamt niemals auf die Idee, ihren Gästen diese gefährliche Tortur im eisigen Wasser zuzumuten. Sogar geübte Winterschwimmer, wie der 50-jährige Gao Chiming aus der ostchinesischen Provinz Anhui, kapitulieren vor den extremen Verhältnissen in Harbin: »Normalerweise kann ich Wassertemperaturen bis zu fünf Grad Celsius ertragen. Die Wassertemperatur hier ist sicherlich unter null Grad. Ich traue mich nicht, hier zu schwimmen. Deshalb bewundere ich die Winterschwimmer sehr. Ihre Ausdauer und ihre Willenskraft, sich selbst zu ändern, beeindrucken mich sehr.«[18]

Harbin ist jene Provinzhauptstadt Chinas, die die niedrigste Jahresdurchschnittstemperatur aller 31 Metropolen aufweist, nämlich 4,5 Grad Celsius. Haikou, Hauptstadt der Provinz Hainan, hat im Ver-

---

18 http://german.cri.cn/3105/2015/01/29/1s229763.htm

gleich dazu eine Jahresdurchschnittstemperatur von 24,6 Grad Celsius und ist damit Spitzenreiter. Die tiefste offizielle Temperatur in China wurde jedoch nicht in Harbin, aber dennoch in der Provinz Heilongjiang gemessen, und zwar in Mohe mit −52,3 Grad Celsius im Jahr 1956. Die Luftfeuchtigkeit beträgt in Harbin im Jahresmittel 70,4 % was exakt den Mittelfeldplatz aller Provinzhauptstädte bedeutet. Spitzenreiter ist wiederum Haikou (80,7 %), auf dem letzten Platz findet sich Lhasa (Autonomes Gebiet Tibet) mit 32,7 %. Der kälteste Monat in Harbin ist der Jänner (−19,8 Grad Celsius), gefolgt vom Dezember (−16,3 Grad Celsius), der wärmste ist der Juli (23,1 Grad Celsius). Somit ergeben sich in dieser Stadt der Extreme Schwankungen der durchschnittlichen Monatstemperaturen von unfassbaren 42,9 Grad Celsius. Erst im Monat April kehren sich die Mittelwerte langsam von Minus auf Plus, wiewohl der Begriff Frühling stets schon zum Beginn des chinesischen Neujahrs eine Rolle spielt. Das Frühlingsfest, wie es auch genannt wird, richtet sich nach dem gregorianischen Kalender, der in China seit 1911 in Verwendung ist. Es beginnt am zweiten Neumond nach der Wintersonnenwende mit wechselndem Datum zwischen 21. Januar und 21. Februar. Im Jahr 2015 war es der 19. Februar. Das Frühlingsfest zum Chinesischen Neujahr dauert zwei Wochen und zeichnet sich durch Familienfeiern mit gemeinsamem Essen, durch Verwandten-, aber auch Gräberbesuche, gegenseitige Geschenke und Feuerwerke aus.

Um ihre Ehrengäste vor den winterlichen Extremtemperaturen zu schützen, bietet die Stadt Harbin diesen noch vor deren Reiseantritt nach Nordchina ein besonderes Service. Per E-Mail des Harbin Foreign Affairs Office werden die (Bürgermeister-) Büros der Schwesterstädte höflich ersucht, alle nominierten Delegationsmitglieder hinsichtlich Körper- und Schuhgröße sowie Brust- und Bauchumfang akribisch zu vermessen und die erhobenen Daten auf selbigem Wege bekanntzugeben. Nach den eingelangten Informationen werden den Gästen sodann in deren Hotelzimmern Mütze, Schal, Handschuhe, Skijacke und -hose sowie Winterschuhe bereitgelegt, die man nach der Abreise als Geschenk behalten darf. Das überaus freundliche Service der Gastgeber hat nur einen Haken: Die Vermessung der Körpervolumen hat nur bedingt Einfluss auf die Auswahl des wärmenden Gewandes, und es scheint das System der Deckelung von Bauchumfangszahlen Anwendung zu finden. Sprich, es wird nicht weiter darauf Bedacht genommen, dass das chinesische XX-Large in Europa mit einem Large gleichzusetzen ist und daher vielen Männern keinen ausreichenden Schutz bietet. Nach der Rückkehr vom ersten Wintertrip warnte mich der Delegationsleiter Christian Stocker mit den Worten: »Dir wird dort nichts passen. Ich habe drei Jacken verbraucht, weil mir regelmäßig die Knöpfe abgesprungen sind, so eng waren die.« Ich nahm diese Information zwar zur Kenntnis, schenkte ihr aber weiter keine Beachtung, denn eine Reise meinerseits in der kalten Jahreszeit stand nicht bevor. Ich erinnerte mich jedoch dunkel wieder daran, als es dann soweit war. Wieder wurden wir höflich aufgefordert, sämtliche Maße per E-Mail bekanntzugeben, und meine beiden wunderbaren Bürodamen wussten ab diesem Zeitpunkt sogar über meinen Bauchumfang Bescheid. Obwohl mich beeindruckte, mit welcher Professionalität sich das Harbiner Außenamt um seine Besucherinnen und Besucher kümmerte, blieb ich ob des zu erwartenden Wintergewandes skeptisch. Ich beschloss daher, eine Jacke und wärmende Schuhe mit Innenfutter einzupacken, obwohl man uns mitgeteilt hatte, eigene Winterbekleidung sei nicht erforderlich.

In Harbin allerdings kam sehr schnell der Moment der Wahrheit, als uns von den Betreuern das Tagesprogramm erläutert wurde. Am Abend (ca. 20.30 Uhr Ortszeit) würde es zur Eröffnung des Eis- und Schneefestivals gehen, und da hieß es, sich gegen Temperaturen zwischen −25 und −30 Grad Celsius zu wappnen. Somit stand im Hotelzimmer die Anprobe der vorbereiteten Kleidungsstücke auf dem Plan. Ich begann mit den leichtesten Utensilien. Mütze und Handschuhe passten, der Schal war ein Heimspiel. Nun die Schuhe. Zu meiner Freude saßen sie perfekt. Die Nervosität stieg bei den Hauptkleidungsstücken. Zuerst die Hose. Begleitet von einem Schweißausbruch ob der Anstrengung, zwängte ich mich hinein. Sie passte – aber nur mit Brachialgewalt, und ob sie Belastungen wie Sitzen im Bus standhalten würde, war mehr als fraglich. Die Hosenträger, die mir viel zu kurz waren, hätte ich nur in permanent gebückter Haltung verwenden können. Also weg damit! Nun die Jacke. Schon beim Hineinschlüpfen merkte ich, dass sie an meinem massigen Oberkörper wie ein lächerliches Gilet wirkte. Den Versuch, den Reißverschluss zuzumachen, unternahm ich erst gar nicht. Schnell wieder ausziehen! Auf Nachfrage erhielt ich vom Außenamt die Auskunft, dass es bedauerlicherweise keine weiter geschnittenen Jacken gäbe – ich wäre bereits am Größenlimit angelangt. Nun gut, ich hatte ja den eigenen Anorak mit, aber zugegebenermaßen wirkte der jetzt im Vergleich zur leider zu kleinen chinesischen Variante verdächtig luftig und dünn. Es beschlich mich das ungute Gefühl, dass ich mit meiner Ausrüstung einem mehrstündigen Aufenthalt im Freien bei arktischen Temperaturen nicht gewachsen sein würde. Eine Lösung musste gefunden werden, und zwar möglichst schnell. Aber in der Zwischenzeit überschlugen sich die Ereignisse. Die Betreuer teilten uns mit, dass wir nicht mehr genug Zeit zwischen dem Festbankett und der Eröffnungszeremonie des Eis- und Schneefestivals haben würden, um in die Zimmer zurückzukehren und uns dort von festlich (Anzug, Hemd, Krawatte) auf winterfest umzuwandeln. Folglich blieb uns nichts anderes übrig, als uns elegant anzuziehen und das Skigewand einzupacken. Aber womit transportiert man festes Schuhwerk, eine Thermohose, einen voluminösen Overall, eine Mütze, einen überlangen Schal und Handschuhe? Sollte jemand an Plastiktüten, die zur Ordnung der Schmutzwäsche mitgenommen worden waren, gedacht haben, musste er die Lächerlichkeit des Versuchs rasch einsehen. Da es nicht meine erste Harbin-Reise war, hatte ich aus der Vergangenheit gelernt und zusätzlich eine Sporttasche mitgenommen, denn man kommt aus China stets mit mehr und schwererem Gepäck heim, als man angereist ist. Ich warf also – anders kann man es nicht nennen – sämtliche Bekleidungsstücke in die Tasche, rückte die angelegte Krawatte zurecht und fuhr mit dem Lift in jenes Stockwerk, in dem das Bankett stattfinden würde. Auf dem Gang kamen mir Mitglieder meiner Delegation entgegen, die bei der Abreise nicht für entsprechende Zusatzbehältnisse gesorgt hatten. Um die ohnehin sichtlich übelgelaunten Kollegen nicht noch mehr zu verärgern, unterließ ich es, scheinheilig und voll Ironie »Reist ihr ab?« zu fragen, obwohl es mich gereizt hätte. Die leidgeprüften Weggefährten hatten nämlich in der Eile ihre Reisekoffer komplett ausräumen müssen, um ein Transportmittel für das Wintergewand zu haben.

Im Festsaal wurden uns wieder unterschiedliche Sitzplätze zugewiesen, aber diesmal waren mir die Gepflogenheiten am Ehrentisch und beim Bankett schon vertraut. Ich entdeckte allerdings auch, dass nicht alle Ehrengäste so artig wie wir den Bekleidungsvorschriften gefolgt waren, sondern stattdessen ihre Skikleidung angezogen hatten, um sich der Tortur des gehetzten Umkleidens zu entziehen. Nachdem die Tafel aufgehoben worden war, wurde es auch sofort betriebsam wie in einem Bienenstock. Wir erwarteten begierig die Auskunft, wo wir uns umziehen könnten, und erstarrten, als man uns beschied, wir sollten dies im Van tun, denn wir seien zeitlich in Verzug. Da unsere Reisegruppe ausschließlich aus Herren bestand, unterblieb die spannende Frage, ob unsere Betreuer diese »Anweisung« auch in Anwesenheit von Damen durchgesetzt hätten. Beim Versuch von vier Männern, sich in diesem Kleinbus, in dem keiner von uns aufrecht stehen konnte, des eleganten Anzuges zu entledigen, um die rettende Winterkleidung sowie andere Schuhe anzuziehen, kamen mir unwillkürlich die sogenannten Saalwetten der bekannten Samstagabend-Show »Wetten, dass ...?« in den Sinn: »Wetten, dass Sie es nicht schaffen, vier Männer dazu zu bewegen, sich gleichzeitig innerhalb von fünf Minuten in einem Kleinbus umzuziehen, um sodann für einen zweistündigen Spaziergang bei −30 Grad Celsius ausgerüstet zu sein, ohne die Contenance zu verlieren oder gewalttätig zu werden?« Irgendwie war es dann doch zu schaffen, und wir versuchten es mit heiterer Gelassenheit zu nehmen, obwohl ich zwischenzeitlich panikartig meine Handschuhe suchte, die im nahezu stockdunklen Wageninneren unter die Sitzbank gerutscht waren. Ich wollte mir nicht ausmalen, bei diesen Außentemperaturen ohne Wärmeschutz an den Händen längere Zeit zu verbringen. Da mir bekanntermaßen der zur Verfügung gestellte Anorak nicht passte, hatte ich die Variante Anzughemd plus zwei Pullover übereinander und darüber meinen mitgenommenen Overall gewählt. Die Benutzung der eigenen Winterschuhe und der Verzicht auf jene, die vom Harbin Foreign Affairs Office bereitgestellt worden waren, zeigte sich bald als falsche Entscheidung. Obwohl gutes und vor allem innen warmes Schuhwerk, erwies sich die Sohle der winterlichen Extremsituation nicht gewachsen, und ich bekam nicht nur kalte, sondern sogar leicht nasse Füße, was sich bei diesen Temperaturen als schmerzhaft herausstellen sollte. Aber das, was wir nun zu sehen bekamen, entschädigte für alle kurzfristigen Unannehmlichkeiten und machte uns nahezu sprachlos. Bevor wir auf das Gelände, auf dem nun für mehrere Wochen das Eisspektakel stattfinden würde, eingelassen wurden, trafen alle Delegationen aus Schwesterstädten bei einem Sammelpunkt zusammen. Was ich nicht bedacht hatte, wurde jetzt offenkundig. Ich war ziemlich der Einzige, der nicht mit dem offiziellen Anorak bekleidet war. »Warum tragen Sie nicht den Overall?«, fragte eine offenbar etwas naive Delegierte auf Englisch. »It's too small« – ich hatte nichts mehr zu verlieren.

Das Eis- und Schneefestival ist heute weltberühmt, was aber viele nicht wissen ist, dass es auf eine lange Tradition zurückgeht. Bereits 1963 wurde erstmals das Eislaternenfest abgehalten, das später, wie so vieles während der Zeit der Kulturrevolution, als unstatthaft galt und daher einige Jahre lang zu unterbleiben hatte. Eislaternen wurden in Nordchina bereits in der Qing-Dynastie verwendet. Zum einen, weil arme Bauern kein Geld hatten, um Laternen aus Papier oder anderen Materialien anzufertigen oder zu erwerben, zum anderen aber wurden sie auch zum Fischen verwendet, da das Licht die Fische anlockte. Nach der Wiederaufnahme des Laternenfestes erfolgte am 5. Jänner 1985 sozusagen das gefrorene Fundament für die weitere ruhmreiche Eis- und Schneegeschichte der Stadt, das erste offizielle Festival. Im Jahr 2001 fand eine Vereinigung der Harbiner Veranstaltung mit dem Heilojiang's International Ski Festival statt, sodass der offizielle Name seit damals »Harbin International Ice and Snow Sculpture Festival« lautet. Zwischen Dezember 2013 und Februar 2014 feierte die Stadt die Jubiläen »50 Jahre Eis und Schnee, bezauberndes Harbin« sowie die 30. Ausgabe des Internationalen Harbin Eis- und Schneeskulpturen Festivals. Ich hatte dreimal die Ehre, bei diesem umwerfenden Spektakel dabei sein zu dürfen. Schon die Hinfahrt im Konvoi mit den Offiziellen war jedes Mal ein Erlebnis, weil stets währenddessen für die Bevölkerung ein Feuerwerk abgehalten wird, das alle Feuerwerke, die ich bis dahin kannte – auch jenes nach dem »Großen Zapfenstreich« bei der Ausmusterung der österreichischen Leutnante in der Theresianischen Militärakademie – gnadenlos in den Schatten stellt. Wenn sich die Tore des Festgeländes zur Eiswelt öffnen, würde einem der Mund offen bleiben, wäre es nicht so kalt, dass man ihn instinktiv geschlossen bzw. hinter dem Schal verborgen hält. Unverzüglich zücken die Touristinnen und Touristen ihre Kameras, um die in den unterschiedlichsten Farben leuchtenden Prachtbauten aus Eis zu fotografieren, und nicht wenigen ergeht es dabei wie mir. Der Fotoapparat zeigt an, dass die Batterie leer ist. Die enorme Kälte überfordert auch die technischen Geräte. Aber mit etwas Geduld und List – nämlich die Kamera innerhalb des Anoraks aufwärmen, das Objekt der Begierde auswählen, schnell ein Foto davon machen, abdrehen, wärmen usw. usf. – konnte ich die Schwierigkeiten überwinden. Das einzige Problem, das sich nicht lösen lässt: Mit den polarartigen Handschuhen nordchinesischer Prägung ist es nahezu unmöglich, den Fotoapparat zu bedienen. Wer daher gelungene Aufnahmen machen will, muss zumindest kurzfristig frieren und leiden.

Einen Monat bevor die Besucher wie ich die Eis- und Schneewelt genießen können, beginnen 1.800

bis 2.000 Männer und Frauen mit der teils kräfteraubenden und stupiden, aber teils auch künstlerisch hochstehenden Arbeit der Errichtung der Bauten und Skulpturen. Zu diesem Zweck werden 300 Meter lange Streifen aus dem Eis des Songhua geschnitten, die dann wiederum in je 500 Kilogramm schwere Blöcke aufgesplittet werden. Jene Arbeiter, die dieses harte Werk verrichten und stets danach trachten müssen, nicht die eigene Gesundheit oder sogar das Leben zu gefährden, werden nicht nach Stunden, sondern nach Maßeinheiten entlohnt und bekommen 1 Yuan (entspricht 15 Euro-Cent) pro Meter Eis bezahlt. Dafür würde in Österreich niemand einen Finger rühren, geschweige denn, so harte körperliche Arbeit unter extremen klimatischen Bedingungen verrichten. Um alle Gäste, aber auch die Presseagenturen zu beeindrucken, die im global-digitalen Zeitalter in Echtzeit die Weltöffentlichkeit mit grandiosen Bild- und Filmaufnahmen versorgen können, werden im Vorfeld rund 400.000 Kubikmeter Eis und Schnee verarbeitet. Um am Schluss die rund 2.000 Eisskulpturen zur Erleuchtung und damit zur Vollendung zu bringen, müssen in deren Inneren über 100.000 wetterbeständige, fluoreszierende Lichtröhren verlegt werden, die in Summe eine Länge von 100 km ausmachen. Diese Dimensionen verwundern nicht, wenn man weiß, dass der Park in Harbin, in dem die Eiswelt aufgebaut ist, mit 30 Quadratkilometer deutlich größer ist als die gesamte Fläche von Disneyland Paris (19,43 Quadratkilometer). Es gibt in der Hauptstadt der Provinz Heilongjiang aber nicht nur die gigantischen Eisskulpturen auf dieser riesigen Veranstaltungsfläche zu bewundern, sondern auch jene kleine, aber feine Ausstellung im Zhaolinpark, von dem aus vor 30 Jahren alles entstanden ist, und insbesondere die Schneewelt auf Sun Island. Der Zhaolinpark wurde 1900 am Flussufer des Songhua und am Ende der Zhaolin-Straße im Daoli-Distrikt angelegt. Er hieß ursprünglich Daoli Park und wurde 1946 zu Ehren von General Li Zhaolin umbenannt. Während des Festivals befindet sich hier der Eislaternen-Garten. Traditionell besuchen Touristinnen und Touristen am Vormittag die Sonneninsel, um die Figuren und Gebilde aus weißer Pracht zu bewundern, aber auch um Schlittenfahrten zu genießen. Und wenn die Sonneninsel, die auch zu allen anderen Jahreszeiten eine herrliche Ausflugsdestination mit Brücken und Nähe zu den Flussufern, üppiger Vegetation, Restaurants, Souvenirläden und »Bummelzug« ist, ihrem Namen gerecht wird, lässt sich auch die Kälte ertragen.[19] Hier gibt es ausschließlich famose Schneekunstwerke zu bewundern, und 2007 schaffte es eine 3.398 Kubikmeter umfassende, 35 Meter hohe und 200 Meter lange Skulptur mit dem Motto »Olympia« und mit der Bezeichnung »Romantische Gefühle« inklusive russischen und französischen Kathedralen in das Guinnessbuch der Rekorde. 600 Eisbildhauer aus

---

19 Harbin lag 2010, was die jährlichen Sonnenstunden (2.152,1) betrifft, auf Platz 12 von allen 31 Provinzhauptstädten. An der Spitze: Lhasa (3.134,2); Schlusslicht: Chengdu (789). Sonnenstunden in Deutschland (2010): 1.538. brand eins Wissen (Hg.): China in Zahlen. Hamburg 2012, S. 36.

40 unterschiedlichen Nationen hatten an dem Meisterwerk gearbeitet. Bei der Begründung der Veranstaltung 1985 konnte niemand erahnen, dass sie 30 Jahre später 1,3 Mio. Gäste anlocken und mit dem Sapporo Snow Festival (Japan), dem City Winter Carnival (Kanada) sowie dem Holmenkollen Ski Festival (Norwegen) um den »Titel« des berühmtesten Schneefestivals der Welt rittern würde. Im Jänner 2010 setzten die chinesischen Verantwortlichen auf das Erreichte noch etwas drauf, indem sie eine hochprofessionelle, knapp zweistündige Show im Harbin International Exhibition and Sports Center vor der offiziellen Eröffnungszeremonie veranstalteten. Als Gäste auf den Zuschauerrängen staunten wir nicht schlecht, als bei dieser live im chinesischen Fernsehen übertragenen Gala Superstars wie der Sänger und Grammy-Preisträger Michael Bolton, die Schauspielerin Elizabeth Berkley, die Ex-NBA-Basketballer Steffond Johnson und Jerry Reynolds oder der chinesische Darsteller Alexander Wang auftraten. Durch das Programm führten der US-amerikanische Moderator John O'Hurley im Smoking und die bezaubernde taiwanesische (!) Sängerin Elva Hsiao in einer eleganten Abendrobe. Leider konnte uns niemand sagen, welche Gagen die Berühmtheiten für ihre zumeist kurzen Auftritte verlangt haben, und ob sie danach sofort wieder mit Privatjets entschwanden, blieb auch im Dunkeln.

Aber nicht alles ist nur Glanz und Glorie. Harbin im Winter bedeutet auch zu sehen, wie vermutlich bettelarme (Wander-)Arbeiter, mit unzureichender Bekleidung, aber wenigstens mit Atemschutzmasken ausgestattet – für Menschen aus dem Westen völlig unbegreiflich –, stark frequentierte, autobahnartige Straßen kehren, wiewohl die Oberflächen spiegelglatt sind und an eine Schneeräumung bei fünf Monaten Winter und Dauerminusgraden nicht zu denken ist.

Eine zusätzliche weltweite Publicity, auf die sie sicher gerne verzichtet hätte, erlangte Ice Vegas Ende Oktober 2013, als ein Smog über die Stadt hereinbrach, der zur Folge hatte, dass Autofahrer die roten Ampeln nicht mehr erkennen konnten, Schnellstraßen abgesperrt wurden und Schulen geschlossen bleiben mussten. In Deutschland liegt der Jahresgrenzwert für Feinstaubpartikel in der Luft bei 0,02 Milligramm pro Kubikmeter. Am schlimmsten war die Feinstaubbelastung 2010 laut Statistik der großen chinesischen Städte in Lanzhou mit einem Wert von 0,155 Milligramm. Am besten schnitt das tibetische Lhasa (0,048 Milligramm) gefolgt von Hohhot aus dem Autonomen Gebiet Innere Mongolei (0,068 Milligramm) ab.[20] Grund für die verheerende Gesundheits- und Umweltbelastung in Harbin war offenbar die Einschaltung des lokalen Heizungsnetzes, wiewohl der Beginn der Heizperiode erst bevorstand, und dazu der Ausstoß der massiven Kohleindustrie in Nordchina. Im Jahr 2010 betrug die Feinstaubbelastung 0,101 Milligramm pro Kubikmeter Luft. Bei Busfahrten sind die Meiler der Kohlekraftwerke bestens erkennbar, die in unmittelbarer Nachbarschaft zu Autobahnen, Wohnsiedlungen und Betriebsgebieten stehen. Für Nordchina ist

---

20 brand eins Wissen (Hg.): China in Zahlen. Hamburg 2012, S. 32f.

die Heizperiode staatlich geregelt. Sie beginnt am 15. November und endet am 15. März, unabhängig von den jeweiligen Außentemperaturen. Davor und danach ist das Heizen in den Eigenheimen nicht gestattet und illegal. Obwohl im Oktober 2013 die formelle Heizperiode noch nicht eingesetzt hatte, gehen Analysten davon aus, dass sowohl die Belastungen von den Kohlekraftwerken wie auch der Hausbrand für den exorbitanten Smog verantwortlich waren. »Der massive Verbrauch von Kohle und rasante Industrieaufstieg Chinas sorgen landesweit für Luftverschmutzung und Gesundheitsrisiken, verärgern aber auch zunehmend die Bevölkerung und bringen so die neue Staatsführung in Zugzwang«[21]. Der sogenannte Air Quality Index ist ein Messinstrument dafür, wie sauber bzw. verschmutzt die Luft ist. Als Indikatoren gelten dabei Schwefel- und Stickstoffdioxid, Feinstaub, Kohlenmonoxid und bodennahes Ozon. Eine Zahl zwischen null und 50 steht für ausgezeichnete Luftqualität, ab einem Wert von 300 gilt es für die menschliche Gesundheit als bedenklich. »Bei 500 endet die Skala – die Luft ist extrem verschmutzt. Genau dieser Wert von 500 war zuletzt in der chinesischen Stadt Harbin erreicht worden«, berichtete Spiegel online am 28. Oktober 2013.[22] Die auch in Österreich enorme mediale Be-

---

21 http://www.rp-online.de/panorama/ausland/smog-alarm-in-chinesischer-metropole-harbin-aid-1.3760643
22 http://www.spiegel.de/wissenschaft/weltall/satellitenbild-der-woche-harbin-in-china-leidet-unter-smog-a-930048.html

richterstattung[23] über dieses Ereignis führte dazu, dass die Bürgerinnen und Bürger von Wiener Neustadt ein besonderes Mitgefühl für die Menschen in ihrer Schwesterstadt entwickelten und dies offen an- und aussprachen. Ähnlich verhielt es sich, als im August 2012 Berichte über den Einsturz einer Autobahnbrücke in Harbin mit drei Todesopfern Österreich erreichten. Leider bedarf es oft trauriger Ereignisse, oder sogar Katastrophen, damit Völkerverständigung die Herzen und Hirne der Menschen erreicht.

Bei den nahezu unzähligen, verkehrsbedingt langen Fahrten durch Harbin haben sich viele meiner Begleitpersonen so wie ich gefragt, wie die nordchinesische Winterkälte für die Menschen in ihren Wohnungen mit den verglasten Loggien und den offensichtlich schlecht isolierten Fenstern auszuhalten sein mag. Die verschlossenen Balkone dienen keinesfalls dem Müßiggang, sondern werden, unschwer erkennbar, als Lager, zum Kühlen von Speisen und auch zum Trocknen von Wäsche verwendet. Wie wir in Gesprächen in Erfahrung bringen konnten, sind Raumtemperaturen von 17 Grad Celsius üblich, gelten 18 als überdurchschnittlich und 20 als Luxus. »[…] Das Heizphänomen [hat] tiefe Wurzeln in der Tradition. Mit dem Resultat, dass südlich des mächtigen, verdreckten Yangtsestroms nicht geheizt wird, auch und gerade im milden Winter mit Temperaturen zwischen null und zehn Grad. Die Bewohner und Bewohnerinnen nördlich des

---

23 Beispielsweise: http://derstandard.at/1381369258182/Smog-legt-chinesische-Metropole-Harbin-lahm

Yangtses und mithin in der Hauptstadt des Reichs der Mitte dagegen sind da besser gestellt. Schließlich wird es in Nordchina im Winter auch klirrend kalt, mit Temperaturen weit unter dem Gefrierpunkt. Aber, und das ist ein ganz großes ABER: es wird nach Datum und nicht nach Wetter geheizt. [...] Pekinger im Speziellen und Nordchinesen im Allgemeinen lassen sich dadurch natürlich nicht aus der Ruhe bringen. Sie haben seit Jahrhunderten gelernt, sich in der kalten Jahreszeit zwiebelmäßig zu kleiden, das heißt den Körper Schicht für Schicht für Schicht zu umwickeln«, schrieb im März 2013 der namhafte schweizerische Journalist und Asien-Korrespondent Peter Achten auf journal21.ch.[24]

Ein immenses Problem für die Luft- und somit für die Lebensqualität der Bewohner von Peking stellen die aus den Wüsten Nordchinas kommenden Sandstürme dar. Von den Chinesen werden sie poetisch »Gelber Drache« genannt, und auch wenn sich das in unseren Ohren nahezu liebevoll anhört, wissen Einheimische und Politik gleichsam um die Bedrohung Bescheid, die von ihnen ausgeht.[25] Mittlerweile wird die sogenannte Desertifikation, sprich die voranschreitende Wüstenbildung und Versteppung, die auch dem Klimawandel geschuldet ist, sowohl von Umweltbehörden wie auch von der Zentralregierung offen angesprochen. Noch vor einigen Jahren war dies anders. Als ich bei einem offiziellen Termin den häufigen Entfall von Flügen von und

---

24 https://www.journal21.ch/faire-heizperiode
25 Vgl. z. B. http://www.zeit.de/zeit-wissen/2010/02/China-Die-Wueste-lebt

nach Peking aufgrund anhaltender Sandstürme ansprach, bat mich der Dolmetscher, dies nicht übersetzen zu müssen, um das Gesprächsklima nicht zu belasten. Der »Gelbe Drache« war noch tabu.

Auf den Augenschmaus von Eisgebilden müssen Harbin-Touristen sogar im Sommer nicht verzichten, sofern sie die Ice and Snow Culture Exhibition Hall auf der Sonneninsel besuchen. Sie ist weltweit die größte ihrer Art. Als Hobby-Fremdenführer begleitete ich vor einigen Jahren eine Urlaubergruppe aus Österreich zu dieser Halle, um ihnen einen gewissen Eindruck von »Harbin im Winter« zu vermitteln. Auf dem 5.000 m² großen Indoor-Garten konnten wir eine Abkühlung von der sommerlichen Hitze genießen, indem wir preisgekrönte Arbeiten der Eis- und Schneeskulpturen-Ausstellung bei Minusgraden begutachteten. Zuvor wurden wir, wie alle Besucherinnen und Besucher, am Eingang von freundlichen Bediensteten mit kostenloser Leih-Winterkleidung ausgestattet. Die Touristen waren von den Impressionen begeistert und für den Perspektivenwechsel sowie kurzfristigen »Klimawandel« dankbar.

Im Oktober 2014 exportierte Harbin seine berühmteste Kunst nach Thailand, als in Bangkok das »Harbin Eis Wunderland« eröffnet wurde. Die nördlichste Provinzhauptstadt Chinas hat als Winterdestination noch viel vor. War man vom 18. bis 28. Februar 2009 schon Austragungsort der Universiade, der Weltsportspiele der Studentinnen und Studenten (mit Disziplinen wie nordische und alpine Skibewerbe, aber auch Eisschnelllaufen, Eishockey, Curling etc.), so erzählen uns Mitarbeiter der Stadtverwaltung stolz, dass es ein Fernziel der politischen Führung ist, auch die Olympischen Winterspiele, sozusagen den großen Bruder der Universiade, austragen zu dürfen. Für 2010 war Harbin daran gescheitert, dass die Bewerbung vom Internationalen Olympischen Comitee (IOC), ebenso wie jene von Andorra la Vella (Andorra), Jaca (Spanien), Sarajewo (Bosnien und Herzegowina) nicht akzeptiert worden war. Für Olympia 2022 hat sich nunmehr die Hauptstadt Peking beworben und gilt mittlerweile als Favorit. »Eigentlich hatten die Experten mit einer Olympia-Bewerbung der nordostchinesischen Stadt Harbin gerechnet. Der Eisschrank Chinas hatte sich für die Winterspiele 2010 beworben und 2009 die Winter-Universiade ausgerichtet. Doch gerade das ist der Stadt wohl zum Verhängnis geworden. ›Harbin hatte die Universiade organisatorisch nicht im Griff‹, sagt [der österreichische Unternehmer in China Wolfgang] Preisinger, auch sei es dort mit minus 40 Grad zu kalt und zu windig.«[26] Und so schließt sich der Kreis. Minus 40 Grad Celsius bedeutet gefrorene Bärte, Eis- und Schneefestival, Eislaternenfest, Winterschwimmen, Schlittenfahren und Eisrestaurants. Eben Ice Vegas.

---

26 http://www.tagesspiegel.de/sport/olympische-winterspiele-in-china-zu-besuch-in-den-alpen-vor-peking/11211984.html

Gānbēi!

Wer kennt ihn nicht, den sogenannten Pflaumenwein, den man nach dem Verzehr von vorgeblich asiatischen Speisen in Chinarestaurants auf der ganzen Welt, aber außerhalb des Reiches der Mitte, zumeist warm als Geste der Wirtsleute serviert bekommt. Ich habe noch wenige kennengelernt, die ihn wirklich schätzen, aber was lehnt der gelernte Österreicher schon ab, wenn es kostenlos ist. Gefährlicher als der alkoholische Einfluss (10,5 % vol.) auf den menschlichen Verstand ist der Irrglaube, Chinesen würden den Plum selber trinken oder gar verehren. Selbst ein Online-Portal, das ihn vertreibt, ist sich unsicher, wie man dieses Gebräu fachgerecht bewirbt: »Aromatisiertes, alkoholisches Getränk. Zum Verschenken, oder selber trinken.« Verschenkt wird er in der Tat häufig, und nicht selten werden bei Weihnachtsfeiern oder Tombolaverlosungen nach dem Auspacken rasch die Hoffnungen auf ein schönes Präsent zerstört.

Ein häufig bei uns taxfrei verbreiteter Mythos lautet »Chinesen trinken keinen Schnaps«. Gänzlich Uninformierte vermuten bei bevorstehenden Chinareisen Plum als das gängige Getränk schlechthin, und Reisende mit einem höheren Grad an Wissensfragmenten argumentieren ähnlich wie www.onmeda.de: »Abgekürzt lässt sich sagen, dass etwa jeder zweite Nordostasiate – etwa Japaner, Chinesen oder Koreaner – Alkohol nur schlecht verträgt. Der Grund liegt in den Genen: Vielen Asiaten aus dieser Region fehlt oder mangelt es an einem gewissen Enzym, das am Abbau des Alkohols mitwirkt. Es trägt den unaussprechlichen Namen ›Acetaldehyd-Dehydrogenase‹, kurz: ALDH.«[27] Jeder von uns hat dies oder Ähnliches sicher schon einmal gehört oder gelesen. Die entscheidende Frage aber lautet: Stimmt das wirklich? »Die Alkoholunverträglichkeit vieler Asiaten geht auf die Ernährung ihrer Vorfahren zurück. Das zumindest behauptet jetzt ein chinesisches Forscherteam. Den Wissenschaftlern zufolge soll die Unverträglichkeit zur gleichen Zeit entstanden sein, als sich im südlichen China der Ackerbau entwickelte. Als Hauptkulturpflanze etablierte sich dabei Reis. Um diesen haltbar zu machen, wurde er mit Hilfe von Hefepilzen vergoren, wobei auch Ethanol, also Alkohol, entstand. Nach Ansicht der Forscher ist die Alkoholunverträglichkeit demnach ein Schutzmechanismus und direkte Folge der reisbasierten Ernährung: Wer Alkohol schlechter vertrug, nahm weniger davon zu sich und reduzierte damit das Risiko, an alkoholbedingtem Organversagen zu sterben, berichtet das Team um Bing Su im Fachmagazin ›BMC Evolutionary Biology‹. Die Forschergruppe untersuchte, wie sich die Unverträglichkeit in den letzten Jahrtausenden im Erbgut der Menschen manifestiert hatte. [...] Dabei machten sie sich die Erbinformationen von 2.275 Menschen aus 38 asiatischen Volksgruppen zu-

---

27 http://www.onmeda.de/alkohol/asiaten_vertragen_keinen_alkohol.html

nutze. Sie kamen zu dem Schluss, dass die Alkoholintoleranz vor 7.000 bis 10.000 Jahren entstanden sein muss [...].«[28] Das würde zwar erklären, warum viele Chinesen keinen Alkohol vertragen, aber es erklärt nicht, warum dennoch so viele diesen in rauen Mengen genießen. Sollte tatsächlich jeder zweite Nordostasiate Alkohol schlecht vertragen, wie kommt es dann, dass unter Geschäftsreisenden insbesondere die Provinzen Heilongjiang, Jilin und Liaoning ob des hohen Schnapskonsums der Einheimischen gefürchtet sind? Forumchina.de hat dazu eine klare Meinung: »Vor allem in Nordchina trinkt man dabei [Einladungen zum Essen zu feierlichen Anlässen] gern viel und es kann schnell in einer Art Kampftrinken ausarten. Daher sollte man sich vor dem Essen überlegen, ob man dabei mitmachen möchte oder nicht.«[29] Leider haben wir uns das nicht immer vor dem Essen überlegt! Es ist Zeit für eine Spurensuche vor Ort.

Der mit Abstand berühmteste Schnaps heißt Maotai, gilt als chinesisches Nationalgetränk, ist das offizielle Geschenk der chinesischen Botschaften weltweit und mittlerweile auch ein Exportschlager. Er hat seinen Namen von der Großgemeinde Maotai der Stadt Renhuai in der Provinz Guizhou in Südwestchina. Die Herstellung des Getreidebrandes erfolgt seit der Qing-Dynastie und hat mittlerweile eine 200-jährige Tradition. Die wichtigsten Produkte heißen Hanjiang, Ren, Moutai Prince

---

28 http://www.welt.de/wissenschaft/article5918972/Warum-viele-Asiaten-keinen-Alkohol-vertragen.html
29 http://www.forumchina.de/gesellschaft-china/essen-china-knigge.html

Classic bzw. Series, Moutai Ying Bin Chiew, Elite General und Great China. Der Alkoholgehalt beträgt meistens 53 %, jedoch zum Teil auch 38, 39, 43, 46 oder 51 %. Bei Kweichow Moutai kann man neben aktuellen Destillaten auch solche erwerben, die 15, 30, 50 oder sogar 80 Jahre alt sind. Die internationale Bedeutung der preisgekrönten Marke (z. B. 1915 Gold Award bei der amerikanischen Panama World's Fair, 1986 eine Goldmedaille auf der Pariser Weltausstellung und 1993 Spezialpreis der Bordeaux Schnaps- und Wein-Messe) nimmt stetig zu. Die weltweit führende Markenberatung Interbrand führte Moutai 2011 auf Platz acht der wertvollsten chinesischen Marken, und das Hurun Research Institute listete ihn als viertwertvollste Luxusmarke weltweit. Eine ähnliche Ansicht teilt das Forbes Business Magazine. Auf den Maotai, der vielfach gefälscht wird, aber lediglich von der börsennotierten China Moutai Kwechow Winery (Group) Co., Ltd. legal vertrieben werden darf, ist man im Reich der Mitte stolz. Der Brand aus roter Hirse und Weizen wird aufgrund seines intensiven Geruchs und Geschmacks sowie seines hohen Alkoholgehaltes (bis zu 70 % vol.) verehrt und gefürchtet zugleich. Wer Plum beim ersten Schluck erwartet, aber Maotai getrunken hat, wird sinnbildlich durch die Hölle gehen. Von jenen, die ihn das erste Mal in ihren Kehlen spüren, wird er wechselweise als »flüssige Rasierklingen« (US-TV-Reporterlegende Dan Rather), »weißer Blitz« oder »Wundbenzin« (meine Ersteinschätzung) bezeichnet. Der ehemalige US-Außenminister Henry Kissinger sprach 1974 bei seinem Staatsbesuch in Peking von einem »tödlichen Gebräu« – es werde »nur deshalb nicht als Flugbenzin verwendet, weil es sich zu leicht entzündet«.³⁰

Man dürfe den Maotai nur »aus Miniaturgläsern auf Ex« trinken, sagt der Ehrenvorsitzende des Vorstandes und ehemalige Chefingenieur von Kweichow Moutai, Li Keliang, und damit beginnt die Angelegenheit mit dem glasklaren Korn für den westlichen Gast problematisch zu werden. Denn vielfach werden nicht nur keine Miniaturgläser, sondern anstelle von bei uns herkömmlichen Schnapsstamperln (Füllmenge 2–6 Zentiliter) sogar Achtelgläser bereitgestellt, und zum Entsetzen der geladenen Fremden auch noch gut gefüllt. Der Präsident und Parteisekretär der Flugzeugwerke Harbin Aircraft Industry (Group) Co. Ltd., kurz Hafei genannt, Sun Yongheng beispielsweise trank früher Schnaps ausschließlich aus Achtelgläsern und erwartete oder erhoffte sich das auch von den übrigen Tischgästen. Der streng wirkende, aber überaus freundliche, sehr großgewachsene Manager (einiges über 1,80 Meter) mit dunkler Hautfarbe besuchte schon mehrmals Österreich und feierte sogar einmal seinen Geburtstag in Wiener Neustadt. Diese Riten schwappen übrigens nach Österreich über, wenn der chinesische Gastgeber und/oder der Wirt darüber Bescheid weiß, dass jemand über eine gewisse China- und somit Maotai-Erfahrung verfügt. Hat man sich einigermaßen an die fatale Mischung von scharfem Geschmack und süßlichem Abgang bei 53

---

30 http://www.welt.de/print/wams/politik/article13714286/Maotai-der-Schnaps-der-Revolution.html

Volumsprozent Alkohol gewöhnt und ist froh darüber, das Destillat problemloser hinunterschütten zu können, als man erwartet hatte, dann sollte man nicht den Fehler machen, den ich begangen habe. Die Kommentierung »Der ist mild« führt nämlich gefährlicherweise dazu, dass sich der Einladende bemüßigt fühlt, sowohl die Füllmenge als auch die Schlagzahl zu erhöhen, sodass man in kürzester Zeit bitter bereut, was man unvorsichtigerweise von sich gegeben hat. Ab einer gewissen Menge des Konsums bleibt der Maotai im wahrsten Sinne des Wortes unvergesslich. Viele Leidgeprüfte wissen zu berichten, dass sie noch den ganzen folgenden Tag etwas vom Gerstenbrand »haben«, da sie aufgrund permanenten Aufstoßens den Geschmack im Mundraum nicht mehr losbekommen.

In Nordchina wird jedenfalls deutlich mehr Schnaps getrunken als im Osten oder im Süden. Bei meinen Besuchen in Ningbo (Zhejiang-Provinz) beispielsweise wurden bei sämtlichen Essenseinladungen ausschließlich Wasser, Fruchtsäfte, Bier und Wein kredenzt. Beim Konsum der unerträglich süßen und dickflüssigen Limonaden von der Moos-, Brom- oder Heidelbeere, die das glatte Gegenteil eines Durstlöschers darstellen, ertappt man sich bei kurzen Gedankenblitzen, in denen sich die Sehnsucht nach Hirse- und Gerstesäften manifestiert. Ob diese Obstsorten tatsächlich zur Verarbeitung gekommen sind oder die Geschmacksrichtungen ausschließlich künstlich hergestellt wurden, konnten wir nicht eruieren. Wir blieben jedenfalls skeptisch. Bei einem Onlineanbieter hat jemand, der davon berichtet, zehn Jahre in Peking gelebt zu haben, Folgendes als Kundenrezession über den chinesischen Staatsschnaps notiert: »[Ich] habe 10 Jahre in Peking gearbeitet und konnte Anfangs dem auch nichts abgewinnen. Hat sich der Gaumen erst mal daran gewöhnt, erschließt sich danach der Zugang zu einer anderen Geschmackswelt.«[31] Und darin steckt viel Wahres. Es verhält sich ähnlich damit, was Mexiko-Reisende nach ihrer Rückkehr in die Heimat zu berichten haben. Nämlich, dass Menschen, die den Agavenschnaps Tequila zu Hause stets abgelehnt hatten, diesen in dessen Heimatland nach einer Eingewöhnungsphase zu schätzen begannen. Jedenfalls wird Maotai aufgrund der hohen Nachfrage und limitierter Produktionskapazitäten immer mehr zum Luxusprodukt und ist daher für den Durchschnittschinesen vollkommen unerschwinglich. Das durchschnittliche Jahres-Pro-Kopf-Einkommen eines städtischen Bewohners in China betrug im Jahr 2013 29.547 Yuan (3.556,94 Euro). Für die Gruppe der Niedrigeinkommen wurde ein Durchschnittswert von 24.518 Yuan (2.951,53 Euro) errechnet.[32] Auch dessen sollte sich jeder bewusst sein, der bei einem Bankett oder einer privaten Einladung diesen Schnaps aufgewartet bekommt. Eine 0,5-Liter-Flasche original Kweichow Moutai kostet rund 180 Euro. Da zum Beispiel in Deutschland und Österreich dasselbe Produkt deutlich billiger ist (gesehen um 129 Euro), nutzen viele Chinesen ihre Europareisen nicht nur zum Besuch alter Kulturstät-

---

31 http://www.amazon.de/gp/product/B005DZ4AFS/
32 http://german.china.org.cn/china/2014-01/24/content_31296788.htm

ten, sondern auch zum Erwerb des hochgeschätzten Brandes. »Kalten Schnaps trinken, das schadet meinem Magen. Warmen Schnaps trinken, das greift meine Leber an, aber keinen Schnaps trinken – das bräche mir das Herz«, lautet eine augenzwinkernd gemeinte chinesische »Weisheit«. Auch wenn wohl kaum einem Gast bei chinesischen Kampftrinkrunden das Herz versagt, so tun dies mitunter andere Organe. Ein leitender Verwaltungsmitarbeiter aus der finnischen Stadt Rovaniemi berichtete mir am nächsten Morgen nach einem »harten« Abendessen, noch immer sichtlich gezeichnet, dass er mit hohen Funktionären des regionalen Volkskongresses Unmengen Schnaps getrunken und darüber fast die Besinnung verloren hatte. Wer dies aus finnischem Mund hört, kann die Ausmaße des offerierten und getrunkenen Kornes erahnen. Allerdings muss man aufpassen, nicht Vorurteilen und Mythen aufzusitzen. Die Weltgesundheitsorganisation (WHO) hat 2011 den Pro-Kopf-Konsum von reinem Alkohol in den europäischen Ländern erhoben. Platz eins nimmt dabei Moldawien ein (18,2 Liter), Platz zwei Ungarn (16,27 Liter). Österreich belegt Platz 17 (13,24 Liter), Deutschland Platz 19 (12,81 Liter) und Finnland Platz 20 (12,52 Liter).

Mein schlimmstes diesbezügliches Erlebnis ereignete sich am Jahresbeginn 2012. Die Verbindungsleute vom Harbin Foreign Affairs Office zur Stadt Wiener Neustadt, Shan Deqin und Guo Qiao, fragten bei meinem Büro an, ob ich zum Amtsantritt des neuen Bürgermeisters Song Xibin nach Harbin kommen könne. Ich lehnte aufgrund meines vollen Terminkalenders höflich ab, aber die Freunde vom

Außenamt ließen nicht locker. Man bat mich, meine Entscheidung zu überdenken, da es für die Partnerschaftsbeziehungen unserer beiden Städte sowie die angebahnten Geschäfte von Unternehmen diesseits und jenseits herausragend sei, wenn ich als einziger Bürgermeister aller Schwesterkommunen zur Amtseinführung von Mr. Song käme. Ich würde es nicht bereuen und die Verantwortlichen von Harbin würden dies überaus zu schätzen wissen, so der Tenor. Diese Hinweise wirkten. Um nicht einige sehr weit fortgeschrittene, aber noch nicht abgeschlossene Wirtschaftsprojekte zu gefährden, entschied ich mich, Termine umzuschichten und zu verschieben. Ich sagte mit der Einschränkung zu, dass ich lediglich zwei Tage verbleiben und nur in Begleitung meines Büroleiters Klaus Billwein kommen könne. Durch das kaum verkraftbare und in schwerer Schieflage befindliche Verhältnis von Aufenthalt zu An- und Abreisezeiten, gepaart mit Jetlag und dem Ansinnen der Gastgeber, uns in der kurzen Zeit besonders viel zu bieten, zumal ich zu der Reise überredet werden musste, ergab sich eine gefährliche Dosis Übermut auf beiden Seiten. Nach rund 22-stündiger Anreise wurden wir zu Mittag am Zielflughafen von Mitarbeitern des städtischen Grundstücksamtes, die ich bereits von einem Besuch in meiner Heimat kannte, herzlich in Empfang genommen. Gemeinsam fuhren wir unverzüglich, ohne den Koffer auszupacken, zum Restaurant. Da der Hunger nach der langen Anreise groß war, schien es kein Problem zu sein, das Wiedersehen mit einem Destillat zu begießen. An strengen Geschmack waren wir doch schon einigermaßen gewöhnt. Was sich aber als enorme

Bedrohung insbesondere meiner körperlichen und geistigen Konstitution herausstellen sollte, waren sowohl die Gebinde der servierten Spirituosen wie auch die Begleitumstände des Alkoholkonsums insgesamt. Zum einen wurde uns stolz und mit Lächeln eröffnet, dass es bei diesem Lunch außer Schnaps keine weiteren Getränke gäbe, und zum anderen handelte es sich bei den Gläsern um 0,2-Liter-Trinkgefäße mit Stiel, aus denen man in unseren Gefilden Wasser oder maximal Wein, aber keinesfalls Brände trinkt. Die Mitarbeiter des Grundstücksamtes sahen sich bei diesem Mittagessen mehr in der Rolle der Herausforderer denn in jener der Gastgeber. Bedauerlicher- und dummerweise protestierten wir nicht gegen das Vorenthalten von Wasser und fühlten uns in einem falschen Sportsgeist angesprochen, was die Größe der Gläser und damit der zu bewältigenden Mengen betraf.

So nahm das Unheil seinen Lauf, und es kam, wie es kommen musste. Trotz herrlicher Speisen ließ die starke Wirkung des hochprozentigen Getreideschnapses nicht lange auf sich warten, was wenig verwundert, wurde mein Glas doch jedes Mal randvoll eingegossen. Darauf folgte stets der Ruf »Gānbēi!«, was die unmissverständliche Aufforderung ist, den Inhalt ex zu trinken. Gānbēi bedeutet wörtlich übersetzt »das Glas trocknen«. Daher ist es auch üblich, nach dem Ex-Trinken dem Partner, mit dem man angestoßen hat, das leere Gebinde zu zeigen. Man hält den Stiel des Schnapsglases zwischen Daumen und Zeigefinger und neigt es leicht nach vorne, um zu belegen, dass es geleert wurde. Diese Gepflogenheit wiederholte sich dreimal, sodass ich von den Reisestrapazen ermattet und ohne Begleitung eines Tropfen Wassers, ca. 0,6 Liter Brand konsumiert hatte. Wiewohl ich das auch von meinen Gegenübern verlangt hatte, entging mir, dass sich die Gastgeber geschickt abwechselten, während ich immer derselbe Adressat blieb. Da ich der einzige anwesende Politiker war, entstanden auch viel zu kurze Trinkintervalle im Vergleich zu üblichen Geschäftsessen mit 20–30 Personen am Tisch, bei denen man naturgemäß viel seltener zum Gānbēi-Trinken an der Reihe ist bzw. auch schwindeln kann, indem man die eingeschenkte Spirituose beispielsweise im ohnehin nicht angerührten Fruchtsaft verschwinden lässt und das Schnapsgefäß mit Wasser nachfüllt. Diese Tricks blieben mir bei diesem Termin versagt, sodass ich beim Heben der Tafel froh war, den Raum aufrecht und ohne fremde Hilfe verlassen zu können – was nicht immer alle Gäste, aber auch nicht alle Gastgeber schaffen. Bei einer Nachfeier zu einem Bankett, zu dem ein Harbiner Vizebürgermeister Gäste aus Magdeburg, Vertreter der Kölner Messe und aus Wiener Neustadt geladen hatte und bei dem es Bier aus Deutschland und China sowie Schnaps in rauen Mengen zu trinken gab, musste ein Mitarbeiter der örtlichen Stadtverwaltung alkoholbedingt w. o. geben und schlief auf einem Sofa des Festsaals. Auch ein Journalist gestand mir, nach einem Abendempfang den konsumierten Brand in seinem Hotelzimmer wieder losgeworden zu sein.

Es schien jedenfalls, als hätte mich das Kampftrinken zwar ramponiert, aber mir im Großen und Ganzen keinen nachhaltigen Schaden zugefügt. Auf dem Weg in das Modern Hotel wurde uns beschieden, dass wir nun Zeit hätten, uns 2 ½ Stunden auszurasten, bis man uns zum Höhepunkt unserer Reise, dem Empfang durch den neuen Bürgermeister, abholen würde. Das klang alles toll, sodass ich mich, im Zimmer angekommen, entschied, zuerst zu duschen, um dann ein wenig zu schlafen. So würde ich fit und ausgeruht zum wichtigen ersten Kennenlernen mit dem neuen Amtskollegen erscheinen. Beim Entkleiden merkte ich jedoch, dass ich doch stärker illuminiert war, als mir noch vor kurzem erschienen war, und leider hatte das Bad keine Duschkabine, sondern eine Badewanne, noch dazu mit sehr hohem Rand. In diese hineingestiegen, gelang es mir nicht, den Regler auf Duschfunktion umzustellen, sodass trotz aller verzweifelten Versuche die Wanne volllief, anstatt dass das Wasser von oben erfrischend und auch ernüchternd herabgeprasselt wäre. Ich scheiterte an der seltsamen chinesischen Sanitärtechnik allerdings auch am nächsten Tag im nüchternen Zustand, was eigenartigerweise wiederum ein beruhigendes Gefühl auf mich ausübte. Bei einem meiner Vorstöße rutschte ich aus, flog rücklings aus der Badewanne und schlug mit dem Kopf am WC und mit dem linken Arm am gemauerten Waschtisch auf. Leicht benommen und in der Haltung eines Maikäfers am Rücken, die Füße noch halb in der Badewanne, kroch ich mühsam auf. Nun brummte mir der Schädel nicht nur vom Maotai, sondern zusätzlich auch noch vom Sturz. Ärger als der Kopf – ich erlitt nur eine leichte Beule – war aber mein Arm in Mitleidenschaft gezogen. Er schmerzte heftig. Ich zog mir Unterwäsche an und setzte mich auf einen Stuhl in meinem Zimmer, um mich etwas zu erholen und auszuruhen. Was ich leider nicht einkalkuliert hatte, war die Möglichkeit, dass ich einschlafen könnte, und genau das geschah prompt. Geweckt wurde ich durch den besorgten Anruf meines Büroleiters am Festnetz des Hotelzimmers, da ich, bekanntermaßen ein pünktlicher Mensch, schon einige Minuten über der Zeit war. Ich log notgedrungen, dass ich schon de facto unterwegs sei und gleich kommen würde. In Panik holte ich meinen schwarzen Anzug und ein weißes Hemd aus dem immer noch gepackten Koffer und war in Windeseile angezogen. Allerdings versagten meine Koordinationsfähigkeiten beim Versuch, mir eine Krawatte zu binden, vollends, sodass ich notgedrungen auf eine solche verzichtete. In der Lobby des Hotels warteten nicht nur Klaus Billwein, sondern auch meine alten Freunde Peter Cao und Michael Gao vom Außenamt. Trotz meiner Beeinträchtigung blieben mir die betroffenen Blicke der Weggefährten nicht verborgen, als diese mich in diesem Zustand sahen. Rasch banden sie mir eine Krawatte, die jemand bereitwillig zur Verfügung gestellt hatte, hängten sich links und rechts wie zwei Bodyguards bei mir ein und verfrachteten mich in den Kleinbus, mit dem wir gemeinsam zum Empfang fuhren. Ich absolvierte das offizielle Zusammentreffen mit dem neuen Bürgermeister Song Xibin in den üblichen Polstersesseln und hielt dabei eine Rede auf Deutsch, die auf Chinesisch übersetzt wurde. Beim anschließenden Festdiner wurden mir zahlreiche köstliche Speisen gereicht. Dazu bekam und trank ich ausschließlich Cola in erhöhten Mengen, sodass sich nach einiger Zeit mein Zustand deutlich verbesserte, ja nahezu normalisierte.

»Klaus, wann geben wir dem Herrn Bürgermeister unser offizielles Geschenk?«, fragte ich von neuer Lebenskraft durchströmt, meinen Büroleiter, der mich vollkommen verdutzt ansah.

»Aber Herr Bürgermeister, das haben wir ihm doch beim Empfang gegeben!«, lautete seine entsetzte Antwort.

»Bei welchem Empfang?«, erwiderte ich, worauf sich meinem so wichtigen Mitarbeiter und Freund das Unfassbare erschloss, nämlich dass mir an den offiziellen Teil des Abendtermins jegliche Erinnerung fehlte. Gäbe es nicht Fotodokumente, wäre ich bis heute nicht sicher, ob ich nicht hereingelegt worden wäre und man mir eine Lügengeschichte aufgetischt hätte. Nach dem offiziellen Programm wurde ich von den beiden Repräsentanten unseres Partnerschaftsbüros ersucht, noch einen Termin mit ihnen und einem einflussreichen Unternehmer in meinem Zimmer wahrzunehmen, was ich gerne tat, zumal es mir wieder sehr gut ging. Ich legte mich danach zu Bett und hatte ausnahmsweise keine Schlafschwierigkeiten.

Da ich schon gegen 23 Uhr eingeschlafen war, wachte ich relativ früh und bestens erholt auf. Doch jetzt erst begann meine seelische Achterbahnfahrt. Munter zu werden und zu erkennen, dass man zu viel Spirituosen konsumiert hatte, war das eine, aber sich nach und nach bewusst zu machen, dass man als einer der Hauptakteure betrunken an einem offiziellen Empfang teilgenommen hatte, war das schwer mental Belastende andere. Ich schrieb eine SMS an eine Vertrauensperson von mir, die über reichlich Chinaerfahrung verfügte, und äußerte meine Befürchtung, dass ich durch mein Verhalten die Beziehungen zwischen den beiden Städten so beschädigt haben könnte, dass wir nicht mehr eingeladen würden. Wenig verwunderlich, erhielt ich keine Antwort, war es doch in Österreich bereits nach Mitternacht. Als Nächstes befragte ich Klaus Billwein, der mich zu beruhigen versuchte und mir kundtat, dass überhaupt nichts Schlimmes passiert sei. Aber ich traute ihm nicht und hatte das Gefühl, er wolle nur kalmieren. Sodann wandte ich mich an meinen Freund Guo Qiao, der sowohl beim fatalen Mittagessen wie auch beim Empfang durch Bürgermeister Song und beim Abenddiner gedolmetscht hatte, und quälte auch ihn mit bohrenden Fragen, ob ich für Verwicklungen gesorgt bzw. mich daneben benommen hätte. »Man hat gemerkt, dass du zu viel getrunken hast, aber du brauchst dir überhaupt keine Sorgen machen. Auch deine Rede war in Ordnung, nur etwas zu lang. Es ist alles ok!« Diese Aussage nahm mir die größten Sorgen, ließ mich aber immer noch nicht gänzlich zur Ruhe kommen. Eine Begutachtung im Spiegel des Badezimmers ergab, dass mein linker Oberarm ein blau-schwarzes Farbenspiel bot und mit Hämatomen überzogen war. Ich vertraute mich Qiao an, und seine Mutter besorgte mir, fürsorglich wie immer, chinesische Salben und Öle, die wohltuend auf die Schwellungen wirkten. Schon beim ersten Termin am Vormittag sah ich Peter Cao vom Harbin Foreign Affairs Office und bat sofort auch ihn um seine ehrliche Einschätzung, ob mein Auftreten am Vortag als problematisch einzuschätzen sei. Mein Freund zeigte sich einigermaßen erheitert und belustigt. Er winkte ab, alles sei bestens. Dies zu hören tat mir gut. Ich wusste, dass mich nicht alle Befragten in falscher Sicherheit wiegen würden. Wir absolvierten tagsüber dann eine

Reihe von Terminen, und ich konnte mittlerweile auf die besorgte SMS-Nachfrage aus Österreich Entwarnung geben.

Am Abend gab es eine Einladung von Vizebürgermeister Jiao Yuanchao, den ich bereits gut kannte. Schon beim Eintreffen zum Abendessen merkte ich, dass der Gastgeber und seine Kollegen besonders gut gelaunt waren. Offenbar hatte meine Niederlage beim Kampftrinken allseits die Runde gemacht. Vizebürgermeister Jiao überbrachte mir die Grüße vom Bürgermeister und übergab mir in dessen Namen zwei Flaschen edlen chinesischen Schnapses als Gastgeschenke. Drei Stück dieses Brandes hatte Song Xibin anlässlich des Ausscheidens aus seiner vormaligen Funktion bekommen, und zwei davon schenkte er nunmehr mir, als sichtbares Zeichen wertschätzender Anerkennung. Keineswegs weil ich so viel getrunken, sondern weil ich mich der Herausforderung Gānbēi und chinesischen Bräuchen gestellt hatte. Die Neue Zürcher Zeitung schrieb am 31.12.2012: »Der Umgang mit Baijiu gehört für westliche Manager zu den großen Herausforderungen in China. Wer im falschen Moment kneift, etwa bei Anbahnung oder Besiegelung von wichtigen Geschäftsabschlüssen, stellt das hier so wichtige harmonische Miteinander infrage. Es gilt sehr sorgfältig abzuwägen, ob man das riskieren möchte, nur um einem Baijiu-Gelage und seinen Nebenwirkungen zu entgehen.«[33] Und die Süddeut-

---

33 http://www.nzz.ch/aktuell/wirtschaft/wirtschaftsnachrichten/chinas-nationalgetraenk-verkatert-die-boerse-1.17915332

sche Zeitung vermerkte in ihren »Reise-Kniggen China« am 02.06.2010: »Bevor es losgeht, müssen Sie schnell eine Entscheidung treffen: Wollen Sie betrunken sein oder enthaltsam? Im letzteren Fall brauchen Sie eine gute Ausrede, damit Ihr großzügiger Gastgeber nicht das Gesicht verliert. Etwa, dass Sie ein Medikament nehmen müssen, das Ihnen den Genuss von Alkohol verbietet. Haben Sie die ersten paar Schnäpse schon intus, können Sie versuchen, diese mit Hilfe der Bedienung im Glas durch Tee zu ersetzen. Dazu sollten Sie Chinesisch-Kenntnisse haben – und ansonsten eine Großpackung Kopfschmerztabletten im Gepäck.«[34]

Ich fühlte mich erleichtert, berührt und geehrt zugleich. Ich wusste, wir würden wiederkommen dürfen, und die Freundschaft hatte sich sogar noch verfestigt. »Schnaps verfärbt das Menschengesicht, Gold verdirbt das Menschenherz«[35], sagte der Ranghöchste am Beginn seiner Tischrede – dies wäre zweifelsfrei ein poetischer, aber zugegeben erfundener Schlusspunkt dieser Geschichte. Die Wahrheit war viel profaner. »The liquor is ready«[36], sagte Michael Gao. Ich lächelte gequält. Gānbēi!

---

34 http://www.sueddeutsche.de/reise/reiseknigge-china-behalten-sie-ihr-gesicht-1.935939-10
35 Chinesisches Sprichwort
36 »Der Schnaps steht bereit.«

»In Austria we share our drinks«[37] – Trinkgewohnheiten international

Ich habe aus diesem Vorfall meine Lehren gezogen und bin seither gegen Kampftrinkattacken gut gerüstet. Einerseits bestehe ich darauf, Wasser (Pinyin: shuǐ) zu bekommen, und andererseits lösen sich an die Gäste herangetragene unbotmäßige Forderungen nach báijiǔ-Konsum sehr rasch auf, wenn man höflich artikuliert, man tue dies sehr gerne, sofern immer auch der ranghöchste Chinese die gleiche Menge konsumiere. Báijiǔ bedeutet wörtlich »weißer Alkohol« und bezeichnet klare Getreideschnäpse. Als die zehn besten báijiǔ-Spirituosen gelten: 1. Maotai, 2. Fünfkorn-Trank, 3. Xifeng Schnaps, 4. Shuanggou Daqu Schnaps, 5. Yanghe Daqu Schnaps, 6. Gujing Tribut-Branntwein, 7. Jiannanchun Schnaps, 8. Luzhou Laojiao Tequ Schnaps, 9. Fen Schnaps, 10. Dong Schnaps. Das báijiǔ-Trinken ist nahezu ausschließlich bei chinesischen Männern zu beobachten, aber es wird gerne und mit Bewunderung gesehen, wenn westliche Frauen den Korn gut vertragen und imstande sind, mehrere Gläser zu leeren. Edle Getreidedestillate werden damit beworben, dass man am nächsten Tag

---

37 »In Österreich teilen wir unsere Getränke.«

keinesfalls Kopfschmerzen bekäme, weil sie frei von Fuselölen seien. Um von diesen Beschwerden verschont zu bleiben, sollte man allerdings auch nicht im Badezimmer stürzen. Obwohl es keine Weisheit von Konfuzius ist, stimmt folgende Bewertung von Joanne Tao-En Huang voll und ganz: »Lassen Sie sich auf das Kampftrinken ein, müssen Sie sich auch selbst darum kümmern, wie Sie wieder aussteigen.«[38] Mein Freund Guo Qiao berichtete mir von der Legende, wonach ein hoher sowjetischer Funktionär der KPdSU mit dem chinesischen Staatsgründer Mao Zedong ein Schnaps-Wetttrinken veranstalten wollte. Es soll sich um eine Begebenheit bei einem Bankett gehandelt haben, das Mao für das sowjetische Politbüromitglied Anastas Mikojan ausrichtete.[39] Wohl wissend, dass er viel mehr vertragen würde als der Revolutionsführer, der kaum Alkohol trank. Mao ließ sich auf das Gelage ein, schlug dem Genossen jedoch ein anderes Geschäft vor: Zu jedem Glas Spirituose müsse eine Chilischote verzehrt werden, Zug um Zug nach Hunaner Brauch, jener Provinz, der Mao Zedong entstammte. Die Hunan-Küche – es gibt kein »chinesisches Essen« per se, sondern acht große kuli-

---

38   Huang, Joanne: China besser verstehen. Interkulturelle Annäherung – Warum Chinesen anders denken und handeln. Augsburg 2010, S. 152
39   Mao soll zu Mikojan gesagt haben: »Du bist kein Revolutionär, wenn du keine Chilischoten essen kannst!«
http://www.china-guide.de/essen-als-metapher.html
http://www.welt.de/politik/ausland/article110512384/Nationalheld-und-Revolutionaer-Maos-Schatten.html

narische Traditionen – gilt nach der Sichuan-Küche als die zweitschärfste im Reich der Mitte. Also Hochprozentiges ergänzt um Extremschärfe. Der sowjetische Gast willigte ein, bat aber bereits nach einem Stück Peperoni flehentlich, die Regeln ändern zu dürfen. Er trinke den Schnaps, Mao esse die Chilischoten. Trotzdem verlor er dieses Duell.

Im Jahr 2014 wurde der Wettkampf Schnaps versus Chili vom Wiener Neustädter Stadtrat Martin Weber wieder aufgegriffen. Vorgewarnt, wie es vielen Politikern und Geschäftsreisenden in China hinsichtlich »báijiŭ-Festspielen« ergangen war, und im Bewusstsein, selbst sehr scharf essen zu können, griff er die alte Mao-Methode auf. Zu jedem Glas Korn müsse von beiden Trinkpartnern jeweils eine scharfe Peperoni verzehrt werden. Die Chilis hatte er in der Befürchtung über eine zu milde nordchinesische Küche in nicht zu geringer Dosis auf die Reise mitgenommen und bei jeder Mahlzeit, in einer kleinen Herrenhandtasche deponiert, griffbereit. Gesagt, getan. Dem einen setzten mehr die Schoten zu, dem anderen mehr der báijiŭ. Schmerzverzerrte Gesichter gab es jedenfalls auf beiden Seiten. Aber niemand hatte seines verloren. »Sie müssen nach Sichuan reisen!«, wurde dem Gast aus Österreich bewundernd beschieden. Brand ist eben nicht gleich Brand.

Es wäre unausgewogen, zu verschweigen, wie viel sich bezüglich des Alkoholkonsums in China in den letzten zehn Jahren geändert hat. Selbiges gilt für das Rauchen in öffentlichen Gebäuden. Ich selbst konnte diese Entwicklungen und Unterschiede deutlich beobachten. War der blaue Dunst bei meinen ersten Chinareisen noch in allen Restaurants, Hotels, auf Flughäfen und teilweise sogar in Aufzügen üblich – nicht selten rauchten auch die Busfahrer beim offenen Fenster hinaus –, so gilt heute nahezu überall ein akzeptiertes Rauchverbot, wie man es aus Europa kennt. Auch bei Essenseinladungen in Extraräumen von Speiselokalen fehlen am feierlich dekorierten runden Tisch mittlerweile zumeist die einst üblichen kleinen Aschenbecher pro Gast und Gedeck. Nur wenn der Gastgeber hochrangig und selbst ein starker Raucher ist, hört man noch ab und zu »Smoking is allowed«[40].

Insbesondere seit Xi Jinping Chinas Nummer 1 und mächtigster Mann ist, wird sehr viel Wert auf demonstrative Sparsamkeit, Zurückhaltung, Selbstdisziplin und Transparenz gelegt, was Essenseinladungen, Bankette und Auslandsdienstreisen betrifft. Es ist in den letzten Jahren überaus schwierig geworden, Stadt- oder Provinzpolitiker zu Besuchen einzuladen, da sie für Auslandsdienstreisen der Genehmigung der Zentralregierung bedürfen und diese bei der Prüfung äußerst restriktiv vorgeht. Erschwert hat dies 2013 und 2014 noch zusätzlich der Umstand, dass Bundeskanzler Werner Faymann sowie Vizekanzler und Außenminister Michael Spindelegger das geistige Oberhaupt des nach Separatismus strebenden Tibet, den Dalai Lama, in Wien empfangen haben, was zwischen der VR China und Österreich zu einer diplomatischen Eiszeit führte, die nahezu zwei Jahre anhielt. Tatsächlich sind die Außenämter der Städte und Provinzen angehalten,

---

40 »Rauchen ist erlaubt.«

sparsam mit Budgetmitteln umzugehen und keinesfalls den Eindruck von protzigen und pompösen Zeremonien zu vermitteln. Schon im Jahr 2012 begann die öffentlich über den Microblogging-Dienst Weibo geführte Diskussion, ob und wie viel von der Luxusmarke Maotai insbesondere von Beamten bei Empfängen konsumiert werden dürfe. Die Debatte fand in der Forderung, dass Galamenüs für Ehrengäste nur aus vier Gängen plus Suppe bestehen dürften, ihre Fortsetzung. Dieser Wandel in der politischen Kultur ist sichtbar und spürbar. Häufig werden Unternehmen oder Universitäten gebeten, Mittag- bzw. Abendessen für offizielle Gäste auszurichten, denn diese unterliegen nicht den neuen strengen Regeln zur Verhinderung von »Korruption mit dem Mund« und sind mit entsprechenden Repräsentationsbudgets ausgestattet. Es kommt auch vor, dass der Fotograf die abzubildenden Herrschaften so postiert, dass ein etwaig verräterischer Hintergrund, der zu viel Schnaps, Tischwein oder ein zu opulentes Mal erahnen ließe, nicht erkennbar ist. Viel seltener fließt nunmehr der »weiße Alkohol«, was Scharen an ausländischen Gästen insgeheim jubilieren lässt. Aber China wäre eben nicht China, würde nicht so mancher Beamter, angesprochen auf die neuen Enthaltsamkeitsrichtlinien der Zentralregierung, »Beijing ist weit weg!« antworten und postwendend für den Gast und sich einen Maotai einschenken.

Wer gänzlich auf Alkohol verzichten möchte, findet in China eine Reihe von Alternativen, und diese fast alle in Aludosen oder Plastikflaschen abgefüllt. Ich kam nicht umhin, bei jeder Bestellung an die dadurch entstehenden unfassbaren Müllberge zu denken, und auch daran, dass es in China kaum Mülltrennung gibt. Fast alles landet in Einheitstonnen oder Hinterhöfen. Gute Einblicke in diese Praktiken bekommt man meistens bei einem Besuch auf der Toilette mit Fenstern zum Hof. Von den klebrig-süßen Fruchtsäften war schon die Rede, aber das urbane China ist auch das Reich der Cola-Liebhaber. Bei einem meiner Besuche in Heilongjiang wurde uns im Vorbeifahren aus dem Auto heraus ein Cola-Werk gezeigt. Ich fragte unbedarft, ob dort die Produktion für die gesamte Provinz angesiedelt sei. »Nein, nein! Nur für Harbin«, lautete die aufklärende Antwort. Eigentlich wenig überraschend. Harbin hat mehr Einwohner als ganz Österreich, und Heilongjiang (38,7 Mio.) etwa soviel wie ganz Kenia. Aber es war und ist für den europäischen Gast immer aufs Neue schwierig, mit den unglaublichen Dimensionen klarzukommen und diese einordnen zu können.

Zapf- und Schankanlagen für Bier oder Limonaden sind im Reich der Mitte unbekannt. Damit ergibt sich – für den Westler, nicht für den Asiaten – das Problem der Kühlung der Getränke. Es kann daher zu folgenden grotesken Szenen kommen – wie ich sie mit einer Reisegruppe erleben konnte –, dass man von Einheimischen in ein tolles Restaurant mit edler und gediegener Ausstattung und mit herrlichem Essen geführt wird, aber dann völlig perplex erfahren muss, dass das einzig vorhandene kalte Cola bereits der Sitznachbar getrunken hat. Es seien zwar noch genug Limonaden vorhanden, aber eben alle warm. Und warm bedeutet hier richtig warm!

Aber das scheint nur uns zu stören. Sind die Gastgeber jung und teilweise auch von westlicher Kultur beeinflusst, dann rollen diese nicht selten genervt mit den Augen und tragen dem Personal des Restaurants in befehlendem Ton auf, schleunigst weitere Dosen einzukühlen. Auch mein Freund William Fei musste – in seinem Heimatland, wohlgemerkt – einmal beinahe fassungslos kapitulieren, weil dem Hotelpersonal nicht beizubringen war, dass man Getränke wie Bier, Wein oder Limonaden nicht neben der Heizung lagert. Und auch mit der Bestellung von Wasser ist es so eine Sache. Wer glaubt, damit immer auf der sicheren Seite zu sein, der irrt gewaltig. Shuĭ – also Wasser – zu bestellen, bedeutet noch gar nichts und ist für das servierende Personal viel zu wenig konkret ausgedrückt. Aber die Kellnerinnen – ich habe im Übrigen bei all den Reisen noch nie einen Kellner gesehen – fragen, sofern nicht ein Dolmetscher dabei ist, niemals nach und vermitteln dem Gast stets freundlich das Gefühl, als hätten sie die Bestellung genau verstanden, obwohl ihnen daran so ziemlich alles unklar ist. Bei einer Reise in das Land des Lächelns war der Arzt Gerhard Weidinger Teil meiner Delegation, um dort Krankenhäuser zu besuchen und sich Vorträge über Traditionell Chinesische Medizin (TCM) anzuhören, zumal immer wieder Abordnungen aus dem chinesischen Gesundheitswesen Niederösterreich besuchen. Bei einem wunderbaren Mittagessen genossen wir alle Bier – bis auf unseren Freund, den Mediziner. Noch die Nachwirkungen des vorabendlichen Maotais verspürend, verweigerte er das Hopfengetränk und bestellte – unvorsichtigerweise – Wasser. Tut man dies, erhält man jenes zumeist in einer Schale und in brühend heißer Ausprägung serviert. Wie Tee, nur ohne Beutel. Dies war nicht gerade jener Durstlöscher, den sich Primarius Weidinger zur Verdrängung des im Rachen verbliebenen báijiǔ-Restgeschmacks herbeisehnte. So blieb ihm nur übrig, darauf zu warten, bis das Wasser endlich nicht mehr heiß war, um sodann mit kühlenden Schlucken das Durstgefühl zu stillen. Nach einiger Zeit war es so weit. Jetzt konnte er endlich Flüssiges zum Essen genießen. Unser Freund trank kräftig, stellte die Schale ab und ergriff mit den Stäbchen einen Happen Fleisch von der Drehplatte. Diesen Moment nützte eine überaus aufmerksame und dienstbeflissene Kellnerin, um Gerhard Weidinger Wasser nachzuschenken – kochend heißes selbstverständlich. Selbst einem Arzt bleibt in diesem Moment nur eine Lösung: »yī píng pí jiǔ!«[41]

Für Bierliebhaber ist das Reich der Mitte ein Paradies. China ist auf diesem Gebiet Weltmarktführer und liegt im Ranking der Bierproduktion weit vor den USA. Im Jahr 2010 wurden 448.304.000 Hektoliter Gerstensaft hergestellt. Es verwundert daher wenig, dass sich die Chinesen voller Stolz als eine Nation der Biertrinker begreifen. Und zwar des eigenen Bieres. Absoluter Spitzenreiter ist das Tsingtao-Bier. 1903 gründeten deutsche und britische Siedler in Qingdao (Provinz Shandong) – von 1898 bis 1919 als Kolonie Teil des Deutschen Reiches – eine Brauerei, die ab 1954 mit der Auslandsausfuhr ihres Produktes begann und seit 1972 auch

---

41 »Ein Bier, bitte!«

die Vereinigten Staaten von Amerika beliefert. Die Bezeichnung Tsingtao ist eine Kunstmarke und stellt eine Mischform aus Qingdao und dem vormaligen eingedeutschten Namen der Stadt, Tsing-Tau, dar. Mit dem Werbeslogan Ching-Dow versucht der Konzern, einen Gattungsnamen zu schaffen, der synonym für Bier verwendet wird. Heute ist das Tsingtao nicht nur das in den USA am meisten verkaufte chinesische Bier, sondern auch Exportgut Nummer 1 der Volksrepublik insgesamt. Es gibt zwei Sorten: Das Lager (Pilsner Style) mit 4,8 % vol. Alkohol und das in ausgewählten Städten angebotene, kalorienärmere Pure Draft (ebenfalls 4,8 % vol. Alkohol). Aber es ist nicht das älteste Bier von China. Diesen Platz an der Sonne muss es dem Harbin-Bier überlassen, das bereits seit 1900 gebraut wird (Sorten: Lager mit 4,3 % vol. Alkohol und Import Premium Lager mit 4,8 % vol. Alkohol), worauf man in der Provinzhauptstadt von Heilongjiang sehr stolz ist. Dort waren es Russen, die die Braukultur ins Land brachten. Weniger stolz sind die Harbiner darauf, dass die vormalig staatlich geführte Manufaktur 2004 an einen großen US-Konzern verkauft wurde, wodurch viele Chinesen das Gefühl verspüren, ein Stück regionale Identität verloren zu haben. Aber die wirtschaftliche Neuorientierung hat auch gute Seiten. Als Teil des US-Biergiganten flimmerten während der Fußballweltmeisterschaft 2010 in Südafrika Harbin-Bier-Werbeeinschaltungen global über die TV-Apparate und waren als Bandenwerbungen in den WM-Stadien omnipräsent.

Wie bereits in Kapitel vier berichtet, veranstaltet die Stadt Harbin seit 2010 jedes Jahr im Sommer ein großes Bierfestival und verfolgt damit das Ziel, den berühmteren und älteren Ausgaben in Qingdao und Dalian (Provinz Liaoning) Konkurrenz zu machen. Und bei diesem Versuch kann der westliche Gast allerlei Skurriles erleben. So zum Beispiel, dass am ersten Tag des Festes bereits Stunden vor der Eröffnungszeremonie unter freiem Himmel auf den Tischen der Ehrengäste die Essenssnacks, und vor allem die dann zu verkostenden Flaschenbiere drapiert werden. Dass es am Nachmittag dieses heißen Tages in Strömen regnen würde, hatte niemand in Betracht gezogen, störte aber auch niemanden. Kurz darauf setzte wieder gleißender Sonnenschein ein, trocknete die Speisehäppchen, erwärmte die Bierflaschen auf Teetemperatur, und alles war gut. Bis zu dem Zeitpunkt, als nach dem Anschlagen des Fasses auf der Bühne durch die Stadt- und Parteispitze die ausländischen Ehrengäste aus Dänemark, Deutschland, Österreich und einigen anderen Ländern zum Durchkosten der internationalen Bierspezialitäten eingeladen wurden. Bekäme man in unseren Breitengraden bei Zelt- oder Feuerwehrfesten des Österreichers Lieblingsgetränk derart temperiert serviert, wären Massenschlägereien und Polizeieinsätze zu befürchten. Als Ehrengast im Fernen Osten weiß man sich jedoch zu benehmen. Wer jetzt artikuliert, er würde nicht gerne, oder nur ganz wenig Bier trinken, kann dann beim gemütlichen Teil in den Festhallen nicht die Masken fallen lassen, sollte es doch noch wohltemperierten Gerstensaft geben. Also gute Miene zum bösen Spiel! Aber ich kann es vorwegnehmen. Auch in den toll geschmückten Zelten, bei ausgelassener und wirklich guter, oktoberfestähnlicher Stimmung war nur eines kalt: Die Bierbrez'n.

Wenn Europäer über Asiaten sagen »Die sehen ja alle gleich aus«, so kann uns beruhigen, dass diese selbiges über uns denken. Und wenn wir der Meinung sind, Chinesen würden sich eigenartig benehmen, dann sollten wir zuerst vor der »eigenen Haustüre kehren«. Der Standort bestimmt vielfach den Standpunkt. In der ostchinesischen Provinz Zhejiang wurde ich vor einigen Jahren mit einer Reisegruppe – bestehend aus Politikerinnen und Politikern, Unternehmern, Wissenschaftlern und Journalisten – von einem städtischen Außenamt zum Abendessen eingeladen. Das Essen war köstlich und die Stimmung hervorragend, nicht zuletzt, da uns an diesem Tag als Gastgeschenk ein kostenloser Auftritt eines chinesischen Opernensembles in Österreich zugesagt worden war. Nicht minder stimmungsfördernd war der Leiter des Foreign Affairs Office, Kong Weiwei, der während des Diners wahrhaft gekonnt und stimmkräftig Lieder wie »O sole mio« zum Besten gab. Als wir in gefühlten Sekundenbruchteilen gebeten wurden, ein typisch österreichisches Lied darzubieten, entschieden wir uns – deutlich weniger überzeugend –, aus der Not mangelnder Textsicherheit heraus, für die leichteste aller Varianten: »Ja, die Sperrstund, die kennen wir nicht«, zur Melodie von Giuseppe Verdis »Gefangenenchor von Nabucco«, wobei der Text in dieser Variante lediglich aus der genannten Zeile besteht. Wiewohl wir »Ein Prosit der Gemütlichkeit« auch noch hinbekommen hätten. In dieser überschwänglichen Stimmung setzte ich eine keineswegs abschätzig gemeinte Handlung, die aber kurzfristig eine Irritation hervorrief. Da ich nicht so viel Bier trinken wollte, wie mir von den Kellnerinnen eingeschenkt worden war, goss ich dem Ranghöchsten etwas von meinem in dessen Glas hinüber. Ich merkte sofort an seiner Körpersprache, dass dies bei ihm für Befremden sorgte. Um die Situation zu entspannen, ging ich sofort in die Offensive und sagte erklärend, »In Austria we share our drinks!« Ich sah, wie sich die Gesichtszüge des Gastgebers entkrampften und in ein Lächeln verwandelten. Er übersetzte das, was ich gesagt hatte, für seine Kollegen ins Chinesische, und sofort herrschte allseits wieder gute Laune. Jetzt wollten die Hausherren zeigen, wie gut und schnell sie sich an fremde Sitten anpassen konnten, und ab diesem Zeitpunkt goss bei diesem Bankett jeder jedem seine Getränke in fremde Gläser. Ob die chinesischen Freunde bis heute glauben, dies sei tatsächlich in Österreich so üblich, entzieht sich leider meiner Kenntnis. Es war jedenfalls ein wunderbarer und erfolgreicher Abend in Ningbo.

Ningbo – die angeblich »ruhige Welle«

Ningbo, im Süden des Jangtse-Flussdeltas, werden Sie – ganz im Gegensatz zu Harbin – in kaum einem China-Reiseführer finden, obwohl die Stadt mit rund 5,8 Millionen Einwohnern (Gesamtgebiet) historische Schönheiten, viel Wasser und Grün, kulturelle Schätze, imposante Architektur und echtes Flair zu bieten hat. Aber bekannt ist die Metropole weltweit nicht als Tourismusdestination, sondern aufgrund ihres bedeutenden Hafens, ihrer wirtschaftlichen Stärke und damit der Anziehungskraft für ausländische Investoren. Ningbo verfügt über fünf offizielle Entwicklungszonen auf nationaler Ebene, die für die Region einen exorbitanten Stellenwert haben. »Aus über 40 Ländern und von mehr als 30 der Top 500 Unternehmen weltweit sind Investitionen in die NETD [Ningbo Economic & Technical Development Zone] gekommen. Bis zum April 2010 betrug das gesamte Volumen der Investitionen 24.204 Mrd. US-Dollar (ca. 17.572 Mrd. Euro). Der größte Teil der Investitionen aus dem Ausland stammt aus der Hongkong Sonderverwaltungszone (SVZ) mit einem Anteil von 46 Prozent, gefolgt von Taiwan und der EU mit 13,4 bzw. 11,3 Prozent.«[42]

---

42 http://bit.ly/1JFBmaQ

Wer, aus welchen Gründen auch immer, nach Ningbo reist, sollte sich Zeit nehmen, die Tianyi-Bibliothek zu besuchen – sie ist ein historisch-literarischer Schatz, ein wahres Kulturerlebnis und aufgrund der beeindruckenden Gärten eine Oase der Ruhe. Tianyi ist die älteste private Bibliothek in der Volksrepublik China und beherbergt über 300.000 Bücher, darunter 80.000 seltene Ausgaben. »Rekonstruierbare Aufzeichnungen belegen, dass sie zwischen 1561 und 1566 erbaut wurde. Der Tianyi-Pavillon ist nach einem Satz aus dem Yi Jing benannt. Der Satz hat die Bedeutung, dass das Feuer hier kontrolliert werden kann, mit der Hoffnung, die Bibliothek für immer zu erhalten.«[43] Selbst für Menschen, die weniger an der chinesischen Geschichte interessiert sind, ist die Bibliothek ein lohnenswertes Ziel, bieten doch die großzügigen Grünanlagen an heißen Ningboer Sommertagen willkommene Abwechslung und ein Gefühl der Entspannung. Meine Delegation und ich genossen beides: Das beeindruckende Gefühl, in der ältesten Privatbibliothek des riesigen Reiches Gast sein zu dürfen und dadurch auch angenehmerweise der Großstadthitze entfliehen zu können. Denn diese kann in Ningbo gnadenlos sein. Die Durchschnittstemperatur des Monats Juli lag im Jahr 2008 bei 30,1 Grad Celsius; und im Dezember immer noch bei 8 Grad Celsius.

Ebenso sehenswert, wenn auch auf ganz andere Art und Weise, ist das Ningbo- oder auch Yinzhou-Museum. Fast jeder, der mit dem Auto,

---

43 http://german.ningbo.gov.cn/art/2007/11/8/art_181_4346.html

Taxi oder Mietwagen vorfährt, wird beim Blick auf das moderne, futuristisch wirkende Bauwerk des Architekten Wang Shu beeindruckt sein. Die Neigungen und Winkel der Wände sind eine Hommage an das Meer. Im Kern handelt es sich um ein Stadtmuseum, welches ausführlich die Geschichte von Ningbo und den Menschen, die hier lebten, darlegt, ergänzt um eine Schau über volkstümliches Brauchtum und eine Galerie von Bambusschnitzereien. Auch wenn sich auf diversen Tourismus-Internetplattformen einige Einträge finden, wonach das Museum (teilweise) langweilig sei, kann ich mich diesen Bewertungen keinesfalls anschließen. Meine Reisebegleiter und ich können mit Überzeugung sagen, dass wir vom Yinzhou-Museum, sowohl was die Innen- wie auch die Außenwirkung betrifft, sehr eingenommen waren und dieses in wacher Erinnerung behalten haben.

Ningbo hat im Gegensatz zum jungen Harbin eine rund 7.000 Jahre alte Geschichte und hieß zur Zeit der Xia-Dynastie (2.000 v. Chr.) Yin. Den Stadt-Status erhielt Ningbo 1949. Die Hemudu-Kultur (Epoche der Jungsteinzeit) war eine der ersten Kulturen, in denen Nassreis angebaut wurde. Die Ruinen der neolithischen Hemudu-Kultur zeigen das damalige Leben auf Pfahlbauten am Wasser. Sie gelten als »eine der Wiegen der Zivilisation der chinesischen Nation«[44]. Die Geschichte der Stadt ist vor allem eine Historie der Schifffahrt und des Handels. »Ningbo ist eine im Grunde ruhige Küstenstadt. Die

---

44 http://german.china.org.cn/travel/txt/2004-07/27/content_14986850.htm

Ningboer denken aber stets auch an das tobende Meer. Vor 2.000 Jahren stach eine große Flotte unter der Führung von Xu Fu, Magier und Alchemist aus der Qin-Dynastie (221–207 v. Chr.), von Ningbo aus in See, womit die Geschichte des Verkehrs zwischen China und dem Ausland eingeleitet wurde.«[45] Und dieser Verkehr ist heute ein maßgeblicher Eckpfeiler der Stadt. Doch ganz so ruhig wie vorstehend beschrieben, ist Ningbo nicht. Im Jahr 2006 entstand durch einen Zusammenschluss der Häfen von Ningbo und Zhoushan der Ningbo-Zhoushan-Hafen, dessen Wurzeln in die Tang-Dynastie zurückreichen. Ningbo-Zhoushan ist, gemessen am Umschlagsvolumen (Stand 2013), mit 17,3 Mio. TEU (Twenty-foot Equivalent Unit; Maßeinheit für Containerschiff-Kapazitäten) der sechstgrößte Containerhafen der Welt, nach Shanghai (33,6 Mio. TEU), Singapur, Shenzhen, Hongkong und Busan (Südkorea). Eine Führung für ausländische Wirtschafts- sowie politische Delegationen ist ebenso Pflichtprogramm wie ein Besuch der Tianyi-Bibliothek.

Erzählen Menschen aus Ningbo vom sogenannten Mond-See, geraten sie ins Schwärmen. 636, im zehnten Jahr der Tang-Dynastie (Regierungszeit Zhenguan), wurde der See – heute umfasst von einem herrlichen, 28,6 Hektar großen Naherholungsgebiet – künstlich angelegt. Zahlreiche Gebäude der Ming- (1368–1644) und Qing-Dynastie sind gut erhalten und eine enorme Aufwertung für die-

---

45 http://german.china.org.cn/travel/txt/2004-07/27/content_14986850.htm

se Destination. Wasser hat für die Stadt insgesamt eine ganz besondere Bedeutung. Mit dem Yuyao-, dem Fenghua- und dem Yong-Fluss gehört Ningbo zu einem der acht Wassernetze von Zhejiang. Yuyao, Fenghua und Yongijang fließen direkt durch die Stadt. »Wasser macht eine Stadt grazil und dynamisch. Mit Wasser ist die Stadt Ningbo entwickelt worden«, heißt es in einer Werbebroschüre.[46]

Bei einer Ningbo-Reise besuchten wir auch Ninghai. Wir fuhren mit dem Bus zu diesem Kreis, der vom Stadtzentrum 70 km entfernt ist, sich aus 17 Kommunen zusammensetzt und rund 580.000 Einwohner beheimatet. Ninghai hat eine Küstenanbindung in der Länge von 176 km, liegt in der Mitte des Ostens der Provinz Zhejiang und grenzt im Süden an Hangzhou und Shanghai. Bereits im Jahr 2002 betrug das Bruttosozialprodukt 8,36 Mrd. Yuan, und das kommt nicht von ungefähr. Ninghai war das erste Gebiet, das von der Stadtregierung Ningbo für Auslandsgeschäfte geöffnet wurde. Der Kreis ist sehr stark industriell geprägt, insbesondere was Textilherstellung, Maschinenbau, Lebensmittel-, Getränke-, Kunststoff- und Metallproduktion betrifft. Laut eigenem Bekunden nimmt die Ninghaier »Branche der Schreibwaren [...] 70 % Marktanteil des ganzen Staats«[47] ein. Bei einem Mittagessen – mit regionalem Speiseangebot – konnte ich einen interessanten Gedankenaustausch pflegen. Da ich

---

46 Information Office of Ningbo Municipal People's Government (Hg.): Ningbo China 2011. Ningbo 2011, o. S.
47 http://german.ningbo.gov.cn/art/2006/8/16/art_167_4129.html

den Eindruck hatte, dass die gastgebenden Lokalpolitiker, an der Spitze Vizebürgermeister Shao Xingjie, gerne einmal nach Österreich gekommen wären, sprach ich eine Einladung nach Wiener Neustadt aus. Zu einem Besuch ist es leider nicht gekommen. Möglicherweise wurden gestellte Reiseanträge von politischer Seite nicht genehmigt, oder man wandte sich anderen Besuchszielen zu. Dennoch waren es für uns überaus wertvolle Erfahrungen, und wer mittels einer Internetsuchmaschine nach Schreibutensilien wie Füllfedern o. Ä. sucht, wird feststellen, dass er dabei sehr oft auf den Namen Ninghai stößt.

Das Motto von Ningbo, abrufbar auf der offiziellen Webseite, lautet: »Ehrlich, konkret, offen und kreativ«. Diese Attribute sind überaus zutreffend, das kann ich mit Überzeugung bejahen. Der Mentalitätsunterschied, den man im Vergleich zu Nordchinesen feststellen kann, ist augenscheinlich und keinesfalls einem Klischee geschuldet. Die Menschen in der Region in und um Ningbo vermitteln sehr deutlich das Gefühl, dass sie um ihren Aufstieg in den letzten Jahrzehnten, ihre wirtschaftliche Kraft, das Prestige durch den Hafen und durch die Nähe zu Shanghai sehr genau Bescheid wissen (»offen«). Viele Unternehmer, Beamte, Politiker und Verhandlungspartner aller Art wirken enorm zielstrebig, lösungsorientiert und auf den Endzweck ausgerichtet. Die Verhandlungen über das geplante Opern-Gastspiel der Ningbo Singing and Dancing Troupe (»The Grand Trousseaus – Dream of a Maiden«), das letztendlich ein Kulturgenuss höchster Güte für 600 Besucher im vollen Wiener Neustädter Stadttheater – und das bei freiem Eintritt –

werden sollte, dauerten kaum länger als eine halbe Stunde, was für die chinesische Geschäftskultur sehr untypisch ist. Zackig wurde meiner Delegation und mir erklärt, dass wir lediglich ein Abendbuffet nach der Vorstellung und die Unterkünfte für die Künstlerinnen und Künstler zu bezahlen hätten, aber dass es kein teures Hotel sein müsse und die Akteurinnen und Akteure in Zweibettzimmern untergebracht werden könnten (»konkret«). Hätte Wiener Neustadt für diese Opernaufführung ein reguläres Engagement bezahlen müssen, wäre dies unerschwinglich gewesen. Der damalige Kulturamtsleiter meiner Heimatstadt rechnete die Kosten fachmännisch hoch und bezifferte diese auf rund 150.000 Euro. Die Stadt verfolgt die Losung, die jahrtausendelange Geschichte in Büchern festzuhalten und sie gemeinsam mit dem Wirken der Gegenwart via Hafen in die ganze Welt hinauszutragen. Das wirklich Großartige an Ningbo ist, dass sie ihre beeindruckende Historie – neben der Hemudu-Kultur auch das Alleinstellungsmerkmal, eine der ersten Städte gewesen zu sein, in denen Reis angebaut wurde – in die Gegenwart transferiert hat. Neben Tempeln, Pagoden, Pavillons, heißen Quellen, dem Nationalpark, Flüssen und Seen, Stränden und Meerblick, gibt es auch boomende Industrie, pulsierende Wirtschaft und eben den Hafen als Tor zur Welt. Im Oktober 2013 eröffnete ein deutscher Autohersteller ein Werk in Ningbo (»wichtiger strategischer Stützpfeiler«, 5.700 zusätzliche Arbeitsplätze) mit einer Kapazität von 300.000 Autos pro Jahr. Der Kampferbaum (auch Campher), eine Pflanzenart der Lorbeergewächse, und die Kamelie, ein Teestrauchgewächs, wurden in Ningbo zum Stadtbaum bzw. zur Stadtblume erhoben. Beide stammen aus Asien und sind immergrün. Kamelien können sehr alt werden – über 1.000 Jahre – und sind imstande, an Zweigen die Blütenfarbe, -form oder auch die Belaubung zu ändern. Ningbo und Kamelien haben eines gemeinsam: Sie sind extrem kreativ. Als ich bei einem meiner Besuche Ende August/Anfang September sehr unter der enormen Hitze von weit über 30 Grad Celsius und einer Luftfeuchtigkeit von rund 90 % litt, sagte ein Mitarbeiter des dortigen Außenamtes sehr ehrlich und ohne Umschweife »You have to lose weight!«[48] zu mir. Er hatte damit ohne jeden Zweifel uneingeschränkt recht. Das Beachtliche daran ist jedoch, dass diese Bemerkung eines Angestellten des Büros für internationale Kontakte einerseits in Nordchina undenkbar wäre und andererseits nahezu das gesamte Motto von Ningbo widerspiegelt: ehrlich, konkret, offen. Und vielleicht war sie sogar kreativ.

Auffallend ist auch, dass wir im nordostchinesischen Harbin immer höherrangig empfangen wurden als in Ningbo. Bei ausnahmslos jeder Dienstreise in die Hauptstadt der Provinz Heilongjiang hieß mich der Bürgermeister, manchmal sogar der örtliche Parteivorsitzende, willkommen, der in China rangmäßig über dem Bürgermeister steht. In Ningbo fand der offizielle Empfang stets durch einen Vizebürgermeister, z. B. Cheng Yuechong, statt, bei den formellen Abendessen fungierten zumeist »nur« Beamte oder nachgeordnete Parteifunktionäre als Gast-

---

48   »Sie müssen Ihr Gewicht reduzieren!«

geber. Die Bürgermeister Liu Qi habe ich lediglich einmal bei einem großen Festbankett im Rahmen eines fünfminütigen Smalltalks kennengelernt.

Am 1. Mai 2008 eröffnete nach knapp fünfjähriger Bauzeit die Hangzhou-Brücke (Pinyin: Hángzhōu Wān Dàqiáo) an der Ostküste Chinas, die Cixi, eine zu Ningbo gehörende kreisfreie Stadt mit mehr als einer Million Einwohnern, mit Jiaxing, einer bezirksfreien Stadt in der Provinz Zhejiang mit einer Population von rund 3,5 Mio., verbindet und damit die Wegstrecke Shanghai–Ningbo um beachtliche 120 km verkürzt. Jiaxing ist ein wichtiges Seidenindustriezentrum der VR China. Die 36 km lange Schrägseilbrücke (Herstellungskosten ca. 1,4 Mrd. Euro) ist zu einem berühmten Wahrzeichen für die gesamte Region geworden. Bis zur Eröffnung der Jiaozhou-Bucht-Brücke im Jahr 2011 war sie die längste Meeresbrücke der Welt. Die Jiaozhou-Bucht-Brücke (auch Qingdao-Haiwan-Brücke), Pinyin: Jiāozhōuwān Dàqiáo, ist Teil des Jiaozhou Bay Connection Projects und mit 41,58 km die längste Brücke der Welt, die über Wasser führt. Im Spätsommer 2010 – damals war die Hángzhōu Wān Dàqiáo noch Rekordhalterin – befuhren meine Begleiter und ich in einem Komfortbus, den das Hotel allen Geschäftsreisenden zur Verfügung gestellt hatte, die Brücke auf dem Weg von Ningbo nach Shanghai. Ich habe gestoppt. Ziemlich exakt 30 Minuten dauert die Fahrt, um die Hangzhoubucht und das Meer zu überqueren. Ein beeindruckendes Erlebnis! In Shanghai nach dreistündiger Fahrt angekommen, trafen wir uns mit dem österreichischen Generalkonsul. Es stand der Besuch der Weltausstellung auf dem Programm.

Die EXPO 2010[49]

An einem besonders heißen Septembertag waren wir – d. h. Finanz- und Wirtschaftsstadträtin Ingrid Winkler, die Journalistin und Werbefachfrau Anita Oberhofer, der FH-Geschäftsführer Gerhard Pramhas, der Unternehmer und Wirtschaftskammerfunktionär Thomas Schaden sowie ich – mit dem österreichischen Generalkonsul in Shanghai Michael Heinz verabredet. Ich kannte ihn nicht persönlich, unser Kontakt bestand bis dahin lediglich aus brieflicher Korrespondenz. Der Diplomat hatte sich einige Monate zuvor sehr für einen Besuch einer Wiener Neustädter Delegation in Ningbo stark gemacht, da es aus seiner Sicht notwendig war, die erlahmten freundschaftlichen Städtebeziehungen wieder in Schwung zu bringen. Womit er recht hatte.

Ich zögerte dennoch sehr lange, bis ich mich für diese Reise entschied. Politikerinnen und Politiker stehen bei Auslandsdienstreisen sehr schnell im Fokus öffentlicher Kritik, manchmal zu Recht, aber nicht immer. Neben der Beharrlichkeit und Hartnäckigkeit des Generalkonsuls war es aber auch die Aussicht, ein großes Kulturprojekt (die bereits

---

49 Die EXPO 2010 in Shanghai fand vom 1. Mai bis 31. Oktober 2010 statt.

erwähnte Ningbo-Oper »The Grand Trousseaus – Dream of a Maiden«) an Land zu ziehen, die mich dazu bewog, tatsächlich einige Tage in Ostchina zu verbringen. Obwohl wir uns noch nie zuvor gesehen hatten, war es nicht schwierig, sehr rasch beim ausgemachten Treffpunkt – etwas abseits des EXPO-Geländes – festzustellen, dass es sich um die richtige Person handelte, der wir zuwinkten, die dort bereits auf uns wartete. Das 5,28 m² große Gelände liegt am Ufer des Flusses Huangpu. Der Huángpǔ jiāng (»Fluss mit gelbem Ufer«) weist eine Länge von 97 km auf, durchfließt die Stadt Shanghai und mündet in den längsten Fluss Chinas, den Jiangtsekiang (Pinyin: Cháng Jiāng), der auch auf Deutsch »Langer Fluss« genannt wird. Nach einer kurzen Begrüßung überreichte uns Michael Heinz die Eintrittspässe, und im Anschluss daran begaben wir uns zum Sicherheitscheck. Die Prozedur der Überprüfung und des Scannens war überaus gründlich, die Diensthabenden in Uniformen streng, martialisch und ohne Anflug eines Lächelns. Gerhard Pramhas musste vor Ort beweisen (»Use it!«[50]), dass seine im Handgepäck mitgeführten Augentropfen weder Gift noch die Basis für einen Flüssigsprengstoff waren, was ihm jedoch anstandslos gelang. Die Sicherheitskräfte nahmen es regungslos zur Kenntnis.

Wir begannen unser Besuchsprogramm mit dem Österreich-Pavillon, der neben jenen von Rumänien, Kroatien sowie den Niederlanden und nahe der sogenannten Lupu-Brücke in der Zone C des EXPO-Geländes angesiedelt war. Über eine lange

---

50 »Verwenden Sie es!«

Rampe gelangten wir in das Haus (Grundstücksfläche 2.314 m², Nutzfläche: 1.834 m²), das architektonisch offenbar einen bewussten Kontrapunkt zum gängigen Österreich-Klischee von unserem Land als einer einzigen großen Skihütte im Tiroler Stil setzen wollte. Es bestand aus einer 500 m² großen Ausstellungsfläche im Parterre (inklusive Bühne, eines Shops und des Standes der Österreich-Werbung) sowie einem ersten Stock mit Gastronomie, VIP-Lounges und einer herrlichen Terrasse mit Holzvertäfelung. Der Pavillon war außen (mit etwas Unterstützung der Farbe Rot) wie innen fast zur Gänze weiß gestaltet, was im Innenraum den Zweck verfolgte – und erfüllte, sämtliche Flächen (also auch die Fußböden) multimedial bespielen zu können. Darüber hinaus symbolisierte das Weiß auch die Dominanz des österreichischen Wintersports bzw. -tourismus. Bei einem Infopoint konnten die Besucher Schnee spüren und angreifen, der, von einer Eismaschine produziert, in eine an der Wand montierte Rinne ausgeworfen wurde. Der eine oder andere Gast nützte diese ungewohnte Chance, um sich das Gesicht zu kühlen, Begleiterinnen durch unerwartete Nackenwickel zu erschrecken oder um ganz einfach bei einer Außentemperatur von nahezu 40 Grad Celsius, die soeben geformten Schneebälle verdutzten Touristen nachzuwerfen. Mittels Touchscreens und »Guckkästen« konnte man interaktiv reichhaltige Informationen über die Geschichte sowie die wirtschaftliche und landschaftliche Gegenwart Österreichs einholen. Auf der Bühne gab es zu bestimmten fixen Zeiten live zelebrierte oder eingespielte Darbietungen österreichischer Klassik und

Volkskultur. So sehr sich die Architekten bemüht hatten, den Klischees zu entfliehen, so sehr bedienten sich die inhaltlich Verantwortlichen (Wirtschaftskammer Österreich und EXPO Office Austria) derselben. Von Sisi über Mozart bis zur schönen Maid im Dirndl wurde bei »Sinne im Gleichklang« – so das Motto des österreichischen Beitrages – nichts ausgelassen. In der englischen Version hieß das österreichische Motto, nicht wörtlich übersetzt: »Feel the harmony«. Nach einem ausgiebigen virtuellen Rundgang durch Wälder, Berge und Städte trafen wir im Restaurant im ersten Stock mit der stellvertretenden österreichischen Regierungskommissärin, Birgit Murr, zusammen. Wir nahmen auf modernen, aber überaus unbequemen Designer-Hockern Platz – die selbst in der offiziellen Aussendung »Österreich auf der EXPO 2010« Erwähnung fanden – und besprachen uns bei österreichischer Küche und weißen G'spritzten mit der China-Expertin. Und wieder war der Beweis erbracht, wie schnell man sich nach einigen Tagen Auslandsaufenthalt auf die – zu Hause oft gescholtenen – österreichischen Köstlichkeiten freut. Seien sie fester oder flüssiger Natur.

Nach der Stärkung setzten wir das Besuchsprogramm in den Pavillons von Japan, Spanien, Saudi-Arabien und China fort. Der japanische Pavillon, der das Ziel hatte, einen lebenden Organismus sowie die Verbindung von Wissen, Technik und Umwelt zu symbolisieren, bestand aus drei Ebenen mit einer Bruttogeschossfläche von 7.200 m^2. Im Inneren der Räume setzten die Aussteller ganz auf Technik. So konnte man z. B. einem Roboter beim Geigespielen zusehen. Die Casa España beeindruckte mit einer extravaganten Fassadengestaltung aus Korbgeflechten und einer wahrhaft imposanten, sechseinhalb Meter hohen Figur eines elektronisch gesteuerten Riesenbabys, das nicht nur die Augen bewegen, sondern auch »weinen« und »atmen« konnte. »Das Geflecht symbolisiert die Verbindung von Spanien und China, denn Korbflechten hat sowohl im Westen als auch im Fernen Osten eine lange Tradition«, so die verantwortliche Projektleiterin, Architektin Benedetta Tagliabue.[51] Die Begeisterung der Besucher, so auch unsere, war enorm, wiewohl die meisten Gäste ratlos zurückblieben, was die Installation zum Ausdruck bringen wollte. Spanien ging mit dieser aufsehenerregenden, überdimensionalen Kinderfigur, die nichts Landestypisches an sich hatte, jedenfalls einen ganz anderen Weg als unsere Heimat, die auf nahezu rein traditionelle Werte der Österreich-Werbung setzte. Dennoch bewarb auch Spanien seine Traditionen, wie z.B. Flamenco und den Stierkampf.

Mit ziemlicher Sicherheit das Highlight der gesamten Weltausstellung war der Pavillon von Saudi-Arabien. Die Eindrücke, die ich dort gewonnen habe, sind auch fünf Jahre später noch sehr präsent, aber dennoch kaum zu beschreiben. Schon beim Annähern an das Ausstellungsgebäude, das wie ein überdimensionales Schiff auf Stützen aussah, war der Betrachter tief beeindruckt. Auf der Oberfläche der »Schüssel« befand sich eine Oasenlandschaft mit zahlreichen Palmen und viel Grün, die

---

51 http://www.interiorsfromspain.com/icex/cda/controller/PageInvGer

schon von weiter Ferne erkennbar waren und auf die EXPO-Gäste wie ein Magnet wirkten. Im Inneren wurde allen Besuchern eine Multimediashow der Extraklasse geboten. Wohl kaum jemand hatte so etwas davor schon erlebt. Um die Eindrücke treffend zu beschreiben, macht es Sinn, das verantwortliche und ausführende Medienunternehmen selbst zu Wort kommen zu lassen: »Die Mainshow ›The Treasure‹[52] im Inneren erlebt der Besucher stehend auf einem Förderband. Er gleitet auf einer der Raumrundung folgenden Brücke über die konkave, den gesamten Boden umfassende Projektionsfläche. Das Raumzentrum und die Decke sind von einem orientalisch anmutenden Spiegelmosaik überzogen. Ausgehend vom tiefsten Punkt des Raumes fließen Kompositionen aus floralen Formen und orientalischen Mustern, bis sie den gesamten Boden und die Wände bedecken – die Reflexionen der Spiegel lassen den Raum unendlich erscheinen. Der Zuschauer befindet sich inmitten eines ständig transformierenden Meeres aus Farben und Formen.«[53] Für die geschwungene Projektionsfläche von 1.600 m² wurden 25 HD-Projektoren verwendet. Die im Pavillon zu hörende Instrumentalmusik wurde im Vorfeld des Projektes von einem 70-köpfigen Orchester eingespielt. Bei dieser Flut an Reizen über, unter und neben einem, hatte man Mühe, am Förderband nicht das Gleichgewicht zu verlieren. Beim Verlassen des komplett abgedunkelten und klimatisierten Kom-

---

52 »Der Schatz«.
53 http://tamschick.com/project/the-treasureexpo-shanghai-2010

plexes befand man sich blitzartig wieder in einer anderen, nämlich der realen Welt. Mit sengender Hitze und grellem Sonnenschein.

Als Letztes stand der Pavillon des Gastgeberlandes auf dem Programm (der nach der Weltausstellung nicht abgetragen wurde). Dieser überragte, wenig überraschend, sowohl von der räumlichen Anordnung – nämlich etwas abgesondert, erhaben und dadurch besonders auffällig – wie auch der Größe (63 Meter) alle anderen. Der Pavillon, bestehend aus einer geschichteten Stahlkonstruktion (»Dougong«), die weder Nägel noch Leim verlangen, weist sieben unterschiedliche Schattierungen des Gugong-Rot auf, das einst nur dem Kaiserlichen Palast vorbehalten war. »Die Dachfläche ist als traditionelles Sudoku-Raster gestaltet, das als Planungsmuster in historischen Stadtgrundrissen von Xi'an oder Peking zu sehen ist. […] Der Sockel des roten Hauptgebäudes ist selbst ein 45.000-Quadratmeter-Gemeinschaftspavillon. Die Namen der chinesischen Regionen und Provinzen, die sich hier präsentieren, werden grafisch auf den Außenwänden präsentiert – im Zhuan-Stil oder Siegelstil der chinesischen Kalligrafie.«[54] Für jeden Chinesen war der Besuch der »Krone des Orients« – so der im Volksmund entstandene Spitzname – der absolute Höhepunkt eines EXPO-Besuches, und auch für uns stellte er ein besonderes Erlebnis dar. »Manche sagen, der Pavillon ähnelt einer alten chinesischen Kappe. Andere sagen, er ist eine Art antiker chine-

---

54 http://www.baunetz.de/meldungen/Meldungen-_Richtfest_fuer_Expo-Pavillon_in_Shanghai_787723.html

sischer Kochkessel. Und wieder andere sagen sogar, der Pavillon sieht aus wie eine Getreidescheune. Was auch immer sie denken, welche Metapher es sein könnte, sie alle denken, er ist sehr chinesisch. Genau das wollte ich«, äußerte sich der Architekt He Jingtang in Interviews.[55] Inhaltlich gesehen waren viele Länderbeiträge streng genommen Themenverfehlungen, da sie sich nicht, oder viel zu wenig, am Motto der EXPO »Better city, better life.«[56] orientierten.[57] China hingegen griff das Urbanitätsthema bereits in der ersten von drei Ebenen auf und thematisierte im Sockelbereich des Baus die Migrationsbewegungen der letzten 30 Jahre in die Metropolen. Darüber hinaus gab es Schauen über die Geschichte, die wirtschaftliche Entwicklung des Landes und das Leben in Millionenstädten. Ein hochprofessioneller zweisprachiger (Chinesisch/Englisch) Imagefilm (»Better city, better life.«) mit eindrucksvollen Bildern und Kameraführungen, der dennoch nicht ganz den Charakter eines Propagandamachwerkes verbergen konnte, rundete das Programm ab. Bei einer kurzen Wartezeit kam ich mit einem jungen Chinesen ins Gespräch und eröffnete ihm, dass ich überrascht sei, dass Taiwan

---

55 http://www.stylepark.com/de/beitraege/shanghai-world-expo-2010
56 »Eine bessere Stadt, ein besseres Leben.«
57 »Von den 246 teilnehmenden Ländern und Organisationen gewann der deutsche Pavillon den ersten Preis für die beste Umsetzung des Expo-Themas Eine bessere Stadt, ein besseres Leben‹.« EXPO-Subthema: »Interaction between rural and urban areas«. http://www.weltausstellung-shanghai.de

hier auf der EXPO mit einem großen, auffälligen Pavillon vertreten sei. Mit gespielter Verwunderung, warum ich das fragen würde, parierte er salopp meinen Versuch, ein heikles politisches wie historisches Thema anzusprechen. »It's a province of China!«[58], entgegnete er, und damit waren für ihn der Fall und auch das Gespräch erledigt.

Die enormen Distanzen auf dem riesigen Weltausstellungsareal wurden von den Menschenmassen teils zu Fuß und teils mit Bussen bewerkstelligt. Wir hatten das angenehme Vergnügen, als Ehrengäste teilweise mit Golfcaddy-ähnlichen Wagen gefahren zu werden. Dabei lernten wir einen österreichischen EXPO-Praktikanten kennen, der uns erzählte, dass er für die Dauer von acht Monaten angeheuert hatte und dies sowohl eine Horizonterweiterung wie auch eine Abwechslung zu seinem sonstigen Studentenalltag sei. Der junge Mann nutzte das Dreivierteljahr in China, um einen Grundsockel an Mandarin zu lernen, was ihm nach eigenem Bekunden recht gut gelang. Den Versuch, das Schreiben chinesischer Schriftzeichen zu erlernen, habe er aufgegeben, erzählte er uns, während wir die Fahrt auf den breiten EXPO-Hauptwegen, vorbei an den vielen Länderbeiträgen, genossen. Ehrengäste, wie auch wir sie bei der Weltausstellung durch die Einladung des österreichischen Generalkonsulates waren, sollen jene gewissen Annehmlichkeiten genießen, die sich daraus ergeben, doch mögen sie nie vergessen, dass die Sonderstellung keine Selbstverständlichkeit und auch nur geliehen ist. In diesem

---

58 »Es ist eine chinesische Provinz!«

Bewusstsein entging mir nicht, dass wir das außerordentliche Privileg hatten, an einem Tag fünf Länderpavillons – noch dazu herausragende – besuchen zu können, während dies für die breite Masse unmöglich war. Die durchschnittliche Wartezeit, um in ein Gebäude zu gelangen, betrug drei Stunden. Bei kleineren Objekten, wie jenem von Österreich (durchschnittliche Verweildauer der Gäste im Pavillon: 15 Minuten), mussten Interessierte rund eineinhalb, beim Deutschland-Haus zirka vier (Durchschnittsverweildauer: 20 Minuten), bei absoluten Highlights wie Spanien oder Saudi-Arabien etwa sechs und bei der »Krone des Orients« rund acht Stunden darauf warten, die begehrten Exponate, Installationen und Darbietungen erleben zu können. Und dies bei Schattentemperaturen von 38 Grad Celsius, wobei es, wohlgemerkt, keinen Schatten gab. Insbesondere chinesische Gäste schützten sich daher klugerweise mit großen Hüten oder Sonnenschirmen. Dies blieb uns alles erspart, da wir durch das Vorzeigen der Ehrenkarten die VIP-Eingänge passieren konnten. Es ist keine Übertreibung, wenn ich sage, dass ich beim Betreten des saudi-arabischen Pavillons wirklich ein schlechtes Gewissen hatte, da wir nach nur fünf Minuten dauernden Formalitäten das gesamte Multimedia-Spektakel genießen konnten, während wir kurz zuvor die von Hitze und stundenlanger Wartezeit ermatteten Menschenmassen in Schlangen draußen stehen gesehen hatten. Die Besucheransammlungen vor den einzelnen Pavillons wurden mittels Absperrgitter geleitet und kanalisiert, was mich frappant an die alpinen Regulierungsmaßnahmen zum ordnungsgemäßen und konfliktfreien Anstellen bei Skiliften erinnerte. Das war aber keineswegs alles.

Aufgrund der exorbitanten Gefahr, dass Ausstellungsgäste ob der Hitze dehydrieren oder ohnmächtig werden könnten, wurden die Wartenden periodisch und automatisiert mit leichtem künstlichem Sprühregen begossen. Für westliche Vorstellungen erfolgte das Anstellen und Warten – Queuing, wie die Briten sagen – sensationell und nahezu unfassbar diszipliniert. Ich mochte mir diese Situationen unter jenen vorherrschenden klimatischen Bedingungen nicht auf Österreich und unsere Mentalität der Ungeduld übertragen vorstellen. Was aber viele Chinesen störte, und das konnte auch ich deutlich beim Gespräch mit des Englischen kundigen Gästen erkennen, war der Eintrittspreis von 16 Euro/Tag. Es darf nicht vergessen werden, dass die EXPO 2010 in Shanghai trotz aller Internationalität in erster Linie an die eigene Bevölkerung gerichtet war. Von schlussendlich 73 Mio. Besucherinnen und Besuchern, was einen Rekord in der Geschichte der Weltausstellung bedeutet, kamen 69,5 Mio. aus China. Wer also von 242 Ausstellungsobjekten – an der EXPO 2010 in Shanghai nahmen 192 Länder und 50 internationale Organisationen teil – wenigstens einen Bruchteil sehen wollte, musste einige Male das Gelände besuchen und dabei jedes Mal 16 Euro bezahlen. Hatte ein chinesischer Stadtbewohner die Absicht, an fünf Tagen insgesamt 20 Pavillons anzusehen – was eine fast schon zu optimistische Schätzung ist –, so hätte er für diesen Kulturgenuss rund 27 % des durchschnittlichen Monatslohns aufbringen müssen. Umgelegt hieße dies, dass ein Österreicher bereit sein müsste, für fünf Tageseintrittskarten 487 Euro auszugeben. In weiterer Folge hörte man aber davon, dass die politisch Verantwortlichen auch dazu übergingen, insbesondere an Schulen, Universitäten und bei Unternehmen Freikarten zu verschenken. »Gekostet hat die EXPO China ca. 39 Milliarden Yuan und hatte laut Shanghai Nachrichten ca. 80 Milliarden Yuan Einnahmen.« [59]

Auch die Führung auf das Oasen-Dach des saudischen Pavillons durch einen traditionell gekleideten Mitarbeiter blieb aufgrund der strengen Sicherheitsbestimmungen leider nur ausgewählten Gästen vorbehalten. Der Blick in der Abenddämmerung über das EXPO-Gelände in Richtung der Skyline von Shanghai war traumhaft schön und die Perspektiven waren optimal, um hochwertige Fotos zu machen. Da die Sonne ihren Dienst vollendet hatte, konnten wir das nunmehr toll beleuchtete Areal bei Nacht erleben. Die Temperatur lag immer noch bei 30 Grad Celsius, aber nach diesem Tag, den wir gefühlsmäßig in einem Glutofen verbracht hatten, erschien uns das beinahe wie eine Abkühlung. Zu allerletzt war es uns noch ein Anliegen, diese so beeindruckenden Stunden, die wir bei der EXPO 2010 verbracht hatten, durch den Kauf von Erinnerungsgegenständen im Shop festzuhalten. Ich erwarb eine Miniaturskulptur der »Krone des Orients« und einen Schlüsselanhänger mit dem offiziellen Maskottchen Haibao. Haibao setzt sich aus hǎi (Meer) und bǎo (Schatz) zusammen und bedeutet folglich »Schatz des Meeres«. Die Silbe hǎi verkörpert aber

---

59 http://www.weltausstellung-shanghai.de

auch einen unverzichtbaren Teil des Wortes Shanghai. Das Maskottchen war eine Symbolisierung des chinesischen Schriftzeichens rén (Mensch), das als freundlich lächelndes und winkendes Männchen animiert wurde.

Auf der Weltausstellung in Shanghai Gäste gewesen sein zu dürfen, war ein ganz besonderes Erlebnis mit unvergesslichen Impressionen. Wir hatten interessante Menschen getroffen und faszinierende Darbietungen genossen. Dafür waren wir zutiefst dankbar. Aber nach einem langen Tag bei fast unmenschlicher Hitze und mit wenig Pausen waren wir außerordentlich müde. Tigerbalsam zum Einreiben der Schläfen, Handgelenke und Füße wäre jetzt gut – dachte ich mir. Aber leider hatten wir keinen dabei.

Von Tigerbalsam, Tiger- parks und Tigerfrauen

Jeder von uns beklagt manchmal Kopfschmerzen, leidet unter Erkältungen, hat mit Muskelbeschwerden zu kämpfen oder wird von Juckreiz durch Insektenstiche geplagt. In solchen Fällen greifen die Menschen weltweit gerne zu Tinkturen, Ölen und Salben nach oft bereits jahrhundertealten Rezepten. Seien es der Franzbranntwein, ätherische Öle – oder der Tigerbalsam. Letzterer ist auch in Deutschland und Österreich sehr bekannt, überaus populär und vielen Reisenden ein lieb gewordenes, praktisches, handliches und wirksames Mittel bei unterschiedlichen Beschwerden.

Erfunden wurde der hǔbiao wànjīnyóu, wie er im Chinesischen heißt, in den 1870er Jahren von Aw Chu Kin (Pinyin: Hú Zǐqīn), einem chinesisch-burmesischen Kräuterfachmann und Praktiker der Traditionell Chinesischen Medizin. Aufgrund von wirtschaftlicher Not wanderte Aw von China nach Singapur und später nach Malaysia aus, um schließlich in Rangun (vormals Burma, heute Myanmar) eine Apotheke zu gründen. Dort verabreichte er Kunden die von ihm entwickelte Salbe zur Schmerzlinderung. Nach seinem Tod 1908 führten seine beiden Söhne Aw Boon Haw und Aw Boon Par das Werk ihres Vaters fort und begannen in Singapur mit der industriellen Herstellung der Salbe. Der Name »Tigerbalsam« für das rein pflanzliche, aus Cajeput, Gewürznelke, Kampfer, Menthol und Pfefferminze bestehende Produkt rührt also keineswegs davon her, dass Tigeraugen, -krallen, oder deren Galle zur Verarbeitung kommen, sondern weil Aw Boons Vorname Haw übersetzt »Tiger« bedeutet. Eine Marke war geboren.

Da ich leider sehr wetterfühlig bin und insbesondere bei raschen Temperaturschwankungen, aber auch bei enormer Hitze oft unter Kopfschmerzen leide, verwende ich seit vielen Jahren die natürliche, kühlende Salbe Tigerbalsam, was mich in die angenehme Lage versetzt, weitgehend auf Schmerztabletten verzichten zu können. Was lag also näher als bei einer beginnenden Migräne in der Provinz Zhejiang nach diesem alten chinesischen »Wundermittel« zu fragen. In der Nähe eines Einkaufszentrums sah ich einen jungen Mann, sprach ihn an und stellte zu meiner Freude fest, dass er gut Englisch sprach. Ich fragte ihn, ob er wisse, wo ich Tigerbalsam kaufen könne: »Excuse me, do you know where I can buy Tiger Balm?«[60] Er schaute mich mit weit aufgerissenen Augen entsetzt an und erwiderte mit einem langgezogenen Nein: »Nooo, it's illegal!«[61] Ich entgegnete auf Englisch, dass er sich irre und das nicht sein könne, zumal ich das schon oft gekauft hätte. Er blieb dabei und tat meine Einwände damit ab, dass ich in diesen Fällen die Ware verbotener-

---

60 »Entschuldigung, wissen Sie, wo ich Tigerbalsam kaufen kann?«
61 »Nein, das ist illegal!«

weise erstanden hätte. Die Angelegenheit begann seltsam zu werden. Wie konnte Tigerbalsam illegal sein, wenn man diesen – nicht gerade günstig wohlgemerkt – in jeder österreichischen Apotheke erwerben konnte? Da der junge Mann sehr freundlich war und blieb, setzte ich das Gespräch fort und versuchte, Näheres in Erfahrung zu bringen. Vielleicht war es einfach so, dass die englische Bezeichnung Tiger Balm überhaupt nicht mit dem chinesischen Begriff hiefür korrespondierte. Leider hatte ich damals keine Ahnung, dass die Anti-Schmerz-Salbe hǔbiao wànjīnyóu heißt, aber vermutlich hätte mir dieses Wissen angesichts meiner sicher verheerend falschen Aussprache auch nichts genützt. Ich bohrte daher nach: »In English it's balm. How do you say in Chinese?«[62] Jetzt wich sein anfängliches Entsetzen einem Lachkrampf. Er hatte irrtümlich anstatt »tiger balm« »tiger balls« – also Tigerhoden – verstanden und daher umgehend auf die Unmöglichkeit meines Anliegens verwiesen. Ich beruhigte ihn erheitert, dass ich nicht beabsichtigte, nach Weichteilen bedrohter Tierarten zu verlangen – auch nicht bei größten Kopfschmerzen. Er zeigte mir den Weg zu einer Drogerie, ich fand mühelos den Balsam in einem der Regale und erfreute mich an der kühlenden Wirkung des Produkts. Die kleine Dose, wenn auch schon leer, habe ich heute noch. Sie erinnert mich einerseits an die lange Geschichte des Naturheilmittels und andererseits an die hohe Bedeutung, die der Tiger in China genießt.

---

62 »Auf Englisch heißt es Balsam. Wie sagen Sie auf Chinesisch dazu?«

In Harbin, am nördlichen Flussufer des Songhua, ist ein Sibirischer Tigerpark gelegen, der 1986 mit acht Tieren begonnen hat und heute das weltweit größte Reservat für die auch mandschurische oder Amurtiger genannten Großkatzen bildet. Es handelt sich beim Dōngběihǔ línyuán, so der Name in Pinyin, um eine Aufzuchtstation von sibirischen Tigern, von denen es in freier Wildbahn weniger als 500 Exemplare gibt und die von der International Union for Conservation of Nature and Natural Resources (IUCN) als stark gefährdet eingestuft werden. Davon leben schätzungsweise zwölf in Heilongjiang und acht bis zehn in der Nachbarprovinz Jilin. German.china.org.cn berichtete Ende 2012 von 91 Geburten in diesem Jahr und einer Gesamtpopulation von 1.076 Amurtigern im Harbiner Park, der eine Fläche von 1.440 Quadratkilometer aufweist und 1996 für die Öffentlichkeit zugänglich gemacht worden war. Ich durfte – oder besser: musste – die Anlage dreimal besuchen. Beim ersten Mal war meine Freude noch echt, als der Besuch des Sibirian Tiger Parks auf der Agenda einer Dienstreise mit spärlichem Freizeitprogramm stand. Wir fuhren wie üblich in Begleitung eines Mitarbeiters des Außenamtes mit einem Kleinbus zum Besuchsziel, das nahe der Sonneninsel gelegen ist. Dort angekommen, gesellten wir uns zu einer bereits wartenden Menge, und ich konnte, als ein an den Fenstern vergitterter Tourbus vorfuhr, erleben, dass sich Chinesen keineswegs immer diszipliniert und selbstlos anstellen. Jeder wollte ehestmöglich in das Fahrzeuginnere gelangen, um einen Sitzplatz, möglichst am Fenster, zu ergattern. Daher war eine erhebliche Drängelei an der Autotür die Folge. Schlussendlich schafften es doch noch alle rechtzeitig in den Bus, und die zuvor so heftig umkämpften Sitzplätze waren in kürzester Zeit Makulatur, weil sich ein Großteil der Fahrgäste hektisch am Gang zwischen den Reihen hin und her bewegte, um einmal links und einmal rechts hinauszuschauen bzw. um mit der Kamera zwischen den Gitterstäben unterschiedliche Perspektiven einzufangen. Nachdem ein elektronisches Doppeltor aufgegangen war, befuhren wir eine karge Landschaft mit geringem Bewuchs. Schon nach kurzer Zeit sahen wir die ersten Amurtiger, zuerst von der Ferne und dann ganz nah an unser Fahrzeug herankommen. In der Tat gelang es uns, tolle Fotos von diesen wunderschönen, stolz anmutenden Tieren zu machen. Der Bus drehte durch verschiedene Sektoren, die immer wieder von mehreren Meter hohen, elektronisch gesicherten Gitterzäunen getrennt waren, seine Runden, sodass wir auch in einen Abschnitt kamen, in dem Löwen lebten. Die Raubtiere beobachteten uns Eindringlinge kaum, sondern genossen den Schatten unter Bäumen und Sträuchern.

Zurück in einem Areal von mandschurischen Tigern, hielt unser Bus. Aus der Ferne sahen wir einen Pritschenwagen (LKW mit offener Ladefläche) kommen, der unweit vor uns anhielt. Dies genügte, dass sich in wenigen Sekunden ganze Rudel von Großkatzen um den Transporter scharten. Sie wussten, es war Zeit zur Fütterung. Nun begann ein für westliche Augen grausiges Schauspiel. Die im Lastfahrzeug sitzenden Zoomitarbeiter bedienten eine elektronische Steuerung und brachten die

Ladefläche zum Kippen, auf der nunmehr eine junge Ziege sichtbar wurde, die krampfhaft und verzweifelt versuchte, auf dem immer steiler werdenden Untergrund Halt zu finden. Schlussendlich musste das Kitz diesen aussichtslosen Kampf verlieren, prallte aus ca. zwei Metern Höhe auf den Erdboden und blieb benommen liegen. Noch ehe es begriff, was eigentlich vor sich ging, wurde das Jungtier von mehreren Tigern angefallen. Leider war es kein schneller Tod, den wir mitansehen mussten. Als wir uns im Bus umschauten, erkannten meine Kollegen und ich aber, dass diese Zeremonie nur bei uns ein Unbehagen ausgelöst hatte. Alle inländischen Gäste – vom rund vierjährigen Mädchen mit Pippi-Langstrumpf-Frisur bis zu einem Greis mit faltigem Gesicht – waren offenbar restlos begeistert. Der Führer Lonely Planet gibt aus diesem Grund eine »Reisewarnung« aus: »Im Park für Sibirische Tiger haben die Besucher Gelegenheit, eines der seltensten Tiere (und die größte Raubkatze) der Welt ganz aus der Nähe zu sehen. Ehrlich gesagt, bietet das städtische Zuchtgehege keinen sehr erbaulichen Anblick: dort werden nämlich Besucher, die wie bei einer Safari in Bussen durch den Park gefahren werden, dazu animiert, lebende (!) Hühner (60 Yuan), Enten und sogar Kühe (2.800 Yuan) zu kaufen und den Tigern zum Fraß vorzuwerfen. Zart besaiteten Besuchern sei davon abgeraten, der Fütterung im Rahmen einer solchen Tour beizuwohnen – für manche ist es gruselig mitanzusehen, wie Einheimische in Jubelschreie ausbrechen, während die gut versorgten Tiger gleichgültig ihre Beute zerfleischen.«[63] Sollten Gäste vor dem Eintritt in den Park Schönbrunn-artige Vorstellungen und Erwartungen gehabt haben, so wurden diese Illusionen spätestens bei der Live-Fütterung zerstört. Für jene, denen die Lust nicht gänzlich vergangen ist, besteht nach der Rundfahrt noch die Möglichkeit eines Rundganges zwischen den Gehegen, in denen Löwen und Tiger, aber auch sehr schöne Liger (d. s. fortpflanzungsunfähige Hybride aus einem männlichen Löwen und einem weiblichen Tiger aufgrund von künstlichen Kreuzungen, die in der freien Wildbahn nicht vorkommen) an ihrem Umfeld vollkommen desinteressiert, zumeist liegen und friedlich schlafen. Wer sein heuchlerisches Weltbild – zwar gerne Rindschnitzel, Hühnerkeulen oder auch Peking-Ente zu verzehren, aber nicht wissen zu wollen, wie diese zu Tode gekommen sind und daher auch nicht mitansehen zu können, wenn Tiger lebende Beute massakrieren – wieder zurechtrücken will, kann im Shop des Tierparks herzige Plüschtiger mit Kulleraugen oder auch Kappen mit Comicraubtieraufdruck kaufen oder neben Kunststofftigerstatuen für Fotos posieren. Es verhält sich beim Siberian Tiger Park jedenfalls so wie beim Museum über japanische Kriegsverbrechen. Das offizielle Harbin ist auf beide Einrichtungen sehr stolz, und egal wie oft man die Stadt dienstlich besucht, immer wieder droht die »Gefahr«, beim Durchlesen der Tagesabläufe und -programme erkennen zu müssen, dass die beiden Destinationen erneut angesteuert werden sollen.

---

63 Lonely Planet. China. Ostfildern 2013, S. 357f

Der Tiger (hǔ), drittes Zeichen im chinesischen Tierkreis, steht für Mut und Tapferkeit, aber auch für Zielstrebigkeit, Führungsqualität und Organisationstalent. Er wird aber auch als Schutzvieh empfunden, und so bekommen schon Babys häufig von ihren Großeltern solche oft selbst genähten Stofftiere als Glücksbringer geschenkt. Seit der Han-Dynastie (206 v. Chr.–220 n. Chr.) verehren die Menschen den Tiger – nicht den Löwen – als »König der Tiere«. Jene mit weißem Fell, von denen sie annahmen, dass sie mehr als 500 Jahre alt werden, symbolisieren den Westen Chinas und die Jahreszeit Herbst. 1914, 1926, 1938, 1950, 1962, 1974, 1986, 1998 und 2010 waren im chinesischen Sternzeichen Jahre des Tigers. 2022 ist es wieder so weit. Tigergeborene gelten als eigenwillige Führungspersönlichkeiten, und die aufstrebenden sowie sich rasch entwickelnden Staaten (Südost-)Asiens – China, Indien, Singapur, aber auch mittlerweile Indonesien und Vietnam – werden Tigerstaaten genannt. Dabei wird manchmal in der Literatur zwischen »alten« und »neuen« Tigerstaaten unterschieden.[64] Der Tiger ist in China neben dem Drachen das wichtigste Tiersymbol, und so findet man ihn als Türklopfer, auf Porzellangeschirr, Bildern und nicht zuletzt als historisch-kulturelle Artefakte. Um der Stadt Wiener Neustadt ihre Dankbarkeit, Freundschaft und Wertschätzung auszudrücken, schenkte die Stadtregierung von Harbin ihrer Schwesterkommune einen mehrere Meter langen, handgeknüpften, auf einem

---

64 Lesenswert: Pilny, Karl: Tiger auf dem Sprung. Politik, Macht und Märkte in Südostasien. Frankfurt/Main 2008

Gestänge befestigten Wandteppich, auf dem acht Tiger dargestellt sind. Nach einer wochenlangen Reise traf das symbolträchtige Präsent unversehrt ein und ziert seitdem eine Wand des Stadtsenatssitzungssaals des Alten Rathauses. Wiener Neustadt hatte zur Eröffnung des Partnerschaftsmuseums kostenlos einige Dauerleihgaben, wie Bilder, Skulpturen, Modelle von Sehenswürdigkeiten oder eine Uniform des uniformierten privilegierten Bürgerkorps übermittelt.

Der Duden kennt »Tigermutter« nicht nur als »Tigerin, die Junge aufzieht«, sondern auch als »sehr streng auf die Ausbildung ihres Kindes achtende, es im Hinblick auf eine spätere Karriere zum ständigen Lernen und Üben anhaltende Mutter«.[65] Der Begriff Tigermutter, der sich auch immer mehr im Deutschen durchsetzt, stammt aus Asien. Ebenso wie es Tigermütter gibt, gibt es Tigerfrauen – gut ausgebildet, beruflich erfolgreich, in Führungspositionen tätig. Ich habe bei einer meiner Reisen nach Nordostchina eine Dame kennengelernt, auf die die Gesamtpalette an Attributen der Tigerfrau – Zielstrebigkeit, Erfolgsorientierung, Verhandlungshärte, Kaltschnäuzigkeit – uneingeschränkt zugetroffen hat. Bei der Visite des öffentlichen Unternehmens, in dem sie als Geschäftsführerin fungierte, und beim anschließenden von ihr gegebenen Mittagessen wurden diese Zuschreibungen noch nicht so sichtbar wie bei ihrem Gegenbesuch in Österreich. Obwohl sie selbst berufliches Interesse am Vertrieb

---

65 http://www.duden.de/rechtschreibung/Tigermutter

von burgenländischen Weinen gezeigt hatte, war ihr plötzlich der Besuch eines Outlet-Centers, von dem sie gehört hatte, wichtiger, und sie forderte vehement die Umplanung des organisierten Programms, um einkaufen zu können. Bei einem ihr und mitreisenden Chinesen zu Ehren gegebenen Abendessen in einem Asia-Restaurant in Wien äußerte sie plötzlich den Wunsch, traditionelle Wiener Kaffeehäuser zu besichtigen und löste damit ein heilloses Durcheinander aus, da sie der österreichische Cafétier und auch der Dolmetscher begleiten mussten, während sich die verbliebenen österreichischen und chinesischen Dinnerteilnehmer nur deshalb verständigen konnten, weil der Wirt als Übersetzer einsprang. Auf dem Weg zu den Alt-Wiener Kaffeehäusern gähnte die Dame demonstrativ und schlief im Wagen ein oder tat zumindest so, worauf die Besuchstour abgebrochen wurde, noch bevor sie begonnen hatte. Ich kann mir, trotz einer gewissen Chinaerfahrung, nicht im Entferntesten ein Bild davon machen, was passieren würde, wenn ein offiziell eingeladener Westeuropäer im Reich der Mitte derartige Verhaltensweisen an den Tag legte. Ich gebe zu, dass dies meine Vorstellungskraft übersteigt.

Aber das Leben ist nicht nur schwarz oder weiß. Der besagte Cafétier, der nach den Eskapaden der Tigerfrau verständlicherweise nur wenig Lust verspürte, mit ihr Geschäfte zu machen, hatte im Vorfeld ihres Kommens mehrere Gespräche mit anderen, männlichen chinesischen Unternehmern geführt. Alle diese Gespräche waren freundlich und von Respekt getragen verlaufen – jedoch erfolglos.

»Ich weiß, sie ist fast wie eine Diktatorin«, sagte ein gemeinsamer chinesischer Freund, den die Dame mit ihren Auftritten fast selbst in den Wahnsinn getrieben hatte, zum Kaffeefachmann und mir, »aber sie kennt viele einflussreiche Leute und hat Erfolg«. »Mach Geschäfte mit ihr. Du kannst ihr vertrauen!«

Vertrauen, Respekt, guānxì und echte Freundschaften

Viele Westler, die in China Geschäfte machen wollen oder müssen, sind aufgrund der enormen Mentalitäts- und Kulturunterschiede häufig vollkommen ratlos, völlig irritiert, irrsinnig verunsichert oder auch fälschlicherweise euphorisch bzw. unnötig pessimistisch. Wie kommt es, dass wir uns im Umgang mit Chinesen sowie der Einordnung ihrer Verhaltensweisen oft so schwer tun und uns immer wieder heillos überfordert fühlen? Obwohl es mittlerweile unzählige gute wie weniger gute Ratgeber in Buchform[66] und Seminarangebote über »Business in China« gibt, kann das »Learning by doing« – das Erfahrungsammeln – im Land des Lächelns durch nichts ersetzt werden. Dabei gilt es, bereit zu sein, durch besondere Aufmerksamkeit ein Gefühl für das Land und seine Menschen zu entwickeln, ohne plump chinesische Verhaltensweisen kopieren zu wollen.

Eine der »Urängste« von Geschäftsleuten ist, den

---

66 Empfehlenswert: Vermeer, Manuel: China.de. Erfolgreich verhandeln mit chinesischen Geschäftspartnern. Wiesbaden 2007. Schneider, Gerd; Comberg, Jufang: Geschäftskultur kompakt. China. Meerbusch 2014

Verhandlungspartner vom letzten Mal beim Eintreffen der Abordnung zu weiteren Gesprächen nicht wiederzuerkennen. »Die sehen ja alle gleich aus«, heißt es landläufig in unseren Breitengraden. Und in der Tat gibt es Faktoren, die es uns erschweren, Asiaten zu unterscheiden, vor allem Männer. Es gibt de facto nur eine Haarfarbe, nämlich schwarz, und kaum Bartträger. Auch die Größen- und Gewichtsunterschiede halten sich optisch in Grenzen, und ihre Augenformen wirken für uns immer gleich. Aber natürlich ist bei genauerer Betrachtung schnell ersichtlich, dass jeder Chinese, ebenso wie jeder Portugiese oder jeder Österreicher, ein ganz individuelles Äußeres hat. Unsere Wiedererkennungsschwierigkeiten liegen daran, das ist wissenschaftlich erforscht, dass Menschen im Umgang mit anderen Ethnien dazu neigen, sich auf jene Merkmale zu konzentrieren, die in starkem Widerspruch zur eigenen Ethnie stehen. Diese Theorie nennt sich Other Race Bias oder auch Cross Race Effect. Das Verhalten, sich besonders auf fremde Merkmale – wie Augenform, Haut- und Haarfarbe – zu konzentrieren, hat logischerweise zur Folge, dass Menschen anderer Ethnien für uns uniform wirken.[67] Wer da-

---

67 Vgl. Gehrke, Jürgen: »Die sehen ja alle gleich aus!«: Einflussfaktoren der unterschiedlichen Wiedererkennensleistung von Gesichtern der eigenen Ethnie und Gesichtern anderer Ethnien (Cross-Race Bias). Inaugural-Dissertation zur Erlangung des Doktorgrades der Philosophie des Fachbereichs Psychologie der Justus-Liebig-Universität Gießen. 2005. http://geb.uni-giessen.de/geb/volltexte/2005/2274/pdf/ GehrkeJuergen-2005-05-24.pdf

her sein Gegenüber vom letzten Meeting wiedererkennen möchte, sollte nicht nach 1,75 Meter großen, brillenlosen Männern mit glattem schwarzem Haar und ohne Bart Ausschau halten, sondern versuchen, sich zu erinnern, welche Gesichts-, Nasen- oder Mundform der Gesprächspartner hatte. Es lohnt sich auch, die Hautfarbe zu beachten. Denn so wie wir unrichtigerweise den Chinesen alle gleich blass vorkommen, stimmt es auch nicht, dass diese alle über dieselbe Hautfarbe verfügen würden. Im Übrigen: Vergleichen Sie den Teint der eigenen Haut mit jenem von chinesischen Bekannten und Freunden. Sie werden sehen, wie wenig Unterschied zuweilen erkennbar ist und dass von Gelb überhaupt keine Rede sein kann.

Ich habe mich schon als junger Mensch vehement gegen Pauschalurteile und Generalisierungen – wie alle Eisenbahner gehen in Frühpension, alle Lehrer sitzen nur die Zeit bis zu den Ferien ab, alle Ärzte wollen eigentlich nur abzocken – gewehrt, weil sie niemals dem Menschen als Individuum gerecht werden können und dazu dienen, ganze Bevölkerungsgruppen gegeneinander aufzuwiegeln. Später, als Bürgermeister, habe ich nicht hingenommen, wenn Politiker in Rundumschlägen taxfrei als ehrlos oder korrupt bezeichnet wurden. Verschärfend entwickeln sich abschätzige Verallgemeinerungen, wenn diese mit Nationalismen gepaart werden. In diesem Sinne haben Länder wie Italien (»Alle Italiener sind faul und streiken dauernd.«), Polen (»Die stehlen ja alle.«) oder Griechenland (»Dort zahlt niemand Steuern.«) mit hartnäckigen Vorurteilen zu kämpfen. Am Beispiel Finnlands wurde bereits dargelegt, dass das Klischee, wonach ihre Bürger extrem dem Alkohol zugeneigt wären, statistisch nicht haltbar ist. Ob seitens der Statistik Austria schon erhoben wurde, wie viele Österreicher ausschließlich Tracht tragen, sich auf Lipizzanern fortbewegen und sich lediglich von Wiener Schnitzel, Mozartkugeln und Melange ernähren, kann ich nicht beurteilen – aber ich kenne keinen Landsmann und keine Landsfrau, die dies tut.

Wer sich in Frankreich aufhält, wird feststellen, dass das Klischee, wonach Franzosen nicht bereit sind, Englisch zu sprechen, sofern sie es können, nicht der Wahrheit entspricht. Ein freundliches »Bonjour« und einige Gesten des Bemühens um die Landessprache, und schon sind viele Einheimische auch abseits touristischer Routen gerne bereit, weiterzuhelfen – und sei es buchstäblich mit Händen und Füßen. So verhält es sich auch in Österreich, in China und im Rest der Welt. Der Grund hiefür ist ein einfacher. Es geht darum, eine Ebene des Vertrauens zu schaffen, auf der man sich sodann respektvoll begegnet. Kein Chinese, weder eine Reisbäuerin, ein Straßenhändler noch eine Beamtin oder ein Kommunalpolitiker werden von einem ausländischen Gast verlangen, dass dieser die landesspezifischen Bräuche und Kulturen kennt oder gar verinnerlicht hat. Was sie aber erwarten dürfen ist, dass sich Fremde für das Land, das sie bereisen, interessieren, vor den Menschen, die dort leben, Achtung haben und deren Gepflogenheiten Respekt entgegenbringen. Eigentlich sollte es eine Selbstverständlichkeit sein, was Konfuzius sagt: »Begegne den Menschen mit der gleichen Höflichkeit, mit der du einen teuren Gast empfängst. Behandle sie mit der gleichen Achtung, mit der das große Opfer dargebracht wird. Was du selbst nicht wünschst, das tue auch anderen nicht an. Dann wird es keinen Zorn gegen dich geben – weder im Staat noch in deiner Familie.«[68]

Wenn Chinesen ihr Verhalten auf »Geschäftsmodus« umgestellt haben, dann fragen sie nahezu jede und jeden, denen sie begegnen, nach Visitenkarten. Sei es auf Messen, an Universitäten, in Restaurants oder auf Flughäfen. Selbstverständlich ist das Ritual des Austausches der Karten zwischen Personen, die sich bei Empfängen oder Festbanketts das erste Mal treffen, unverzichtbar. Indem man, den Oberkörper leicht nach vorne geneigt, mit beiden Händen die Visitenkarten entgegennimmt und auch übergibt, kann man dem Gegenüber sehr einfach Höflichkeit demonstrieren, sei es in einem feierlich mit Blumenarrangements geschmückten Ballsaal oder bei einer Garküche auf der Straße. Und wenn man jetzt noch einige Sekunden mit den Blicken auf der soeben erhaltenen Karte verharrt, zeigt man Interesse und hat alles richtig gemacht. Während es in vielen Kulturkreisen kein Problem darstellt, business cards mit einer Hand entgegenzunehmen und sofort in die Geldbörse, Hand- oder Sakkotasche zu stecken, gilt dies in China als unhöflich, weil desinteressiert. Besonders können Gäste damit punkten, wenn sie vor Antritt ihrer Reise chinesische Visitenkarten in Auftrag geben. In Nordostchina hat eine lokale Politikerin einmal zu mir gesagt, dass ich der

---

68 Moritz, Ralf (Übersetzer): Konfuzius: Gespräche (Lun-Yu). Ditzingen bei Stuttgart 1998.

erste westliche Politiker sei, von dem sie eine chinesische Visitenkarte erhalten habe. Allerdings sollten diese professionell übersetzt sein, um zu vermeiden, dass die Angelegenheit nach hinten losgeht und sich der, der sie entgegennimmt, »schieflacht«, weil es sich um haarsträubenden Unsinn in elegant wirkenden Schriftzeichen handelt. Ähnliche Szenen kann man beobachten, wenn Touristen aus dem Reich der Mitte auf westlichen Oberarmen, Nacken, Rücken oder Dekolletés Tattoos erkennen, die, entgegen dem Dafürhalten der tätowierten Europäer, keine konfuzianischen Weisheiten, sondern wirres Zeug darstellen, das eher einer Speisekarte zuzuordnen ist. Einer solchen amüsanten Begebenheit durfte ich im Herbst 2014 in Rust am See im österreichischen Burgenland beiwohnen.

Respektbezeugungen können sehr einfach sein, sofern man gewisse Landesbräuche kennt. Überbringt man in China Gastgeschenke, weil man eingeladen ist, so kommt es überaus gut an, wenn diese in den Nationalfarben Rot und Gold eingepackt sind. Zum Beispiel rotes Geschenkspapier, goldene (gelbe) Bänder. Wundern Sie sich aber nicht, dass die Gastgeber die Geschenke verschlossen lassen und erst auspacken, wenn Sie gegangen sind. Lediglich Politiker bzw. Diplomaten öffnen manchmal sofort die Präsente, um zu zeigen, dass sie um die westlichen Sitten Bescheid wissen und dadurch dem Schenkenden Respekt erweisen.

Verpackungen haben einen besonderen Stellenwert und gelten als Teil des Geschenks. Davon kann jeder ein Lied singen, der herrlichen Tee oder ansprechende Feuerschalen in wunderschönen, edel wirkenden, aber riesigen, sperrigen Kartons geschenkt bekommt und diese heimlich vor der Abreise im Hotel entsorgen muss, weil sie keinesfalls im Koffer Platz hätten und wieder Schwierigkeiten oder Zusatzkosten am Flughafen verursachen würden. Während sich bei uns jede gastgebende Frau über Blumen freut, ist diese Geste in China vollkommen unpassend, zumal Florales nur anlässlich von Todesfällen verschenkt wird. Auch davor, als Präsent eine Uhr zu überbringen, und sei sie noch so schön oder sogar persönlich gewidmet, muss dringend abgeraten werden. Nichtsahnend habe ich einmal einer Politikerin bei einem offiziellen Termin eine Wanduhr mit dem Wappen der Stadt Wiener Neustadt übergeben. In China jemandem eine Uhr zu schenken, bedeutet für den Beschenkten die bedrohliche Botschaft, dass seine Zeit abgelaufen und das Ende nahe sei. Aber auch hier gilt: Die Amtsträgerin merkte und spürte, dass wir keine Ahnung hatten, welche Bedeutung dieser Geste innewohnte. Sie nahm das Geschenk an, blieb gelassen und ließ übersetzen, dass sie es zu Hause in der Küche aufhängen und somit immer an uns denken werde.

Schon seit dem Mittelalter gibt es das Sprichwort »Wie man in den Wald hineinruft, so schallt es heraus.« Die Briten sagen: »What goes around, comes around.« Das gilt auch in China. In all den Jahren war ich immer bemüht, meine beruflichen Delegationen, bestehend aus Männern und Frauen der Wirtschaft, Wissenschaft, Kultur und Politik, mit all ihren unterschiedlichen Anliegen, Wesenszügen und Charaktereigenschaften zusammenzuhalten und dafür Sorge zu tragen, dass wir am Ende der

Reise nach Möglichkeit auf Erfolge zurückblicken konnten, aber auch keinen Grund hatten, uns zu genieren. In diesem Sinne war es mir immer wichtig, den Anordnungen und Bitten der Mitarbeiterinnen und Mitarbeiter der Außenämter Folge zu leisten, sofern diese nicht von vorneherein völlig unerfüllbar waren – was auch vorkommen kann. Wurde uns gesagt, wir sollen uns um acht Uhr morgens in der Hotellobby zur Abfahrt zum ersten Termin bereithalten, so waren wir vollzählig und pünktlich anwesend. Eröffnete man uns, beim Abendessen sei formale Garderobe erforderlich, so erschienen wir elegant gekleidet. Warum erwähne ich etwas, das doch selbstverständlich sein sollte? Ich habe sowohl im Norden wie im Osten und im Süden Delegationen erlebt, die bei den Angestellten der Foreign Affairs Offices gefürchtet waren, weil sie sich weigerten, angemessene Kleidung zu tragen, angetrunken oder gar nicht zum Treffpunkt erschienen, an Orten rauchten, wo strenges Verbot herrschte, oder sich bei geschlossenen Veranstaltungen ungebührlich hineindrängen wollten. Einfache Außenamtsmitarbeiter ohne höhere Stellung und erst recht Praktikanten sind die schwächsten Glieder in der Kette. In China, wo so vieles über Hierarchie definiert wird, fällt nahezu jedes Fehlverhalten von ausländischen Delegationsmitgliedern auf deren örtliche Betreuerinnen und Betreuer zurück.

In einer Spanne von knapp zehn Jahren musste ich ein einziges Mal erleben, dass sich Personen aus meinem unmittelbaren Verantwortungsbereich unstatthaft, ja inakzeptabel benahmen. Sie stellten demonstratives Desinteresse am Arbeits- und

Besuchsprogramm zur Schau und weigerten sich, an gewissen Terminen teilzunehmen, zumal ihnen mittlerweile in einer anderen Stadt vereinbarte Meetings wichtiger erschienen als der ursprüngliche Grund der Dienstreise. Mir war dieses Verhalten nicht entgangen, und ich beobachtete es mit wachsender Sorge. Zu schlechter Letzt drohte noch die Gefahr, dass die vorübergehend Abgereisten durch Wetterkapriolen am Rückflug gehindert und so den mit Abstand wichtigsten Geschäftstermin der gesamten Reise versäumen würden. In dieser Phase der Unsicherheit läutete in meinem Hotelzimmer das Telefon. Am Apparat war eine Volontärin des Außenamtes, die ich schon von einigen Besuchen in China kannte. Sie fragte, ob ich Zeit für ein Gespräch hätte und sie mich im Zimmer besuchen dürfe. Obwohl mir die Bitte bereits am Telefon ungewöhnlich erschien, entsprach sie doch keineswegs dem herkömmlichen chinesischen Verhaltenscodex, sagte ich zu. Schon kurz darauf klopfte es an der Tür, und ich bat die Volontärin herein. Nachdem wir Platz genommen hatten, lotete sie offensichtlich die Situation und meine Stimmung aus, indem sie sich von mir zuerst versichern ließ, dass wir uns lange kannten und doch alte Freunde seien, was ich bejahte. Danach kam sie rasch zum Kern ihres Anliegens und äußerte ganz offen, dass sie und weitere Kollegen unter dem Verhalten meiner Mitreisenden leiden würden. Sie seien enorm besorgt, dass deren Handlungen von Seiten ihres Chefs nicht als persönliche Ungebührlichkeit der Gäste, sondern als Ergebnis mangelnder Betreuung durch das Auswärtige Amt gewertet und daher ihnen angelastet werden würde.

Sie bat mich eindringlich, auf meine Delegationsmitglieder einzuwirken, dass diese rechtzeitig zum besagten Besprechungstermin retour sein mögen.

Dies tat ich dann auch. Mittlerweile hatten diese allerdings selbst gemerkt, dass ihr Benehmen unangebracht war, und sie entschuldigten sich. Das Wetterglück begünstigte ihre pünktliche Rückkehr, und der Termin fand wie vorgesehen kompetent, reibungslos und ohne Verzögerung statt. Viel interessanter ist aber die Tatsache, wie weit sich eine nicht einmal fix angestellte Mitarbeiterin eines Außenamtes bei einem auf Dienstbesuch weilenden ausländischen Bürgermeister vorwagte. Sie hatte sich diesen Schritt vermutlich vorher zehnmal durch den Kopf gehen lassen. Denn grundsätzlich war es ein riskantes Unterfangen. Hätte ich mich beim Direktor des Auswärtigen Amtes beschwert, dass ich es eine Frechheit fände, in meinem Zimmer belästigt zu werden und mir Kritik an Mitgliedern meiner Delegation anhören zu müssen, wäre vermutlich die »Hölle« los gewesen und ein mittlerer Skandal mit sicherlich dienstrechtlichen Folgen für die Überbringerin der Botschaft oder auch für mehrere Personen des Amtes wäre entstanden. Aber die Volontärin schätzte die Lage und mich richtig ein und war sich sicher, dass ich so etwas niemals tun würde und sie daher ihre Sorgen artikulieren dürfe. Sie hatte Vertrauen.

Ebensolches bewies auch ein junger Student, den ich in der Bar eines Hotels kennengelernt hatte und über mehrere Abende immer wieder sah. Neugierig hatte er mich angesprochen und gefragt, woher ich käme, was ich beruflich machte, wie oft ich schon in China gewesen sei, was mich hierher führte usw. Selbstverständlich wollte er eine Visitenkarte von mir und gab mir auch die seine. Eines Abends kamen wir – ich weiß nicht mehr warum – auf eine chinesische Schauspielerin zu sprechen. Der junge Mann gab mir unumwunden zu verstehen, dass die Akteurin seiner Meinung nach nicht schauspielen könne und nur deshalb Karriere gemacht habe, weil sie die Geliebte eines chinesischen Staatspräsidenten gewesen und daher gnadenlos protegiert worden sei. Ich kann nicht beurteilen, was rechtlich passiert wäre, hätte ich den Studenten denunziert und gepetzt, er habe sich despektierlich über einen noch lebenden ehemaligen Spitzenrepräsentanten der Volksrepublik geäußert, aber es gibt einen kleinen Eindruck davon, was auf vertrauensvollen Gesprächsebenen in einem Land, dessen staatliche und politische Struktur nicht der einer westlichen Demokratie gleicht, möglich ist.

Ein Mitreisender hat mir einmal berichtet, es sei ihm fast das »Herz in die Hose gerutscht«, als ich bei einer offiziellen Rede folgende Sätze sagte: »Man sagt, China sei bekannt dafür, dass es vieles kopiert und nachmacht. Was aber jedenfalls unnachahmlich ist, ist die jahrtausendealte chinesische Kultur.« Gelesen wirkt die Botschaft mit Sicherheit anders als gehört, weil durch die Übersetzung des Dolmetschers zwischen dem ersten und dem zweiten Teil eine erhebliche Pause entsteht. Ohne erahnen zu können, was noch kommen würde, hatte mein Kollege befürchtet, ich würde bei einem feierlichen Empfang schonungslos und ohne Vorwarnung das Thema Plagiate aus Fernost ansprechen. Auch wenn sich Gesprächspartner länger kennen und einander vertrauen, gilt es, stets Sorgfalt walten zu lassen und im Umgang mit dem Partner nicht übermütig oder taktlos zu werden. Es geht in China immer um Gesicht geben, behalten oder nehmen! Beherzigt man dieses Verhalten konsequent über eine lange Zeit, so kann es möglich sein, bei aufgeschlossenen Personen und passenden Gelegenheiten auch heiklere Themen ansprechen zu können, die normalerweise vollkommen tabu sind. Ich habe dies in all den Jahren lediglich dreimal gemacht: Zweimal habe ich brisante Themen (die Unabhängigkeitsbestrebungen Tibets einerseits und die blutige Niederschlagung des Studentenprotestes am Tian'anmen 1989 andererseits) bei einem chinesischen Diplomaten vorgebracht und einmal bei chinesischen Beamten die Frage gestellt, ob die Gattin des ehemaligen Parteivorsitzenden von Chongqing, Bo Xilai, tatsächlich ihren amerikanischen Mitarbeiter ermordet habe oder ob dies nur eine Verschwörung und ein Komplott zur Entmachtung ihres Mannes gewesen sei. Ich hatte in allen Fällen die Themen respektvoll, behutsam, aber klar in der Botschaft vorgebracht. Nach seinem Wechsel von Österreich in einen anderen europäischen Staat schenkte mir der Diplomat zum Abschied das Buch »Hinter dem Lächeln. Die verborgene Seite des Dalai Lama« von Maxime Vivas.[69] Grundsätzlich gilt, dass die Nichteinmischung (Vereinbarung über »Fünf Prinzipien friedlicher Koexistenz« zwischen China, Indien, Myanmar aus

---

69 Vivas, Maxime: Hinter dem Lächeln. Die verborgene Seite des Dalai Lama. Paris 2011

1954) von außen in China eine fixe Maxime ist und als elementarer Grundsatz hochgehalten wird.

Um politisch oder wirtschaftlich erfolgreich Geschäfte machen zu können, muss man nicht zwingend viel Geld ausgeben, das habe ich in China deutlich erfahren. Zu Beginn des Jahres 2013 veranstaltete das kanadische Edmonton, Heimatstadt der berühmten Eishockeymannschaft Edmonton Oilers, für seine Schwesterstadt Harbin im Rahmen der Feierlichkeiten zum Eis- und Schneefestival einen »Edmonton Day«, zu dem lokale und internationale Ehrengäste eingeladen wurden. Der »Edmonton-Tag« war eigentlich eher ein Abend in einem vorzüglichen Hotel, bei dem es neben Reden von kanadischen und chinesischen Verantwortlichen auch eine Filmpräsentation über die gastgebende Stadt, Live-Musik und insbesondere kanadische Spezialitäten vom Buffet gab. Jeder Gast bekam neben Werbematerialien über die Hauptstadt der Provinz Alberta auch ein paar Fäustlinge, als Symbol für diese im Winter ziemlich kalte Destination, geschenkt. Im anschließenden Smalltalk fragte mich ein Offizieller aus Edmonton, woher es komme, dass Wiener Neustadt so eng und außerordentlich erfolgreich mit Harbin kooperiere, obwohl es doch im Vergleich mit seiner Heimatstadt erst relativ kurz (2008) eine Städtepartnerschaft pflege. Edmonton ist die drittälteste Schwesterstadt (1985) von Harbin, nach Niigata (1979) und Aarhus (1984). Zum einen überraschte mich diese Aussage eines kanadischen Repräsentanten und zum anderen erfüllte sie mich mit Stolz. In Zeiten überaus knapper kommunaler

Budgets, in denen internationale Engagements medial mit Argusaugen beobachtet werden, haben wir mit geringen Mitteln viel erreicht. Kleine Gesten bringen die Freundschaft, könnte man abgewandelt und vorgelagert zu »Kleine Geschenke erhalten die Freundschaft« sagen. In diesem Sinne ließen wir Ansteckpins und Krawatten anfertigen, die jeweils das Stadtwappen von Wiener Neustadt, aber auch das Anti-Flut-Monument von Harbin zeigten und damit zu einem sehr persönlichen Symbol der Verschwisterung wurden. Des Weiteren haben wir für das Jahr 2013 anlässlich fünf Jahre Städtepartnerschaft zweisprachige Wandkalender (deutsch/chinesisch) produzieren lassen, bei denen pro Monat und Kalenderblatt jeweils eine Sehenswürdigkeit aus der österreichischen und der chinesischen Kommune gegenüber- und vorgestellt wurden. Höhepunkt der Respektbezeugung gegenüber Harbin und Ausdruck einer gelebten Völkerverständigung war aber sicherlich der Beschluss des Gemeinderates der Stadt Wiener Neustadt, eine bis dahin nicht benannte Fläche im Stadtpark, unmittelbar neben einem Pavillon, zum Harbin-Platz zu erklären. Der Einweihung im Sommer 2011, mit einem – leider verregneten – Konzert des hiesigen Strauß-Ensembles, das auch schon in China erfolgreich aufgetreten war, wohnten hohe offizielle Vertreterinnen und Vertreter aus Harbin bei. Bis heute gibt es außerhalb von China, abgesehen von jener in Wiener Neustadt, keine Verkehrsfläche – weder Straße, Gasse, noch Platz –, die nach Harbin benannt ist. All diese Gesten, ob Krawatten, Anstecknadeln, Kalender oder das Metallschild für die Platzbenennung, haben marginale

Kosten verursacht, aber maximale Wirkung erzielt. Es hat sich wieder bewahrheitet: »Mit Geld kannst du dir eine Position kaufen, aber keinen Respekt.«[70] Dafür sind andere Werkzeuge notwendig.

Etwas in Europa fast vollkommen Unbekanntes, jedenfalls am Anfang nahezu Undurchschaubares, ist das chinesische Beziehungssystem und Freundschaftsgeflecht guānxì. Eng verwobene Beziehungen, die zum Teil über Generationen hinweg weitergegeben werden, können durch ein gemeinsames Aufwachsen in einem Dorf, durch einen gemeinsamen Schul- oder Universitätsbesuch, durch eine gemeinsame Tätigkeit im Kommunistischen Jugendverband oder sonstige gemeinsame Lebensphasen entstanden sein. Der Ratgeber »Geschäftskultur China« gibt folgenden Tipp: »Chinesen leben und arbeiten traditionell dafür, den Reichtum und die Ehre der Familie zu steigern. Dabei spielen Beziehungen zu anderen Personen eine wichtige Rolle. Als westlicher Manager sollten Sie berücksichtigen, dass sich jeder

---

70 Das vollständige chinesische Sprichwort lautet: »Mit Geld kannst du dir ein Haus kaufen, aber nicht ein Heim. Mit Geld kannst du eine Uhr kaufen, aber keine Zeit. Mit Geld kannst du dir ein Bett kaufen, aber keinen Schlaf. Mit Geld kannst du dir ein Buch kaufen, aber keine Bildung. Mit Geld kannst du dir einen Arzt kaufen, aber keine gute Gesundheit. Mit Geld kannst du dir eine Position kaufen, aber keinen Respekt. Mit Geld kannst du Blut kaufen, aber kein Leben. Mit Geld kannst du Sex kaufen, aber keine Liebe.« http://www.sprichworte-der-welt.de/chinesische_sprichworte/Chinesische_Sprichworte_3.html

Chinese ein Leben lang bemüht, eine hohe Anzahl von belastbaren Beziehungen zu anderen Menschen und Unternehmen herzustellen, die im Laufe des Lebens sowohl im Arbeitsumfeld als auch im privaten Bereich bei Bedarf genutzt werden können. Chinesen betrachten ihre Beziehungen als ihr soziales Kapital. Allerdings gilt es, jeden Gefallen beizeiten entsprechend zurückzuzahlen. Sie sollten versuchen, das guānxì-Prinzip zu verstehen [...].«[71]

Den meisten bleibt guānxì dennoch verschlossen und ein Mysterium, zu unterschiedlich sind die europäischen und asiatischen Verhaltensweisen und Geschäftspraktiken. Dabei sind Chinesen durchaus bereit, ihr Freundschaftssystem auf ausländische Partner zu übertragen und anzuwenden. Anlässlich des Besuches beim Internationalen Bierfest in der Hauptstadt der Provinz Heilongjiang lernte ich den Generaldirektor einer weltweit bekannten dänischen Brauerei kennen. Im Diskurs mit mir sprach er offen an, dass er sich zur Etablierung von Geschäftsbeziehungen in Nordchina chinesischer Geschäftspraktiken bedient habe. Da er aus Aarhus stamme, habe er den Bürgermeister seiner Heimatstadt angerufen und gebeten, dass dieser bei der Schwesterstadt Harbin der Bitte Ausdruck verleihe, dass seine Brauerei einen Part beim Internationalen Bierfestival übernehmen dürfe. Die Vorgangsweise erwies sich als erfolgreich. Wohl jeder westliche Unterneh-

---

[71] Schneider, Gerd; Comberg, Jufang: Geschäftskultur kompakt. China. Meerbusch 2014, S. 15

mer würde annehmen, dass der Vertragsabschluss durch die Stellung der Brauerei als Weltkonzern zustande gekommen sei, und kaum einer würde auf den Gedanken kommen, dass dies daher rührte, weil der Generaldirektor in der Harbiner Schwesterstadt geboren wurde. Aber genau das ist guānxì!

Bei einem Wirtschaftsempfang in Wien des Jahres 2010 sprach mich der Vorstandsdirektor eines internationalen Baukonzerns an und fragte mich zu meiner völligen Überraschung, ob ich bereit wäre, ihn und eine Delegation nach Ostchina zu begleiten. Sein Unternehmen habe in Ningbo ein Joint-Venture-Projekt und komme nicht voran, da die Beamten der zuständigen Behörde zwar höflich, aber offenbar nicht aktiv seien. Da er wisse, dass die Stadt Wiener Neustadt seit mehreren Jahren freundschaftliche Bande mit Ningbo pflege, erbitte er meine persönliche und politische Unterstützung. Der Manager handelte aus gutem Grund nicht ausschließlich in westlichen Denkmustern und hatte das System guānxì verstanden. China-Unerfahrene hätten sich hingegen unwillkürlich und vermutlich genervt die Frage gestellt, wie ein österreichischer Provinz-Bürgermeister einem internationalen Baukonzern in einer chinesischen Millionenstadt behilflich sein könne. Obwohl ich gerne dienlich gewesen wäre, konnte ich zu meinem Bedauern nicht zusagen, da ich erst wenige Monate zuvor Ningbo dienstlich besucht hatte.

Ich habe im Vorfeld meiner Harbin-Reise im Jänner 2013 die Bitte geäußert, die bereits im Ruhestand befindliche ehemalige Vizebürgermeisterin Wang Li treffen zu dürfen, was in China vollkommen unüblich ist. Ex-Politikerinnen und -politiker nehmen sich persönlich stark zurück, treten kaum öffentlich auf und halten sich bescheiden im Hintergrund. So konnten mir daher die Freunde vom Foreign Affairs Office nicht versprechen, ob es zu dieser Begegnung kommen würde. Das Treffen war mir deshalb ein besonderes Anliegen, weil die vormalige Vizebürgermeisterin nicht nur ein wichtiger Motor bei der Weiterentwicklung der Städtepartnerschaft, sondern auch darüber hinaus ein besonders freundschaftlicher, herzlicher und einfühlsamer Mensch war, dem ich mich enorm zu Dank verpflichtet fühlte. Auf ihre Initiative geht beispielsweise die Etablierung der wechselseitigen Freundschaftsbüros zurück, die einen enormen Schwung in den kulturellen, wirtschaftlichen und wissenschaftlichen Austausch der beiden Kommunen gebracht haben. Es zeigte sich sehr bald, dass den Mitarbeitern des Außenamtes mein Ersuchen derart wichtig war, dass sie es umgehend beim Dienststellenleiter vorbrachten, der prompt »grünes Licht« gab. Nun kontaktierten sie Madame Wang, die einem Treffen mit meiner Delegation zusagte. Eigentlich hätte dies alles eine Überraschung für mich werden sollen, aber durch mangelnde Absprache im Amt sickerte das für mich erhoffte Treffen durch, was der Vorfreude keinen Abbruch tat. Nicht zufällig fand unsere Zusammenkunft in einer Bar statt, die Ruhetag und somit extra und ausschließlich für uns geöffnet hatte. Einen öffentlichen Auftritt wollte die Ex-Politikerin offenbar vermeiden. Beim Wiedersehen gab es sogar Wangenküsse, auch das ist – entgegen vielen interkulturellen Ratgebern – in China möglich, wenn man sich lange kennt und vertraut. Wir tauschten Erinnerungen aus, erkundigten uns nach dem Privatleben, ich erfuhr, dass sie vor kurzem Großmutter geworden war, und dass sie diese Rolle mit großer Begeisterung erfülle. Auch mehr Zeit zum Kochen habe sie nun, erzählte sie. Unvergessen wird mir bleiben, dass mich die Vizebürgermeisterin in den Jahren des gemeinsamen Wirkens stets mütterlich mit Taschentüchern versorgt hatte, wenn mir wieder einmal ob der Außentemperaturen, der Luftfeuchtigkeit oder aufgrund eines konsumierten Schnapses fürchterlich heiß war. Obwohl wir stets nur via Dolmetscher konferieren konnten, da die Vizebürgermeisterin kein Englisch und ich kein Chinesisch sprach, hatte ich oft das Gefühl, sie sehr gut zu verstehen. Unser Vertrauensverhältnis war etwas Besonderes. Nach einem etwas mehr als zweistündigen, wohltuenden, kurzweiligen und auch heiteren Beisammensein endete unser Zusammentreffen relativ formlos und abrupt. Keiner von uns beiden wollte Sentimentalitäten aufkommen lassen. Wir verabschiedeten uns mit den Worten »Bis zum nächsten Mal!«. Doch wir wussten beide, dass es keines geben würde. Die wunderbare Wang Li war mir zu einer echten Freundin geworden, an die ich immer noch gerne denke.

Dem Freundschaftsbegriff muss man in China besondere Aufmerksamkeit schenken, ist dieser doch vielschichtig zu sehen. Kennt jemand die chinesischen Gepflogenheiten nicht, wird er sich wundern, von jemandem, den er zweimal kurz gesehen hat, als alter Freund bezeichnet zu werden. Die verknappte Regel lautet: 1. Treffen sich ein Chinese und ein Ausländer das erste Mal – mit der hohen Wahrscheinlichkeit eines Wiedersehens – im Rahmen einer Zusammenkunft von Menschen, die sich bereits zwei- oder mehrmals verabredet haben, so sagt der Chinese: »Heute habe ich alte Freunde wiedergesehen und neue kennengelernt. Beim nächsten Mal sind auch wir schon alte Freunde.« 2. Es kann vorkommen, dass ein ausländischer Geschäftsmann oder eine Politikerin aus einem anderen Land das Gefühl hat, die Person noch nie zuvor gesehen zu haben, die in ihrer Tischrede davon spricht, wie sehr sie sich freue, alte Freunde wiederzusehen. 3. Möchten Chinesen Westlern abseits von Ritualen ihre aufrichtige Freundschaft versichern, sagen sie »We are old friends. Really old friends.«[72] Empfinden sowohl die westlichen Gäste wie auch die chinesischen Gastgeber Freundschaftsgefühle, dann ist im Land des Lächelns vieles machbar, was man zuvor nicht für möglich gehalten hat. In solchen Fällen treten anstelle von maskenhaften, kühl wirkenden Gesichtszügen und distanzierter Haltung Gesten von Offenheit und sogar körperlicher Nähe. Neben den bereits erwähnten Wangenküssen finden dann auch manchmal Umarmungen statt. Plötzlich bemerkt man als Gast, dass auch Chinesen gerne »Stein, Schere, Papier« spielen und sich diebisch freuen, wenn die Fremden das Nachsehen haben. Selbstverständlich wird der Wettkampf mit Schnaps verknüpft, und die Verlierer werden pro Runde zum báijiǔ-Trinken verdonnert. Will ein hoher gastgebender chinesischer Politiker seine besonders enge

---

72 »Wir sind alte Freunde. Wirklich alte Freunde!«

Verbundenheit mit den Geladenen zeigen, so lässt er im Vorfeld eines Empfanges ausrichten, man solle keine Krawatten tragen, da man alte Freunde sei. Oder er fordert, noch bevor der erste Gang des Diners serviert wird, demonstrativ alle Herren auf, die Schlipse abzulegen.

Unmittelbar nach meinem Ausscheiden aus der Politik habe ich mehrere Mails aus China mit dem Ausdruck des Bedauerns über diesen von mir gesetzten Schritt erhalten. Mit einem eurozentristischen Blick könnte man meinen, dass den Amtsträgern chinesischer Millionenstädte vollkommen egal ist, wer in europäischen Kleinstädten regiert. Aber wer dies vermutet, liegt vollkommen falsch. So ließ mir beispielsweise der ehemalige Parteivorsitzende und Ex-Bürgermeister von Harbin, Lin Duo, über Emissäre ausrichten, dass wir »wirklich alte Freunde« seien und er gerne helfen würde, wenn ich konkrete Chinaprojekte verfolgen möchte. Diese Nachricht war insofern bemerkenswert, als Herr Lin mittlerweile in der Provinz Liaoning hochrangig politisch tätig ist und es für ihn ohne jeden Belang sein könnte, ob der ehemalige »Partnerschafts-Bürgermeister« aus Österreich noch im Amt ist oder nicht.

Als ich meinem väterlichen Freund William Fei davon erzählte, dass ich mich über die per E-Mail aus China eingegangenen, in persönlichen Worten gehaltenen Wertschätzungen sehr gefreut, aber auch gewundert hatte, antwortete er mit einer chinesischen Metapher. Man solle einem Freund helfen, wenn dessen Haus vom Schnee eingeschlossen ist, indem man ihm Kohle zum Heizen bringt, und ihn nicht dann unterstützen, wenn er Blumen strickt. Sprich: Ein Freund braucht Hilfe, wenn es ihm schlecht geht, und nicht, wenn es sich lediglich um die Perfektionierung seines Tuns handelt. Echte Freundschaften entstehen durch Vertrauen, Respekt und guānxì.

»Lernen von Daqing«[73]

Gruppenreisende werden in China rasch bemerken, dass ihre Touristenführer eine nahezu panische Angst davor haben, zu vereinbarten Terminen – seien es fixierte Mahlzeiten, Museumsführungen oder Empfänge – zu spät zu kommen. So kann es sich zum Beispiel zutragen, dass ein offizieller Begleiter in Ningbo darauf besteht, die Abfahrtszeit zu einer Ausstellung mit zwei Stunden vor deren Beginn festzulegen, obwohl sich alle Gruppenmitglieder daran erinnern können, dass die gleiche Wegstrecke am Vortag in einer halben Stunde zu bewältigen war. Solche Einwände werden dann damit abgetan, dass die Gäste nicht wissen könnten, dass am heutigen Tage Zentralmatura sei und daher alle Eltern ihre Kinder zu den Höheren Schulen brächten, was einen enormen Stau auslöse. Auch das Hinzuziehen des zweiten Begleiters und die nochmals vorgebrachte Skepsis darüber, dass aus einer Fahrzeit von einer halben Stunde durch elterliche Fürsorge die vierfache Fahrzeit würde, fruchten nicht und bleiben ungehört. So fügt sich der pflichtbewusste Rei-

---

73 Mao Zedong wurde folgendermaßen zitiert: »In der Landwirtschaft von Dazhai lernen, in der Industrie von Daqing.«

segast der frühmorgendlichen Abfahrtszeit, steigt in den Kleinbus, fährt, erkennt – fast ist man geneigt zu sagen, selbstverständlich – keinerlei Staubildung und steigt nach der exakt selben Fahrzeit wie am Vortag, nämlich nach 30 Minuten, aus dem klimatisierten Van aus, um vor und in der Messehalle in unerträglicher Hitze eineinhalb Stunden auf die Eröffnung zu warten. Während die Geschäftsreisenden vollkommen fassungslos über das soeben Erlebte in sich versinken, werden die beiden Begleiter keineswegs von Gewissensbissen gepeinigt. Es hätte ja einen Stau geben können! Und im Übrigen hätte jetzt jeder Zeit, sich auszurasten und geistig auf die Ausstellung vorzubereiten.

Manchmal verhält es sich jedoch genau umgekehrt, wie ich als Tourist im August 2012 erleben durfte. Auf dem Programm stand ein Ausflug nach Daqing, eine kreisfreie Stadt in der Provinz Heilongjiang mit ca. 2,6 Mio. Einwohnern, die 1979 durch Zusammenlegung der Kommunen Datong, Honggang, Longfeng, Ranghulu und Sairt sowie vier Kreisen entstanden ist. Das Besondere an dieser grundsätzlich keineswegs touristisch geprägten Stadt sind ihre 1959 entdeckten Ölfelder, auf denen im Jahr 2014 116.000 Menschen beschäftigt waren. Im Rahmen der von Mao Zedong ausgerufenen, fatal gescheiterten Industrialisierungsbewegung »Der große Sprung nach vorn« stießen Männer auf das »schwarze Gold«, was damals in der Volksrepublik als mittlere Sensation galt, handelte es sich doch um den ersten Fund eines Reservoirs. Li Siguang, berühmter Wissenschaftler und Minister für Geologie, gilt als der Entdecker der Ölfelder. Ihm zu Ehren wurde ein selten vorkommendes Mineral Lisiguangit getauft.

Vor dem Trip nach Daqing wurde uns von der Reisebegleiterin erklärt, dass wir 1 ½ Stunden Fahrzeit vor uns hätten, ehe wir in der berühmten Ölstadt eintreffen und das Daqing Petroleum Science & Technology Museum besuchen würden. Darauf gedanklich eingestellt, brachen wir auf. Da wir am Abend einem Klassikkonzert des Sinfonischen Orchesters Merkur beiwohnen wollten, begleitete uns an diesem Tag die Kulturrätin der österreichischen Botschaft in China, Gudrun Hardiman-Pollross. Vom Zentrum der Großstadt Harbin aus gestartet, wurde die an uns vorbeiziehende Landschaft mit zunehmender Fahrzeit immer ländlicher, und schließlich glitten wir auf annähernd verkehrsfreien Überlandstraßen durch eine dünenartige Umgebung. Die ruhige Fahrt mit den Ausblicken auf die ansprechende Landschaft war eine willkommene Abwechslung zum Besichtigungsstress, der sich auch bei Urlauben häufig einschleicht. Nun befuhren wir das wirklich ländliche China. Weit und breit keine urbanen Räume, dafür eine ebene, moosbewachsene Fläche, hin und wieder von Wasser durchzogen. Ein Blick auf die Uhr zeigte, dass wir bereits zwei Stunden unterwegs waren. Wir hatten also offenbar Verspätung. Die Fahrt erschien mir wie eine Szene aus einem skandinavischen Roadmovie. Außer sich scheinbar endlos ausbreitender, karger Natur gab es nur diese vereinsamte Straße und unseren Kleinbus. Die Zeit verrann und verrann, aber eine Stadt war meilenweit nicht in Sicht. Erst nach rund 2 ½ Stunden sahen wir entlang der Strecke die ersten

Ölförderanlagen und mit zunehmender Fahrzeit immer häufiger Pumpen. Nach drei Stunden – also der doppelten prognostizierten Dauer – kamen wir endlich in Daqing an. Diese Stadt lebte vom Öl, nicht nur finanziell, sondern auch imagemäßig. Das war allerorts zu erkennen. Aufgrund des entstandenen Zeitdrucks eilten wir in das Petroleum-Museum, mussten aber schon bald erkennen, dass wir völlig auf die Dolmetscherin angewiesen waren, weil die Bilder und Exponate fast ausschließlich in chinesischer Sprache erklärt und beschrieben wurden. Mit westlichen Touristen rechnete hier keiner, das war offensichtlich. Die begonnene Besichtigungstour in diesem riesigen Museum, das in einem Gebäude mit moderner Architektur und zahlreichen Glasfassaden untergebracht war, erwies sich als mühsam. Obwohl unsere Dolmetscherin gut Deutsch sprach, war sie logischerweise mit der Übersetzung der spezifischen Fachausdrücke aus der Ölbranche überfordert. Die ausgestellten Maschinen und technischen Geräte waren für Laien abseits der Geologie aber nicht selbsterklärend, sodass sich sowohl bei den Geführten wie auch der Führerin nach einer gewissen Zeit erschöpfungsartige Zustände anbahnten und auch einstellten.

Auf vier Ebenen galt es, die Wissenschaftshalle, die Halle über den Verlauf der Weltgeschichte, die Technikinformationshalle, die Halle über Ölvorkommen, die Ausstellungshalle über Ölbehälter, die Halle über die Erdölaufbereitung, die Große Halle sowie die Bohr- und Produktionshalle zu besichtigen und geistig zu verarbeiten. Irgendwie schien das Museum niemals zu enden, sodass unsere Schritte schneller und unsere Fragen kürzer wurden. Im Bewusstsein, bereits großen Hunger zu verspüren und noch eine dreistündige Heimreise vor uns zu haben, drückten wir auf das Tempo. In der Tat waren wir nun vor der letzten zu bewerkstelligenden Halle angelangt. Beim Durchschreiten des finalen Ausstellungsraumes sahen wir plötzlich zu unserer vollkommenen Überraschung Dinosaurier-Skulpturen. Noch ehe wir uns darüber auslassen konnten, wie unpassend doch die Plastikfiguren der Urzeitriesen seien (»Wie im Drachenturm in Harbin, überall stellen sie Kunststoffdinos aus!«), fiel es uns wie Schuppen von den Augen. Wir hatten das gesamte Museum, in Ermangelung des Verständnisses von chinesischen Schriftzeichen, in falscher Richtung durchwandert und waren beim Ausgang hineingegangen! Die vermeintlich so deplatzierten Dinosaurier am »Ende« stellten sich als Teil der Schau über den Verlauf der Weltgeschichte heraus, was in diesem Kontext nur allzu logisch war.

Nach einem verspäteten, dafür sehr schmackhaften Mittagessen, bei dem wir in Selbstironie den Besuch des Petroleummuseums Revue passieren ließen, traten wir die dreistündige Heimfahrt an. Wir saßen dabei zeitweise »wie auf Nadeln«, da wir Angst hatten, nicht rechtzeitig zum Abendkonzert zu kommen, vor dem wir uns ja auch noch umkleiden mussten. Schlussendlich schafften wir knapp, aber doch den Besuch der wunderbaren österreichischen Aufführung im mit 600 Gästen ausverkauften Jugendpalast der Provinzhauptstadt. Was uns als anstrengender, teilweise nervenraubender und von den Distanzen sowie vom Zeitaufwand her als fast nicht zumutbarer Tagesausflug ohne Übernachtung galt, daran würden die meisten Chinesen keinen Gedanken verschwenden. Vor einigen Jahren haben Wiener Neustadt und Harbin ein wechselseitiges Fremdenverkehrsabkommen unterzeichnet, wonach jede Seite bemüht ist, aktiv Urlauber für die Partnerstadt zu interessieren, und in der Tat kamen schon nach einiger Zeit die ersten Gäste aus Fernost. In fünf Tagen Aufenthalt besuchten sie Wiener Neustadt, Wien, die Stadt Salzburg und nahmen zum Drüberstreuen noch Unterricht bei Skilehrern am Semmering. Die Mozartstadt bewältigten sie in einem Tagesausflug – fünf Stunden Hin- und fünf Stunden Rückfahrt. Lernen von Daqing! Lernen von China!

Àodìlì![74] *Langnasen unterwegs im Land des Lächelns*

In der Handhabung von Vorurteilen bleibt sich keiner etwas schuldig. Während Europäer im Zusammenhang mit Ostasiaten kaum den noblen lateinisch-griechischen Begriff Epikanthus medialis zur Beschreibung von deren Augenform verwenden[75], sondern sich zumeist derberer Ausdrücke bedienen, konzentrieren sich Chinesen auf ein anderes Körperteil der bleichen Fremden: die Nase. Cháng bízi (»lange Nase«) oder dà bízi (»große Nase«) sind die aus asiatischer Sicht treffenden Zuschreibungen, aus denen die stereotype Bezeichnung »Langnasen« für Europäer, Amerikaner und Australier (teilweise auch Araber) entstanden ist. Wenn diese in das Land des Lächelns aufbrechen, bleibt ihnen manchmal selbiges im Halse stecken.

Für mich beginnen erste Schwierigkeiten stets am Flughafen Peking bei der sogenannten Immigration Control. Passfoto und Passinhaber werden vom diensthabenden Personal gemustert und mit scharfen Blicken verglichen. Hat sich die Gesichtsform

---

74 Pinyin für »Österreich«.
75 Die doppelte Lid- oder Mongolenfalte lässt das Auge schlitz- bzw. mandelförmig erscheinen.

in Folge Gewichtszunahme von jener auf dem Foto verdächtig entfernt, sorgt das für zusätzliche bange Minuten. Ist diese Hürde gemeistert, ergibt sich die nächste. Warum ist das Flugticket auf »Bernhard Mueller«, aber der Reisepass auf »Bernhard Müller« ausgestellt, scheint sich der Beamte zu fragen. Wenn ich versuche, darauf hinzuweisen, dass im amtlichen Dokument die Erklärung hiefür eingetragen ist (»Mueller is equal to Müller.«[76]), werde ich stets relativ schroff darauf hingewiesen, dass ich mich nicht einmischen solle. Diese internationale Gestik verstehe ich auch, ohne Chinesisch zu sprechen. Um mit »Miss Sophie« aus der Komödie »Dinner for One« zu sprechen: »The same procedure as every year!«[77] »Kaum ist man am Flughafen einer asiatischen Großstadt angekommen, trifft man auf streng blickende Mitarbeiter des Gesundheitsdienstes, die hinter Gesichtsmasken versteckt mit Wärmebildkameras die Passagiere ins Visier nehmen. [...] Mit dem ›border screening‹, so der internationale Fachausdruck, wollen die Gesundheitsbehörden verhindern, dass gefährliche Krankheitserreger ins Land gelangen. Infektiöse Passagiere sollen bereits am Flughafen erkannt, umgehend isoliert und behandelt werden. Systematische Gesundheitskontrollen an Flughäfen suggerieren überdies, dass die Behörden das Gefahrenpotenzial erkannt haben und alles tun, um die Bürger zu schützen.«[78]

---

76 »Mueller entspricht Müller.«
77 »Dasselbe Prozedere wie jedes Jahr!«
78 http://www.tagesspiegel.de/wissen/seuchenpraevention-am-flughafen-aufklaerung-statt-aktionismus/11702800.html

Bis vor einigen Jahren musste man neben der sogenannten Arrival Card (Zieldestination, Flugdaten, Datum der Anreise, Grund für den Aufenthalt, Passnummer etc.) auch noch einen Fragebogen über den persönlichen Gesundheitszustand und vergangene oder chronische Krankheiten ausfüllen. Diese Erhebungen werden nicht mehr durchgeführt. Hat man auch den Test mit der Wärmebildkamera überstanden, steht einem Besuch des bevölkerungsreichsten Landes der Erde nichts mehr im Weg.

Ist man offizieller Gast (z. B. als Politiker) einer chinesischen Stadt oder Provinz, so gibt es stets ein bis zwei Personen, die einen nahezu auf Schritt und Tritt begleiten und verhindern sollen, dass a) die Langnase in den Menschenmassen der Großstadt verloren geht, b) diese irgendetwas tut, was ihr sodann nicht gut bekommt (wie z. B. eine Flüssigkeit zu trinken, die nur optisch wie Trinkwasser aussieht, oder Taxis zu benützen, die nur vordergründig wie legale Beförderungsmittel wirken, in Wahrheit aber Touristenfallen oder Schlimmeres sind) und c) diese keinen sonstigen Unsinn treibt, der dann der Eskorte und in Folge dem gesamten Foreign Affairs Office zur Last gelegt wird. Ist man den Mitarbeiterinnen und Mitarbeitern der Außenämter schon länger als zuverlässiger Partner und nicht als unsicherer Kantonist bekannt, lockern sich gewisse Begleitmaßnahmen, ohne je ganz aufgegeben zu werden. Was auf den ersten Blick wie ein gouvernantenhaftes oder für manche vielleicht gar repressives Verhalten wirkt, ist in der Realität der chinesischen Großstadthektik eine grundvernünftige, gastfreundliche und auch notwendige Maßnahme. Wer beispielsweise in

Pekings Verbotener Stadt verloren geht, ohne zuvor mit seiner Reisegesellschaft für derartige Fälle einen Treffpunkt vereinbart zu haben, steht vor großen Problemen. Darauf, jemanden aus der Gruppe am Mobiltelefon zu erreichen, sollte man hoffen, aber keinesfalls setzen. Zu oft sind die Netze überlastet, und häufig erscheinen die Rufnummern der Anrufer in chinesischer Schrift, sodass der Angerufene nicht erkennen kann, wer ihn erreichen will bzw. ein Rückruf nicht möglich ist, weil ihm eine freundliche Frauenstimme vom Band erklärt, dass die gewählte Nummer nicht existent sei. Bei einer Winterdienstreise in Nordchina ging einmal der britische Generaldirektor der ältesten Klaviermanufaktur der Welt verloren, da er in einem öffentlichen Bus eingeschlafen war und weiterfuhr, während der Rest der Delegation ausstieg. Ehe wir bemerkten, dass der Manager fehlte (»Where is Brian?«[79]), war es schon zu spät und der Bus nur mehr von der Ferne anhand seiner Rücklichter zu erkennen. Erfreulicherweise war der Mann der Wirtschaft den Großraum London gewöhnt, und daher konnte ihn auch eine chinesische Großstadt nicht so schnell aus der Ruhe bringen. Abgesehen davon, dass dieser Vorfall den Außenamtsmitarbeitern vielleicht eine gewisse Lebenszeit, jedenfalls aber Nerven gekostet hat, war nichts passiert. Der Generalmanager traf sogar noch rechtzeitig zum Abendessen ein. Anderen wohnt diese Gelassenheit nicht inne, und man kann bei Westlern in Einkaufsbazars, bei Großveranstaltungen oder auf riesigen Plätzen immer wieder weit

---

79 »Wo ist Brian?«

aufgerissene, angsterfüllte Augen und panikartiges Verhalten beobachten. Die Sorge der Begleitpersonen um die Sicherheit von Delegationen im Großstadtgetümmel kann daher seltsame Blüten treiben und zu skurrilen Situationen führen. So erlebte ich im Rahmen einer Urlaubergruppe, dass uns die Reiseführerin nach einer Stadtrundfahrt partout nicht für einen halbstündigen Innenstadtbummel in einem architektonisch ansprechenden Stadtviertel aussteigen lassen wollte. Ihre Begründung lautete »Ist wegen die Regen nicht möglich«, obwohl es längst keinen Niederschlag mehr gab und wir auch keineswegs unter Zeitdruck standen. Alles Insistieren, dass es doch längst trocken sei, half nichts. »Wegen die Regen leider nicht möglich«, blieb sie beharrlich.

Einen perfiden Spaß erlaubten sich Erich Prandler, Christian Stocker, Peter Wittmann und ich bei unserem ersten Besuch in Harbin 2006 mit meinem heutigen Freund Michael Gao vom hiesigen Auswärtigen Amt. Der damals noch untergeordnete Mitarbeiter kannte uns erst wenige Tage und hütete uns wie seinen Augapfel. Mit einem Head-Set ausgerüstet, konferierte er – im wahrsten Sinn des Wortes – laufend mit seinem Amt, erstattete offenbar regelmäßig Bericht und erhielt neue Instruktionen. Unserer Bitte, Souvenirs für die Familien in einem mehrstöckigen Fachmarktzentrum kaufen zu dürfen, entsprach er umgehend, beriet uns, warnte uns vor seiner Meinung nach übertreuerten Produkten, ließ sich nicht davon abbringen, auch noch für uns die Waren auf das Förderband zu legen, übersetzte an der Kassa und half uns beim Zahlen. Nichts, aber auch gar nichts sollten und durften wir alleine machen. Die Betreuung überstieg jedes mir bis dahin bekannte Maß an Fürsorge und glich einer Dienerschaft. Dennoch war unser Umgang grundsätzlich ein lockerer. Beide Seiten merkten, dass gegenseitige Sympathie, Respekt und Vertrauen vorhanden waren. Nun wollten wir austesten, ob unser emsiger Begleiter mit dem »Kontrollzwang« auch einen Spaß verstehen würde. Da er bei jeder Straße bzw. Fußgängerzone akribisch darauf geachtet hatte, dass sich keiner von uns auch nur einige Meter von der Gruppe entfernen würde, ließen wir uns eine Finte einfallen. Wir vier verabredeten, bei einer großen Straßenkreuzung jeder in eine andere Richtung zu gehen, sobald die Ampel grünes Licht zeigen würde. Kaum war dies geschehen, schwärmten wir auseinander, und jeder von uns bewegte sich schnellen Schrittes auf einem separaten Weg. »Stop, Stop!«, rief Mr. Gao hektisch, der keineswegs erahnte, dass es sich lediglich um einen Scherz handelte. Schnell kehrten wir zu einer gemeinsamen Route zurück, und der Hereingelegte erkannte unsere harmlose Intention. Noch heute, nahezu zehn Jahre später, denken alle Beteiligten, inklusive Michael Gao, gerne an dieses gemeinsame, letztlich verbindende Erlebnis zurück.

Die bekannteste österreichische Langnase in China ist, abgesehen von Arnold Schwarzenegger, der aber vermutlich eher als US-Amerikaner wahrgenommen wird, der Tischtennisprofi Werner Schlager. Während der gebürtige Wiener Neustädter sich nicht nur in seiner Heimatstadt, sondern auch in weiten Teilen seines Landes unerkannt und unbehelligt in der Öffentlichkeit bewegen kann, ist Schlager im Reich der Mitte ein absoluter Superstar. Wie der Zufall manchmal spielt, schlug der österreichische Ausnahmesportler auf seinem Weg zum Weltmeistertitel 2003 in Paris im Halbfinale den aus Harbin stammenden Chinesen Kong Linghui. Im Jahr 2013 habe ich mich intensiv um eine »Neuauflage« dieses Duells in Österreich anlässlich des 10-jährigen Jubiläums bemüht, und Werner Schlager hatte mir auch zugesagt. Aufgrund des engen Terminkalenders von Kong Linghui, der mittlerweile vom aktiven Sport zurückgetreten ist und als Trainer der chinesischen Damen-Tischtennis-Nationalmannschaft fungiert, kam es aber leider nicht zu diesem Schaukampf. Als ich jedoch vor einigen Jahren am Abend in einem Biergarten in der Harbiner Innenstadt saß und ein ausnahmsweise kaltes Bier genoss, sprachen mich junge Männer an. Wie so oft nahmen auch sie an, ich sei Russe. Langnasen werden in Nordchina grundsätzlich der Russischen Föderation zugeordnet. Als ich den hervorragend Englisch sprechenden Studenten aufklärend ein »Àodìlì!« entgegenhielt, war deren Replik nicht Mozart, nicht Sisi, nicht Goldener Saal und auch nicht Lipizzaner, sondern »Aaaaah, Àodìlì – Werner Schlager!« Quasi live informierte ich die angesprochene Berühmtheit in der Heimat via SMS. Als ich den jungen Chinesen erzählte, dass ich den ersten und einzigen österreichischen Tischtennisweltmeister persönlich gut kenne, waren sie richtiggehend enthusiasmiert, spendierten Bier in rauen Mengen und intonierten »Die Internationale«. Sportdressen mit Originalautogrammen von Werner Schlager bereiten nicht nur Anhängern von Ping Pong Freude, sondern eignen sich in China auch als offizielle Gastgeschenke für hochrangige Persönlichkeiten. Eines davon hängt im Wiener-Neustadt-Raum des Schwesterstädte-Museums in Harbin.

Hierarchie ist in China vieles, aber nicht alles. Als wunderbare Geste empfinde ich immer, dass bei feierlichen Mittag- oder Abendessen zumeist auch der Chauffeur, der uns ausländische Gäste sicher durch die Stadt führt, neben allen Honoratioren an der Tafel Platz nehmen darf und auch in die Rituale des Zuprostens und Glückwünschens einbezogen wird. Diese Zeichen der Wertschätzung würde man sich auch in unseren Breitengraden öfters wünschen. Der geübte westliche Gentleman sollte bei einem Besuch im Reich der Mitte, aber auch bei Zusammentreffen mit chinesischen Delegationen im eigenen Heimatland danach trachten, sein tief verinnerlichtes, ritterliches Prinzip »Ladies first« außer Kraft zu setzen. Ist es nach unserem Kulturverständnis für einen Mann (hoffentlich) selbstverständlich, bei einem Termin mit dem österreichischen Botschafter zuerst dessen Gattin und dann ihm die Hand zu geben, so gilt dies nicht bei einer Begrüßung seines chinesischen Amtskollegen. Jeder, der dies nicht weiß, es nicht bedenkt oder sich darüber hinwegsetzen will, wird bemerken, dass die »fälschlich« zuerst begrüßte Dame dies durch eine eindeutige Körpersprache, aber dennoch diskret unterlaufen und somit verhindern wird.

Versuchen Sie auch niemals, Chinesen begreiflich zu machen, dass Orte wie Wiener Neustadt, Wiener Neudorf oder Wienerwald nicht Teile von Wien sind. Erstens steckt in deren Namen auch jener der Bundeshauptstadt, und zweitens sind diese so nahe bei Wien, dass sie unmöglich eigene Ortschaften sein können. Die österreichische Seele sollte hier aber nicht zu strenge Maßstäbe anlegen, und es ist gar nicht notwendig, in die weite Ferne zu schweifen, gelingt es doch auch kaum, deutschen Gästen beizubringen, dass es nicht »die Wiener Neustadt«, oder »das Wiener Neudorf« heißt. Unterlassen Sie es auch, die föderale österreichische Struktur mit den Gebietskörperschaften Bund, neun Bundesländer und 2.100 Städte und Gemeinden erklären zu wollen. Es wird Sie niemand verstehen. Auch die Aussage, wonach es Menschen gibt, die täglich von einem Land (z. B. Ungarn) in ein anderes Land (z. B. Österreich) pendeln, hat besser zu unterbleiben, wirkt sie doch auf die meisten Chinesen wie eine Erzählung des Baron Münchhausen, den diese aber wiederum nicht kennen. Übertroffen werden Chinesen diesbezüglich scheinbar nur von Philippinos. Auf der Insel Maripipi hielt sich lange Zeit hartnäckig die Anschauung, ich sei der »Bürgermeister von Österreich«. Gänzlich unbegreiflich ist vielen Chinesen auch die Machtlosigkeit österreichischer Politiker. Ungläubige Blicke erntet man auf Aussagen wie »Das kann ich nicht alleine entscheiden!«, »Das bedarf der Beschlüsse der Gremien!«, oder »Neudörfl ist ein anderer Ort, in einem anderen Bundesland, da kann ich leider nichts machen!«. Boulevardeske Anwandlungen in Österreich, wie jene, der Bürgermeister einer Stadt solle ausschließlich Betrieben aus seinem Wirkungsbereich und keinen Unternehmen aus 15 Auto-Minuten entfernten Gemeinden helfen, lösen bei chinesischen Geschäftspartnern stumme Rat- wie Fassungslosigkeit aus. Würde man als österreichischer Politiker bei einer Airline intervenieren, dass bestimmte ausländische VIPs bei ausge- oder überbuchten Flügen zu bevorzugen seien und jedenfalls zum Zug kommen sollen, ist man am nächsten Tag rücktrittsreif. In China hingegen gilt man als Mann der Tat, kraftvoll und durchsetzungsfähig. Wenn enge Mitarbeiter von Politikern intervenieren, beginnt dies mit der Zauberformel »On behalf of ...« (»Im Namen von ...«). Als ich einmal gemeinsam mit einer Delegation von einer chinesischen Metropole zurück Richtung Peking fliegen sollte, um dann den Flug retour nach Wien zu nehmen, verhinderten heftige Unwetter den Start der Maschine. Da es sehr spät abends und ich sehr müde war, schlief ich sofort ein, kaum hatte ich auf meinem Sitz Platz genommen. Plötzlich weckte mich eine Stewardess und beschied mir, dass es bedauerlicherweise möglich wäre, dass wir aufgrund des sehr schlechten Wetters den Anschlussflug versäumten. Obwohl ich über diese Nachricht natürlich nicht erfreut war, nahm ich sie gelassen zur Kenntnis, da äußere Umstände wie Sturm und starke Regenfälle ohnedies nicht zu beeinflussen sind. Eigenartigerweise hörte die Stewardess aber nicht auf, unterwürfig zu betonen, dass ich eine sehr wichtige Person sei und die Fluglinie alles unternehmen werde, damit ich und meine Delegation rechtzeitig den Heimflug erreichen würden. Dieses Prozedere wiederholte sich dreimal in einer solchen Vehemenz, dass ich schlussendlich nicht mehr fürchtete, den Connecting Flight, wie es international lautet, zu versäumen, sondern dass sich der Pilot wegen des tatsächlichen oder vermeintlichen VIP-Status' von Gästen zu einem unüberlegten Start bei widrigen Bedingungen hinreißen ließe. Zum Glück war dies nicht der Fall und trotz erheblicher Verspätung erreichten alle noch den Flug nach Wien. Aber allein die Tatsache, dass der erfahrene Gast dies nicht für ausgeschlossen hält, zeigt: Hierarchie ist in China nicht alles, aber vieles.

Bei offiziellen Banketten ist die unerfahrene Langnase allerlei Gefahren ausgesetzt. Die erste Herausforderung besteht darin, die winzige, gerade einmal den Boden des Glases bedeckende Menge Rotwein nicht auf einen Schluck auszutrinken und überhaupt nur dann davon zu nippen, wenn von einer Person an der Festtafel ein Toast ausgebracht wird. Es geziemt sich hingegen nicht, wie bei uns üblich, zu einem guten Essen sozusagen grundlos und ohne Trinkspruch ein Glas Wein zu genießen. Es hätte auch überhaupt keinen Sinn, dies zu versuchen, da die bezaubernden Damen vom Service immer nur einen winzigen Schluck nachschenken, wenn das Glas geleert ist. Versucht ihnen der Gast durch Handbewegungen zu signalisieren, dass er gerne mehr vom Rebensaft konsumieren würde, erhöhen sie die Dosis auf die doppelte Menge, was nunmehr ungefähr zwei Tropfen entspricht. Spätestens dann resignieren 90 Prozent aller Langnasen. Der Teufel schlummert aber auch im Detail, was den Zeitpunkt betrifft, zu dem man selbst das Glas erhebt und eine Tischrede hält. Tut man dies zu früh, zum Beispiel unmittelbar nach dem Gastgeber, könnte der Eindruck entstehen, man wolle als westlicher Gast die Anmaßung begehen, sich mit Ersterem hierarchisch auf eine Stufe zu stellen. Wartet man zu lange zu, kann sein, dass das Bankett schon vorher zu Ende ist, weil nach dem letzten Toast des Gastgebers sofort alle Teilnehmer fluchtartig den Saal und das Gebäude verlassen. Also zeitlich in der Mitte angesiedelt. Aber auch das kann schiefgehen, wie ich bei meinem allerersten Chinabesuch 2006 erleben konnte. Was ich für den geeigneten Zeitpunkt hielt, um meine Dankesrede zu sprechen, erachteten meine Gastgeber offenbar als Schlussworte, und flugs war die Tafel aufgehoben, während wir hungrig den vielen auf dem Tisch verbliebenen Köstlichkeiten nachtrauerten.

Isst man als Eingeladener alles auf, was der Gastgeber servieren hat lassen, verliert dieser sein Gesicht und ist gnadenlos blamiert. Aber keine Sorge, um dies zu schaffen, müsste man vermutlich die gallische Comicfigur Obelix sein. Bei wirklich großen Festbanketten von Stadt- oder Provinzregierungen, wenn Vorspeiseteller, auf denen mit durchsichtiger, bedruckter Klebefolie die Menüfolge angebracht ist, als Speisekarten dienen, kann es den Gästen am Ehrentisch hingegen widerfahren, dass sie mit leerem Magen ins Hotel zurückkehren, obwohl acht Gänge serviert wurden. Dies ist dem Ritual des permanenten Tischumkreisens, Zuprostens und Smalltalk-Führens geschuldet. Während die Ehrengäste mit dem Verteilen sowie Entgegennehmen von Visitenkarten und dem Anstoßen beschäftigt sind, werden von den Kellnerinnen knallhart die noch unberührten Speisen wieder abserviert, um für den nächsten Gang Platz zu schaffen, welchen die Honoratioren mit hoher Wahrscheinlichkeit ebenso wieder versäumen werden. Eines Morgens erzählte mir William Fei nach einem derartigen Bankett, dass er am Vorabend, nach dem Empfang, noch zu einem nahegelegenen Burger-Restaurant gegangen sei, um seinen Hunger zu stillen.

Lernen Sie annähernd akzeptabel mit Stäbchen zu essen, so rasch Sie es nur schaffen können. Lassen Sie sich nicht von herrlichen westlichen Gedecken bei organisierten Empfängen oder in touristischen Restaurants von Millionenmetropolen einlullen und täuschen. Die Nagelproben des wahren Lebens kommen erstens dann, wenn Sie es nicht erwarten, und zweitens schneller, als Sie glauben. Auch in noch so stilvoll eingerichteten Restaurants, in denen wunderbare Köstlichkeiten kredenzt werden, ist es keine Seltenheit, dass es außer Stäbchen lediglich – wenn überhaupt – Gabeln, aber keine Messer gibt. Um aber wenigstens einen Teil westlichen Bestecks zu ergattern, müssen Sie zuvor die Hürde meistern, Ihren Wunsch so zu artikulieren, dass er zumindest von einer der vermutlich zehn anwesenden Kellnerinnen verstanden wird. Gibt es Messer und Gabel, ist es beeindruckend mitanzusehen, wie schnell Einheimische zwischen den Esswerkzeugen wechseln. Wurde eben noch der Reis in Windeseile mit den Gehölzen dem Mund zugeführt, werden ebendiese beinahe zur Seite geschleudert, sobald ein Kotelett serviert wird. In einer Eleganz, als hätte der Chinese neben Ihnen noch nie etwas anderes verwendet, wird das Besteck widmungsgemäß benutzt. Haben Sie als Westler erfolgreich gelernt, mit Stäbchen nicht nur umzugehen, sondern damit auch dem Hungertod zu entrinnen, bleiben Sie demütig, und stecken Sie keinesfalls Ihr neues Lieblingswerkzeug mit Triumphgeheul in die volle Reisschüssel vor Ihnen. Ein derartiger Akt gilt im Reich der Mitte als unhöflich und hat daher unbedingt zu unterbleiben.

Langnasen sollten jeden noch so kurzen Aufenthalt im Hotelzimmer dazu nützen, um zu überprüfen, ob ein Toilettengang – etwaig auch ein längerer – notwendig ist oder präventiv angebracht erscheint. Denn man weiß nie, was kommt. Das gilt in China ganz besonders für WC-Anlagen. Ein Grund für die Vorsicht kann in der Schärfe oder Gewürzmischung der Speisen begründet sein, die einen unerwarteten und sehr plötzlichen Klosettgang notwendig machen. Manchmal herrscht nach dem gemeinsamen Speisen ein regelrechter Andrang von Westlern auf den Toiletten, die in aller Regel orientalisch ausgerichtet sind. Sprich: Lediglich ein Loch im Boden, zumeist ohne Haltegriffe an den Wänden und leider vielfach auch ohne Toilettenpapier, weil dieses würde das Loch verstopfen, so die Einheimischenmeinung. Manchmal gibt es in der WC-Kabine einen Wasseranschluss mit einem kurzen Schlauch, mit dem man sich den Allerwertesten sauber spritzen kann. In der Tat sehr hygienisch, birgt diese Praxis nur ein Problem in sich. Da es keine Utensilien zum Abtrocknen gibt – eben kein WC-Papier! –, fühlt sich der Ehrengast im schwarzen Anzug unwohl, wenn er mit nassem Hinterteil und feuchter Hose in den Festsaal zurückkehrt. Aber es kann auch der Gang zu einem Pissoir zu einem Urlaubshighlight werden, wenn Sie in der Mitte des Aborts Position einnehmen, der Mann links von Ihnen sich zu Ihrer Verwunderung übergibt und der Mann rechts von Ihnen sich in das Urinal setzt, um zweckentfremdend eine größere Angelegenheit zu verrichten, wie einem Kollegen von mir am Internationalen Bierfest der Stadt Harbin passiert ist. Man lernt bei diesen Reiseerlebnissen eines besonders zu schätzen: Das westliche Klo im Hotelzimmer, mit Brille und WC-Papier, aber ohne -Bürste. Nur, was spielt das schon für eine Rolle, im Gegensatz zur unfreiwilligen Schranz-Hocke im orientalischen WC des Restaurants. Reisetipp: Sollten mehrere WC-Kabinen frei sein, schauen Sie alle durch. Des Öfteren ist eine Zelle dabei, die ein westliches, nicht-orientalisches Klo beheimatet. Die Frage des Toilettenpapiers ist damit aber nicht geklärt!

Wirkliche Belastungen für das Immunsystem westlicher Gäste in China stellen die permanenten Temperaturschwankungen dar. Damit sind aber nicht die Unterschiede zwischen den Provinzen Hainan und Heilongjiang, sondern jene zwischen Außen- und Innentemperatur gemeint. Besonders in Südchina, aber auch schon in Peking scheint es zu einem Sport der Betreiber geworden zu sein, die Klimaanlagen in Konferenzräumen, aber auch in Hotelzimmern so hoch aufzudrehen, dass die Raumtemperaturen oft nur 16–18 Grad Celsius betragen, während sich im Freien weit über 30 Grad Celsius messen lassen. Wer diese Wechselbäder erlebt hat, wird verstehen, dass viele Ausländer, die in China arbeiten, permanent mit Verkühlungen zu kämpfen haben, wie mir auch der vormalige österreichische Generalkonsul in Shanghai, Michael

Heinz, zu berichten wusste. Diese gehen so vonstatten: Der ausländische Gast kommt, ob der enormen Hitze bereits leicht verschwitzt, in den Tagungsraum. Dort genießt er vorerst die niedrige Raumtemperatur, während er rasch bemerkt, wie die Schweißperlen auf seiner Stirn gefühlsmäßig zu kristallisieren beginnen. Nach kurzer Zeit stellt sich Unbehagen ein, weil man sich zwar noch immer verschwitzt fühlt, aber dennoch zu frieren beginnt. Von da an ist die Situation ausweglos. Egal, ob Sie eiskaltes Cola oder brühend heißen Tee serviert bekommen, nichts erscheint Ihnen mehr passend. Der Grundstein für eine Verkühlung ist spätestens dann gelegt, wenn man wieder in die feuchte Hitze wechselt, die vor dem Konferenzzentrum herrscht.

Im Hotel bleibt für alle, die nicht bei 16 Grad Celsius schlafen möchten, ein unsichtbarer »Kampf« mit dem Reinigungspersonal unausweichlich. Egal, wie oft der Gast die Temperatur auf 20 Grad einstellt, die Servicekräfte scheinen immer zu »obsiegen«. Kommt man nach dem Frühstück ins Hotelzimmer retour, sind die Betten gemacht und die Raumtemperatur wurde auf 16 Grad heruntergeregelt. Verlässt man am Nachmittag nach einem kurzen Aufenthalt zum Kleidungswechsel wieder das Zimmer, erscheint eine Hotelangestellte, sieht nach dem Rechten, legt eine Süßigkeit auf den Kopfpolster und erkennt, dass die Raumtemperatur viel zu hoch (20 Grad Celsius) eingestellt ist. Ein kurzer Griff zur Klimaanlage, und schon darf man sich wieder auf einen bewohnbaren »Kühlschrank« freuen, sobald man am Abend, nach einem terminerfüllten Tag, ins Zimmer zurückkehrt. Ich habe einmal in einer heißen Juni-Nacht in einem Pekinger Hotelzimmer die Klimaanlage abgedreht, weil diese unerträglich laut war und somit ein Schlaf unmöglich schien. Da es im Zimmer sehr kühl war, nahm ich an, dass auch ohne Betrieb der Air Condition ein angenehmer, durchgehender Schlaf bis zum Morgengrauen möglich sein würde. Nach drei Stunden wachte ich jedoch auf, da mir bereits Schweißperlen auf der Stirn standen. Von der kühlen Raumluft war nichts geblieben. So musste ich abwägen, laute Klimaanlage versus heißes Zimmer. Ich entschied mich für den Lärm. So gesehen lässt sich das immense Herabkühlen der Räume in Ost- und Südchina doch einigermaßen erklären.

»Westliche Besucher stehen in China permanent im Fokus der Passanten. Je ländlicher die Region, desto mehr, lautet die einfache Grundregel. Bewegt sich die Langnase einmal fernab der touristischen Pfade, kann es schon mal zu einem kleinen Menschenauflauf kommen. […] Der Grund für das ungehemmte Angaffen: Jahrhundertelang war China abgeschottet, kaum ein Ausländer fand den Weg ins Reich der Mitte […].«[80] Dies gilt jedoch schon lange nicht mehr für Weltstädte wie Peking und Shanghai. Aber auch wenn Langnasen in chinesischen Metropolen nichts Außergewöhnliches mehr sind, wollen immer noch viele Einheimische mit blonden Ausländerinnen oder mit großgewachsenen Ausländern

---

80 http://www.focus.de/reisen/china/tid-9772/kulturschock-langnasen-als-wandelnde-attraktion_aid_298128.html

ein Foto machen. Hat der lǎowài auch noch einen beachtlichen Bauchumfang wie ich, steigert dies die Attraktivität des Objektes enorm. In aller Regel nähern sich sodann freundliche, zumeist junge Chinesinnen und Chinesen, fragen nach einem gemeinsamen Foto (natürlich ein Selfie), kichern dabei unaufhörlich, sehen dieses umgehend am Display des Fotoapparates an, kichern nun noch mehr, bedanken sich artig und entschwinden. Bei einem dieser Vorgänge auf Sun Island in Harbin, bei dem sich meine beiden Fotopartnerinnen offenbar besonders über meinen voluminösen Körper amüsiert zeigten, sagte ich zum Abschied »Buddha is still alive!«[81] Das Kichern wich einem herzhaften Lachen.

Ich hatte vor einigen Jahren auf eben dieser Sonneninsel ein Erlebnis der ganz besonderen Art, das ich bis an mein Lebensende nicht vergessen werde. Gemeinsam mit einem Reisepartner bestieg ich gegen Bezahlung eines geringen Entgelts ein Golfcaddy, mit dem Inlands- wie Auslandsbesucher von einem Fahrer durch das riesige Naherholungsgebiet chauffiert werden. Es handelt sich dabei um die angenehme Möglichkeit, bei kühlem Fahrtwind dieses wunderbare Naturareal zu genießen. In dem Gefährt mit zwei Gästesitzreihen hatte vor uns ein Paar mit einem kleinen, etwa drei Jahre alten Jungen Platz genommen. Schon nach kurzer Zeit war deutlich sichtbar, dass den Buben die große Langnase hinter ihm viel mehr interessierte als Flora und Fauna der Sonneninsel. Während der ganzen Fahrt richtete der Kleine seine Blicke fast ausschließlich auf mich.

---

81 »Buddha lebt!«

Seinen Eltern war dies nicht entgangen, und es amüsierte sie sehr. Sie fragten höflich, woher wir kämen und warum wir Nordchina besuchten. Am Ende der Fahrt, die der Junge eingehend zum Bestaunen des »riesigen« Ausländers genutzt hatte, fragten seine Eltern, ob ich mit ihnen ein gemeinsames Foto machen würde – es sei der ausdrückliche Wunsch des Kindes. Gerne willigte ich ein, und mein Begleiter bot sich als Fotograf an. Die Eltern gruppierten sich aufgeteilt links und rechts neben mir, ich nahm den Junior auf den Arm, und der Eingangstorbogen von Sun Island gab einen wunderbaren Hintergrund ab. Nachdem das Foto gemacht war, und ehe ich den Junior wieder zu ebener Erd' absetzen wollte, geschah etwas völlig Überraschendes. Der kleine Bub schaute mich mit seinen dunklen Augen kurz, aber intensiv an und gab mir, der überdimensionalen, bleichen Langnase mit Bart, plötzlich ein Bussi auf den Mund. Das sind – wunderbare und nicht planbare – Momente, in denen sogar geübte Politiker sprachlos sind.

Eine Langnase, die in China verehrt wurde und wird, aber in Österreich leider nahezu in Vergessenheit geraten ist, war der österreichische Arzt und spätere General in Maos Armee, Jakob Rosenfeld. Ich begab mich auf eine Spurensuche. In Zhōnghuá (China), aber auch in Àodìlì.

Ein Österreicher als General Luó Shēngtè in China – eine Spurensuche

»In Europa kennt den Österreicher Dr. Jakob Rosenfeld kaum jemand. In China wird er als Held verehrt.«[82] Der hierzulande fast Vergessene wurde am 11. Jänner 1903 im österreichisch-ungarischen Lemberg, der Hauptstadt Galiziens (heute Lwiw, Ukraine), als Sohn von Michael und Regina Rosenfeld, geboren. Die Eltern gehörten der jüdischen Glaubensgemeinschaft an, und der Vater des kleinen Jakob war Unteroffizier im k. u. k. Galizischen 7. Ulanenregiment Erzherzog Carl Ludwig. Diese Tätigkeit hatte 1910 auch den Umzug der gutsituierten Familie nach Wöllersdorf (Niederösterreich, Bezirk Wiener Neustadt) zur Folge, wo der Berufssoldat eine Anstellung als Militärbeamter fand. Regina Rosenfeld galt als extrem hilfsbereit und überaus sozial eingestellt. Sie engagierte sich für Kranke und Arme und prägte ihren Sohn mit ihrer fürsorglichen Art außerordentlich stark.

Jakob besuchte zunächst die Kaiserjubiläumsschule in Wöllersdorf. Danach wechselte er an das Staatsgymnasium, das heutige Bundesgymnasium

---

82 http://religionv1.orf.at/projekt03/tvradio/kreuz/kq080812_maos_general_fr.htm

Babenbergerring, in Wiener Neustadt. Dort maturierte der stets gute Schüler 1921, um dann seinem bereits lange gehegten Wunsch des Medizinstudiums nachzugehen. Jakob Rosenfeld promovierte an der Universität Wien im Alter von 25 Jahren mit den Fachgebieten Urologie und Gynäkologie zum Dr. med. univ. Von 1928–1930 war er in der Rudolfstiftung, zunächst im internistischen, später im chirurgischen Bereich tätig. »Beim Urologen Prim. Dr. Sagstätter erlernte er sehr intensiv urologisch-chirurgische Eingriffe, eine Fertigkeit, die ihn später in China zu höchstem Ansehen brachte. Letztlich vermittelte ihm der Gynäkologe Prof. Werner jene Kenntnisse, die ihn später in China zum ›Retter der Frauen‹ werden ließen.«[83] Danach wechselte Rosenfeld in das Krankenhaus der Kultusgemeinde, um eine Stellung als Sekundararzt anzunehmen. 1934 verließ er die Klinik, da er in der Wiener Neustädter Innenstadt, an der Adresse Herzog-Leopold-Straße 7, gemeinsam mit seiner Schwester Steffi eine Praxis eröffnete. Jakob war für die Bereiche Urologie und Gynäkologie, Steffi für Allgemeinmedizin und Zahnheilkunde zuständig. Einige Jahre später verlegte der junge Arzt seine Ordination nach Wien, in die Riemergasse 14. Rasch galt Jakob Rosenfeld mit seiner mondän eingerichteten Praxis als Arzt der Reichen und Berühmten, verdiente gut und brauchte sich wirtschaftlich keinerlei Sorgen zu machen. Aber schon bald musste auch der junge

---

83 Mader, Bernd: Vom Exilanten zum Brigadegeneralsarzt in China. http://austria-forum.org/af/Wissenssammlungen/Essays/Medizin/Jakob_Rosenfeld

Mediziner die Vorboten des Faschismus erkennen. In Wöllersdorf, seiner Heimat, hatten die Schergen der Vaterländischen Front, die Sammelbewegung des austrofaschistischen Ständestaates, bereits 1934 ein Anhaltelager für politische Gefangene, vorwiegend Sozialdemokraten und Kommunisten, errichtet. Ein Alarmsignal für den der marxistischen österreichischen Sozialdemokratie nahestehenden Rosenfeld. Nach dem Anschluss Österreichs an Hitler-Deutschland im März 1938 verschärfte sich die Situation insbesondere für Nonkonformisten und Juden dramatisch. Nur kurze Zeit später, am 23. Mai, wurde Rosenfeld verhaftet und in weiterer Folge in den Konzentrationslagern Dachau und Buchenwald interniert. Nach einem Jahr Haft, geprägt von Misshandlungen und Schlägen (er trug dadurch eine funktionsunfähige Niere davon), weil er sich für kranke Mithäftlinge eingesetzt und diese behandelt hatte, wurde »Jaki« mit der Auflage, innerhalb von 14 Tagen das Land zu verlassen, aus dem KZ entlassen. Da die Zeit drängte, erschien Shanghai »mit seinen internationalen Konzessionen« als die einzige rasch umzusetzende Möglichkeit, »wo man ohne größere Hindernisse von Bord gehen« konnte.[84]

In Shanghai angekommen, war sein Beruf nunmehr Glücksfall und Rettung zugleich. Rosenfeld musste in kein Emigranten-Auffanglager, sondern konnte ungehindert praktizieren. Ein Berufskollege

---

84 Kaminski, Gerd (Hg.): Ich kannte sie alle. Das Tagebuch des chinesischen Generals Jakob Rosenfeld. Wien 2002, S. 19

zeigte sich menschlich wie solidarisch und erlaubte dem Neuankömmling in seinen Räumlichkeiten eine urologische und gynäkologische Ordination zu betreiben. Obwohl es der Arzt nach den Schrecken des KZ-Aufenthaltes und der Vertreibung wieder zu einem angesehenen Mann der Gesellschaft mit gehobenem Lebensstil gebracht hatte, erklärte er sich 1941 bereit, »berührt von den Leiden der chinesischen Bevölkerung am Kampf gegen die japanischen Invasoren teilzunehmen und in den von der KPCh kontrollierten Gebieten für eine ansprechende medizinische Hilfe zu sorgen.«[85] Rosenfeld schrieb dazu in sein Tagebuch: »Der jähe Wechsel von all der Bequemlichkeit Shanghais, dem Luxus einer amerikanisierten Großstadt zu der tiefen Primitivität und grenzenlosen Armut des Inneren China ist erschütternd. Wir schreiben den 25. März 1941.«[86] Der ehemalige Mediziner der Wiener Upper Class wurde zum Feldarzt in Mao Zedongs Volksbefreiungsarmee im Bürgerkrieg gegen die konservativ-nationalistische Kuomintang-Partei von dessen Widersacher Chiang Kai-shek und zum Mitglied der Kommunistischen Partei Chinas. Er wirkte in der Shandong-Provinz und in der Mandschurei, wo er Leiter des Gesundheitswesens der 1. Armee (Gesundheitsminister) wurde. Sein Aufstieg vollzog sich bis zum General – genannt Luó Shēngtè – der Volksbefreiungsarmee. 1949 notierte er in sein Ta-

---

85 http://www.dasrotewien.at/rosenfeld-jakob.html
86 Kaminski, Gerd (Hg.): Ich kannte sie alle. Das Tagebuch des chinesischen Generals Jakob Rosenfeld. Wien 2002, S. 57

gebuch: »Mao Tse Tung! In 4-jährigem Bürgerkrieg siegte die kommunistische Partei unter seiner Führung gegen Tschian Kai Shek und die Wallstreet. Das Land gehört den Bauern, das Land ist frei. Und frei sind der Arbeiter in der Fabrik und der Student in der Schule! Über das ganze große China, aus hunderten Millionen Lippen braust der Ruf: Mao Tse Tung Woan sue!«[87] Danach kehrte Jakob Rosenfeld nach Österreich zurück, um sein veritables Herzleiden behandeln zu lassen. Aber es war nicht mehr seine alte Heimat, die er vorfand. Der Vater war schon während seiner KZ-Haft einem Krebsleiden erlegen, seine Mutter 1941 von den Nationalsozialisten in Minsk durch Gas ermordet worden, viele Verwandte waren weggezogen, und sein Traum, zum österreichischen Botschafter in China ernannt zu werden, erfüllte sich nicht. Obwohl er Mitglied der Kommunistischen Partei Chinas war, misslang es ihm, zügig ein Visum für die Volksrepublik zu erhalten, sodass er Israel als Zwischenstation anpeilte, wo er in einem Krankenhaus in Tel Aviv tätig wurde. 1952 erlag er wenige Monate nach der Einreise dem Herzleiden, seine zweite Heimat China sollte er nicht wiedersehen. Jakob Rosenfeld fand am Kiryat Shaul Friedhof in Tel Aviv seine letzte Ruhestätte.

Bald geriet der Mann, der Dr. Jakob Rosenfeld und General Luó Shēngtè gewesen war, in Vergessenheit. Doch es gab Personen, die sich seiner erinnerten, seine Leistungen hochhielten und zum Gedenken aufriefen. Besondere Bewegung in die Erinnerungskultur brachten, nachdem der Huma-

---

87   Ebenda, S. 192

nist Rosenfeld jahrzehntelang dem Vergessen anheim gefallen war, ab den frühen 1990er-Jahren der Chinaexperte und geschäftsführende Vizepräsident der ÖGCF Gerd Kaminski (später Herausgeber der wiederentdeckten Rosenfeld-Tagebücher) sowie der antifaschistische Widerstandskämpfer, Ex-KZ-Häftling, Historiker und Sozialforscher Karl Flanner. In seinem 1980 gemeinsam mit Else Unterrieder herausgebrachten Buch »Von Österreichern und Chinesen« ging Professor Kaminski erstmals öffentlich auf das bewegende Schicksal von Jakob Rosenfeld ein. Da die Publikation teilweise ins Chinesische übersetzt wurde, rief dies auch in der Volksrepublik Erinnerungen an Luó Shēngtè wach. Es sollten noch einige Jahre vergehen, ehe der große Mitmensch Rosenfeld posthum die ihm zustehenden Ehrungen erhalten würde, aber als diese ausgesprochen wurden, waren sie mehr als würdig und imposant. Im Oktober 1992 erfolgte die feierliche Benennung eines Krankenhauses im Kreis Junan der bezirksfreien Millionenstadt Linyi, welche in der ostchinesischen Provinz Shandong (mit rund 96 Mio. Einwohnern auf Platz 2 in der Volksrepublik) angesiedelt ist, in Dr.-Jakob-Rosenfeld-Spital. Dem Festakt der Namensgebung und der Enthüllung einer Statue wohnte von österreichischer Seite eine hochrangige Delegation, angeführt von Bundesrats-Vizepräsident Walter Strutzenberger und Gesundheitsminister Michael Ausserwinkler, bei. Zwei Jahre später besuchte Hermann Schifer, ehemaliger Hauptschuldirektor in Wöllersdorf, das Klinikum und gab folgende Beschreibung ab: »Unweit des Gästehauses mit seinem für China typisch großen Vorplatz steht das Rosenfeld-Hospital. Eine Anlage, die nach der Fertigstellung in ihrer Ausdehnung jene unseres Wiener Neustädter Spitals weit übertreffen wird. Schon das jetzt bestehende Gebäude ist imposant. Wir schritten an ihm entlang und standen überrascht vor einem sicher auch für China mächtigen Denkmal. Auf einem neunstufigen Podest, erhöht durch einen etwa zwei Meter hohen Steinquader, steht eine sicher vier Meter große Männergestalt aus weißem Marmor; das Denkmal für den Österreicher Dr. Jakob Rosenfeld. In der Pose an ein Mao-Denkmal erinnernd, blickt die Gestalt in die Ferne. Diese Steinfigur ist vielleicht das größte Denkmal, das man in China einem Ausländer errichtete.«[88] In den Folgejahren ging es mit weiteren Würdigungen Schlag auf Schlag. Das Unfallkrankenhaus Graz brachte im September 1993 »Zur Erinnerung an den großen Arzt, Humanisten und Freund Chinas« eine Gedenktafel »Gewidmet vom Ehrenpräsidenten der Österreichisch-Chinesischen Gesellschaft Dr. Helmut Sohmen« an. Zahlreiche Publikationen, Filmprojekte, Podiumsdiskussionen und Ausstellungen in China, Österreich und Israel beschäftigten sich mittlerweile mit jenem Mann, der aufgrund seiner enormen medizinischen Fähigkeiten in Fernost, in Anlehnung an die fast magisch verehrten Döschen, »Tigerbalsamdoktor« genannt wurde. 1998 besuchte eine hochrangige chinesische

---

88 Verein Museum und Archiv für Arbeit und Industrie im Viertel unter dem Wienerwald (Hg.): Dr. Jakob Rosenfeld – ein großer Wöllersdorfer. Wiener Neustadt 1995, S. 2

Abordnung das südliche Niederösterreich, um dabei zu sein, wie nunmehr nach der Provinz Shandong, wo er medizinisch gewirkt hatte, auch seine einstige Heimat Wöllersdorf und seine Schulstadt Wiener Neustadt des großen Sohnes gedachten. Der Enthüllung des Gedenksteins (»Der als Arzt u. Menschenfreund für sein Wirken in China hochverehrte Dr. Jakob Rosenfeld verlebte in diesem Haus seine Jugendzeit. Marktgemeinde Wöllersdorf-Steinabrückl 1998«) wohnten der stellvertretende Präsident des Ständigen Ausschusses des Nationalen Volkskongresses Bu He, der Vizepräsident der »China Friendship Peace and Development Foundation« Chen Haosu sowie der Botschafter in Österreich Liu Changye bei. Die Benennung einer Verkehrsfläche in Dr.-Jakob-Rosenfeld-Gasse durch den Gemeinderat der Wöllersdorf-Steinabrückl erfolgte ebenso zu dieser Zeit. Neben einem Empfang im Wiener Neustädter Rathaus durch Bürgermeisterin Traude Dierdorf besuchten die hohen Gäste auch das BG Babenbergerring, jenes vormalige Staatsgymnasium, an dem Jakob Rosenfeld maturiert hatte. Gemeinsam wurde ein Bild des ehemaligen Schülers enthüllt.

Die Erinnerungskultur an den Arzt und General wurde auch im 21. Jahrhundert weiter gepflegt. 2006 erfolgte im 22. Wiener Gemeindebezirk die Benennung einer Kinder- und Jugendfreizeitanlage in Jakob-Rosenfeld-Park. Bereits ein Jahr zuvor wurde bei der Wiener Rudolfsstiftung, welcher der zu Ehrende zwei Jahre beruflich gedient hatte, eine Gedenktafel installiert. Am fünften Tag der Olympischen Spiele in Peking 2008 strahlte der ORF im Rahmen der Sendereihe »kreuz und quer« die Dokumentation »Maos General – Das erstaunliche Leben des Jakob Rosenfeld« aus. Eine Ausstellung über Luó Shēngtè war auch Teil des österreichischen Rahmenprogramms für die EXPO 2010. Im Vorlauf zur Weltausstellung war in Shanghai bereits die Schau »Große Österreicher und ihre chinesische Heimat« über Jakob Rosenfeld und den österreichisch-jüdischen Maler Friedrich Schiff zu sehen. Bereits von Herbst 2006 bis Anfang 2007 hatte das Wiener Jüdische Museum die Ausstellung »Bewegtes Leben des Generals in Maos Armee« dargeboten. Im April 2015 besuchte der chinesische Botschafter in Israel, Zhan Yongxin, das Grab und würdigte die Verdienste des Unvergessenen.

Im Sommer 2012 besuchte ich das Jüdische Museum in Harbin, jene Stadt, über die der Generalarzt in seinem Tagebuch Folgendes geschrieben hatte: »Harbin war unsere Stadt geworden. Die Fabriken arbeiteten mit Volldampf. In jedem Betrieb gab es technische Komitees, wo nicht nur Ingenieure, sondern auch Arbeiter Vorschläge für Neuerungen und Verbesserungen der Methoden vorbrachten, die Produktion zeigte eine steil aufsteigende Linie. [...] Arbeiter und Studenten feierten in großen Demonstrationen den Geburtstag der Armee, den 2. Jahrestag des japanischen Zusammenbruchs, den Tag der russischen Oktoberrevolution. [...] Große Spitäler in Harbin, Cicihar und anderen Städten waren errichtet worden, wo hunderte von jungen Medizinern, graduiert von der Hochschule in

Ja-Mo-Sse[89] ihre praktische Ausbildung genossen.«[90] Der britische Journalist Alan Wellington hatte Rosenfeld 1948 in Harbin gezeichnet. Nun war ich in dieser Stadt und begab mich auf Spurensuche nach Luó Shēngtè, und tatsächlich wurde ich fündig. Im überaus interessanten und sehenswerten Jüdischen Museum wird Jakob Rosenfeld mit einer Schautafel gewürdigt, die ihn in Uniform der Volksbefreiungsarmee zeigt. »Der treue Freund des chinesischen Volkes Rosenfeld (1903–1952) ist ein österreichischer Jude« lautet der Begleittext. Ich hielt inne. In Wöllersdorf, der mir gut bekannten Nachbargemeinde, war dieser so mutige Humanist aufgewachsen. In Wiener Neustadt, meiner Geburts- und Heimatstadt, hatte er maturiert. In Harbin, wo ich mich gerade befand, hatte er gewirkt. Lediglich in der Provinz Shandong, wo ein Krankenhaus nach ihm benannt ist, bin ich noch nie gewesen. Wieder ein Grund mehr, nach China zu reisen.

---

89 Jiamusi
90 Ebenda, S. 171

Auf dem Land

Anfang Mai 2015 teilte ich schon im Vorfeld einer Chinareise meinen Freunden vom Harbiner Außenamt den Wunsch mit, ein Dorf zu besuchen, um zusätzliche Eindrücke vom einfachen Leben der Menschen auf dem Land, abseits vom Glitzern offizieller Festbankette, zu bekommen. Obwohl sich auf dem Programm, das meine kleine Delegation nach unserer Ankunft ausgehändigt bekam, kein derartiger Ausflug wiederfand, wurde mir mitgeteilt, dass meinem Ersuchen entsprochen werden würde. Und nach einigen Tagen Aufenthalt war es so weit, wir traten im Kleinbus die Reise ins Ungewisse an. Bei schönem Wetter konnten wir lange Zeit durch die Fenster unseres Wagens das übliche Bild betrachten. Hochhaus um Hochhaus, Wolkenkratzer um Wolkenkratzer, riesige Glasgebilde und Wohnghettos in den schier unendlichen Weiten der Millionenstadt Harbin. Auch als uns bedeutet wurde, dass wir angekommen waren und es Zeit zum Aussteigen sei, wirkte die Umgebung noch immer urban und keineswegs ländlich. Es beschlich mich das Gefühl, dass man mir, vielleicht aus Scham, keine dörfliche Struktur zeigen wollte, als wir von zwei lokalen Beamten in der Nähe von modernen Bürogebäuden empfangen wurden.

Obwohl der uns zu Beginn gezeigte kleine Park mit Biotop nahe einem Gebäudekomplex nicht nur gepflegt, sondern auch einladend wirkte und in der Tat sicher ein angenehmes Naherholungsgebiet darstellte, war meine Enttäuschung groß. Das war nicht das, was ich sehen wollte. Doch nach einem wenige Minuten dauernden Rundgang wurden wir ersucht, wieder im Fahrzeug Platz zu nehmen und dem Auto der beiden Verwaltungsmitarbeiter zu folgen. Nach kurzer Zeit waren wir nicht nur am Ziel unserer Fahrt, sondern auch am Ziel meiner geäußerten Bitte. Jinxing, eine chinesische Kleinstkommune mit rund 3.000 Einwohnern, Teil von Songbei Town (Gesamtfläche 127 km², 33.334 Einwohner/ davon 17.758 im Sektor Landwirtschaft tätig), das wiederum verwaltungstechnisch zum Songbei-Bezirk Harbin gehört, bot einen wunderbaren Blick auf ein anderes China, abseits touristischer Pfade in Weltstädten wie Peking oder Shanghai. Hier sind die Straßen noch unbefestigt und nach Regenfällen schlammig, hier ist das Fahrradfahren noch nicht lebensgefährlich. Obwohl einige Autos zu beobachten waren, dominierten nicht-motorisierte Fahrzeuge, insbesondere jene mit Anhängern zum Transport von Gütern des täglichen Lebens. Am Ortsbeginn wurde uns ein Gebäude als Hotel vorgestellt, in dem ich, ehrlich gesagt, nicht übernachten möchte, obwohl ich keinesfalls heikel und selbst in einfachen Verhältnissen aufgewachsen bin. Ich habe dies auch nicht vergessen, sondern unsere Bauernhofurlaube in meiner Kindheit noch in guter Erinnerung. Vor dem Haus mit großen, teils runden, teils eckigen Fenstern und einem Balkon über die gesamte Frontseite steht – wie so oft in China – ein schiefer und wenig stabil wirkender Mast, der die Hochspannungsleitungen zu tragen hat. Ganz in der Nähe der Herberge entdeckten wir ein öffentliches WC. Die gemauerte Anlage, mit Öffnungen ohne Fenster und Türen, war separat für Frauen und Männer ausgelegt. Im Inneren fand sich lediglich teils lehmiger, teils steiniger Boden, der offenbar als Pissoir – oder vielleicht auch zur Erledigung größerer »Geschäfte« – diente, und in dem auch leere Zigarettenpackungen, -kippen sowie kleine Plastikflaschen entsorgt wurden. Die Tatsache, dass wir uns einen Überblick verschufen und auch Fotos machten, störte niemanden. In derselben Seitengasse, in der sich die Toilette befindet, besuchten wir auch einen Laden, der insbesondere für den Teil der Dorfbevölkerung, der gar nicht oder nur wenig mobil ist, die Nahversorgung sicherstellte. Das kleine Geschäft bot eine nicht zu geringe Auswahl an Artikeln des täglichen Bedarfs, Lebensmitteln, unter anderem getrocknete Fische, Obst, Gemüse und auch Getränke. Was Fünf-Sterne-Hotels in China oft nicht zuwege bringen – nämlich kaltes Bier und gekühlte Limonaden – war hier durch eine gut funktionierende Kühlschrankvitrine garantiert. Nicht zuletzt erfuhren wir vom Mann an der Theke, dass man um 28 Yuan (ca. 4,12 Euro) Schnaps erwerben konnte, was einer meiner Mitreisenden auch prompt tat. Irgendwie erschien es mir als ein Stück Gerechtigkeit und Freiheit, dass der in Nordchina so beliebte Brand, wenn freilich nicht in der gleichen Qualität wie Maotai, auch für die Landbevölkerung zu erschwinglichen Preisen erhältlich ist.

Die Felder und Glashäuser für Artischocken-, Feigen-, Gurken-, Mais-, Tomaten-, Weintrauben-, Zucchini- und Zuckermelonenanbau machen einen Großteil des dörflichen Lebens aus und sind für viele Bewohner existenzielle Grundlage ihres Lebens. Im Sinne von Urbanitätsstrategien der Stadtregierung werden die Dorfbewohner aber auch mit monetären Anreizen gelockt, wenn sie bereit sind, ihr Land zu verkaufen und einen Wohnungswechsel zu vollziehen, wie uns freimütig erzählt wurde. Das gebotene Geld scheint auf den ersten Blick viel, aber bei genauer Betrachtung ist das Land sicher ein Vielfaches wert, zumal es für Wohnbau umgewidmet werden soll. Andererseits sind die Winter in der Provinz Heilongjiang lang und hart, die Zeiten des Gemüseanbaus dementsprechend kurz, und stets droht die Gefahr von Missernten, Unwettern, oder Insektenplagen. Dennoch, obwohl das Leben als Landwirt in diesem Dorf sicher karg ist, wird wohl kaum einer leichtfertig, ohne sorgfältig abzuwägen, seine möglicherweise seit Generationen bewirtschaftete Scholle aufgeben.

Zurückgekehrt an den ursprünglichen Treffpunkt nahe dem Biotop, stellten uns die Beamten das mehrstöckige Bürogebäude als Sitz der lokalen Verwaltung vor. Im Erdgeschoß fanden wir eine kleine, aber sehr schöne öffentliche Bücherei vor, in der die Bürgerinnen und Bürger kostenlos zahlreiche Tages-, Wochen- und Monatszeitschriften lesen und Bücher entlehnen können. In einem der oberen Stockwerke wurden wir in einen Sitzungsraum geführt, in dem sich mit den beiden Beamten, einer Frau und einem Mann, ein interessantes Gespräch entspann. Stolz erzählten sie uns, dass alle drei Jahre eine demokratische Wahl stattfindet, bei der die Bürgerinnen und Bürger aus mehreren Kandidaten den Dorfvorsitzenden ermitteln. Jinxing ist keine offizielle, von der Regierung gegliederte politische Einheit, sondern als sogenanntes Naturdorf entstanden. Nach den Arbeitsmöglichkeiten der Menschen im Ort befragt, erklärten uns unsere Begleiter, dass die Landpolitik der Lokalregierung sechs Lebensformen stütze und fördere: 1. Die Bürgerinnen und Bürger bekommen finanzielle Zuwendungen, damit sie zu einer Arbeitsstelle in die Stadt pendeln können. So sollen beispielsweise, wie explizit angesprochen, Autokäufe ermöglicht werden. 2. Arbeit in den landwirtschaftlichen Glashäusern und bei der Haustierzucht. 3. Tätigkeit im Post- und Zustellservice. 4. Beschäftigung als Fahrer. 5. Jobs als Reinigungskräfte. 6. Handel mittels Straßenverkauf. Auch die immer wichtiger werdende Arbeit in Kindergärten ließen die beiden nicht unerwähnt.

Ich musste in diesen Momenten unwillkürlich an die Stadt Novi Grad aus der Republika Srpska in Bosnien-Herzegowina denken. Im Jugoslawienkrieg (Bosnienkrieg 1992–1995) wurde das vormalige Bosanski Novi schwer in Mitleidenschaft gezogen und ein Großteil der Wirtschaft zerstört. Heute hat die 29.000 Einwohner zählende Stadt kaum Perspektiven. Keine Industrie, keinen Tourismus, keine finanziellen Möglichkeiten, um die Wirtschaft anzukurbeln und die Infrastruktur zu modernisieren. Viele Ruinen, wie jene eines einst stolzen Hotels, sind sichtbares Mahnmal der Schrecken des Krieges. Wiener Neustadt pflegt seit rund zehn Jahren informelle, aber tiefe freundschaftliche Beziehungen zu Novi Grad und hat durch Spenden von Fußballdressen, Spielzeug, Computern und insbesondere Feuerwehrausrüstung (Helmen, Schläuchen, Atemschutzgeräten) und Feuerwehrfahrzeugen (zwei Tanklöschwägen und ein Kommando-PKW) nachhaltige humanitäre Hilfe geleistet. Wiewohl die Bewohnerinnen und Bewohner in den Häusern des Dorfes Jinxing mit ziemlicher Sicherheit unter noch schlechteren Bedingungen leben als die meisten Menschen von Novi Grad, sind in der chinesischen Kommune Selbstvertrauen und Zuversicht dank des chinesischen Wirtschaftsaufschwungs der letzten Jahre spürbar. An der Stirnseite des Kommunalbüros von Jinxing stehen mehrere Fahnen der Volksrepublik China, ordentlich und würdig drapiert. Während Bosnien-Herzegowina ein tief verunsichertes, aufgrund der Ethnien und Entitäten gespaltenes (Republika Srpska vs. Föderation Bosnien und Herzegowina), nahezu perspektivenloses Land ist, das seit dem Friedensvertrag von Dayton 1995 auf der Basis eines wackeligen Kompromisses mühevoll von einem dreiköpfigen Staatspräsidium gelenkt wird, erfüllt es Chinesen mit Stolz, welchen rasanten Aufstieg ihr Land zurückgelegt hat und dass ihr Präsident Xi zumindest der zweitmächtigste Mann der Welt ist. Das ist in der Stadt so. Ebenso auf dem Land.

Eisessen mit Herrn Li – Peking, anders betrachtet

In den Jahren 2006, 2012, 2013 und 2015 besuchte ich teils dienstlich, teils privat die Hauptstadt der Volksrepublik China (rund 20 Mio. Einwohner), die korrekterweise so heißt, wie die Burgenländer die Gemeinde Pöttsching aussprechen: Beijing. Berühmt für die Verbotene Stadt, den Tian'anmen Platz (Platz am Tor des himmlischen Friedens), den Tiantan (Himmelstempel), die Chinesische Mauer, den Sommerpalast und vieles mehr, die in unzähligen Reiseführern großteils ausgezeichnet und einladend beschrieben werden, lohnt es sich aber auch, Peking abseits der bekannten Sehenswürdigkeiten zu erforschen.

Bei meinem ersten Besuch im Juni 2006 lernte ich neben den für jeden Touristen unverzichtbaren Notwendigkeiten, wie den Kaiserpalast, zwei für China typische Charakteristika kennen. Nach unserem – in Kapitel drei beschriebenem – ersten Besuch in Harbin verbrachten Christian Stocker, Peter Wittmann, Erich Prandler und ich noch zwei Tage in Peking, was wir unter anderem auch zu einer Besprechung mit dem österreichischen Handelsdelegierten nutzten. Bei der Reservierung der Übernachtungen im Vorfeld der Reise wurde meinem Büro seitens des chinesischen Hotels mitgeteilt, dass keine Einzelzimmer zur Verfügung stünden, sodass wir zwei Doppelzimmer gebucht hatten. Als wir nach der Rückkehr aus Nordchina im Pekinger Hotel einchecken wollten, war die Überraschung der Rezeptionistin groß, dass sich vier erwachsene Männer zwei Doppelzimmer teilten. Als wir aufklärend bemerkten, dass wir gerne Einzelzimmer gehabt hätten, uns aber mitgeteilt worden war, dass keine mehr zur Verfügung stünden, geschah etwas für Europäer Ungewöhnliches. Die Dame am Empfang drängte uns zur Auskunft, ob die Schuld bei ihr läge, was wir verneinten. Doch sie gab sich damit nicht zufrieden und bohrte mehrmals fragend nach, ob sie diesen Fehler begangen habe. Erst als wir ausweichend antworteten, dass gewiss wir es gewesen waren, die bei der Buchung in Österreich die Auskunft über die Anzahl der freien Zimmer missverstanden hätten, war die Angestellte erleichtert. Die Situation war für Chinakenner eindeutig. Es ging um Gesicht geben oder Gesicht nehmen. Hätten wir schroff darauf bestanden, dass der Fehler bei ihr läge und uns bei der Reservierung eindeutig mitgeteilt worden sei, dass nicht genug Einzelzimmer zur Verfügung stünden, hätte die Empfangsdame ihr Gesicht verloren.

Auch ein zweites Charakteristikum für chinesische Großstädte, speziell für Peking, lernte ich schon bei meiner ersten Reise kennen: den Smog. Unvergessen wird mir bleiben, als sich meine Reisebegleiter und ich an einem Abend im Innenhof unseres Hotels, umzingelt von Wolkenkratzern mit Glasfassaden, via installierter Großleinwand, auf Heurigenbänken und unter Sonnenschirmen einer berühmten bayerischen Großbrauerei sitzend, ein Spiel der Fußballweltmeisterschaft in Deutschland ansahen und von in Dirndln gewandeten deutschen Kellnerinnen kaltes Weißbier serviert bekamen, während über uns eine dem Smog geschuldete Dunstglocke hing, die eine Nebelstimmung wie zu Allerheiligen vermittelte. Insgesamt wirkte die Szenerie ebenso kitschig wie grotesk. Aber auch das ist China.

Zu Beginn des Jahres 2012 weilte ich für kurze Zeit gemeinsam mit dem in Österreich bekannten Cafetier und Röstereibesitzer Roman Schärf in der chinesischen Hauptstadt. Dabei hatten wir die große Ehre, ein Abendessen mit einer hochrangigen Politikerin der Kommunistischen Partei Chinas verbringen zu dürfen. Und wie so oft war es die liebenswerte, fürsorgliche und immens fleißige Shan Deqin, Harbins Verbindungsbeauftragte zur Stadt Wiener Neustadt, die dieses außergewöhnliche Treffen organisiert hatte. Festlich gekleidet, warteten wir in der Hotellobby, als eine schwarze Limousine vorfuhr. Ihr entstieg eine Jugendfreundin von Frau Shan, die Karriere gemacht hatte. He Yehui und Shan Deqin begrüßten und umarmten einander herzlich. Frau He, geboren 1954 in Nehe City, einer kreisfreien Stadt der bezirksfreien Stadt Qiqihar in der Provinz Heilongjiang, hatte es von Nordchina in die Metropole Peking geschafft, wo ihre beachtliche politische Laufbahn begann. 1972, mit 18 Jahren, begann sie zu arbeiten, studierte aber auch erfolgreich Jus an der Rechtswissenschaftlichen Fakultät der Universität Jilin. 1999 begann ihr Weg als Politikerin zuerst vorwiegend in Komitees für rechtskundliche

Belange des Nationalen Volkskongresses (NVK), so zum Beispiel als Mitglied, teilweise auch als Assistentin des Vorsitzenden, des Ausschusses für internationale und juristische Angelegenheiten. Mit der Aufnahme als Mitglied in den Ständigen Ausschuss des Nationalen Volkskongresses und der gleichzeitigen Bestellung zur stellvertretenden Generalsekretärin dieses Gremiums, erfolgte der große Karriereschritt im Jahr 2003. Der Ständige Ausschuss stellt in Wirklichkeit ein De-facto-Parlament dar, nicht zuletzt, da er die Kompetenz hat, Gesetze zu beschließen. Daran lässt sich erkennen, wie mächtig dieses Gremium im politischen System Chinas und wie hoch die Funktion einer stellvertretenden Generalsekretärin ist. Wir verbrachten einen interessanten gemeinsamen Abend bei Pekinger Küche, wobei sich Frau He vor allem an der weltbekannten Wiener Kaffeehaustradition interessiert zeigte. Allen Rangunterschieden zum Trotz war die stellvertretende Generalsekretärin überaus bodenständig, unkapriziös, höflich und eine interessierte sowie interessante Gastgeberin. Ich hatte in meiner Zeit als Politiker die Ehre, die chinesischen Botschafter in Österreich Lu Yonghua, Wu Ken, Shi Mingde, Zhao Bin, die Bürgermeister Shi Zhongxin, Zhang Xiaolian, Lin Duo, Song Xibin (alle Harbin/Provinz Heilongjiang), Liu Qi und Lu Ziyue (beide Ningbo/Provinz Zhejiang), Li Xiaoping (Pu'er/Provinz Yunnan), Pan Zhaohui (Wuhu/Provinz Anhui), Tianhui Chen (Shiyan/Provinz Hubei), Provinzbürgermeister Wu Zhaopeng (Lingxi Town/Provinz Zhejiang), Kreisbürgermeister Huang Rong Ding (Kreis Cangnan/Provinz Zhejiang) und den Vizebürgermeister der regierungsunmittelbaren Stadt Shanghai, Jiang Ping, kennenzulernen. Ebenso den Parteivorsitzenden von Harbin, Gai Ruyin, und zahlreiche weitere hohe regionale und lokale Funktionsträger der Partei vom Norden über den Osten bis in den Süden. Eines steht fest: Im hierarchiegläubigen China war mein Meeting mit der stellvertretenden Generalsekretärin des Ständigen Ausschusses des Nationalen Volkskongresses in all den Jahren das mit Abstand hochrangigste. Es wird mir stets in guter Erinnerung bleiben. Nach zwei Wahlperioden schied He Yehui 2013 aus ihrer maßgeblichen Funktion aus und trat in den Ruhestand.

Im selben Jahr besuchte ich ein weiteres Mal dienstlich Peking. Da glücklicherweise zwischen den Terminen etwas Freizeit blieb, hatte ich die Gelegenheit, mit meinem Freund Guo Qiao einen Ausflug zur Großen Mauer (Pinyin: Wàn-lǐ-cháng chéng) zu unternehmen – meine Premiere.

Nach rund eineinhalbstündiger Fahrt im Pekinger Morgenverkehr erblickte ich das Bauwerk von Weltruhm, das sich wie ein Wurm in der Landschaft räkelt. Nachdem wir das Fahrzeug abgestellt hatten, erwarben wir die Tickets, und schon konnte es losgehen. Vorbei an Souvenirläden, bestiegen wir die ersten, noch keineswegs historischen Stufen und hatten auf einer Plattform mit Türmen einen herrlichen Überblick über die Dimension der Mauer, die Berge, das schier unendliche Grün und das Tal. Eine atemberaubende Kulisse und ein wahrer Augenschmaus boten sich uns dar. Es war ein wunderschöner, schneefreier Jännertag, für den wir uns mit festen Schuhen und warmem Gewand gewappnet hatten. Nach dem zweiten Plateau, bevor es daranging, den wahrhaft historischen Teil der Mauer zu erkunden, wurden alle Besucherinnen und Besucher auf die Gefahren des bevorstehenden Weges hingewiesen: »IF YOU HAVE OR BRAIN DISEASE, PLEASE ASCEND THE GREAT WALL ACCORDING TO YOUR CAPABILITY.« Was als ernste Warnung gemeint ist, verkommt unfreiwillig zum Touristen-Gaudium und zum beliebten Fotomotiv: »Wenn Sie oder Gehirnkrankheit haben, bitte steigen Sie die Große Mauer gemäß Ihrer Leistungsfähigkeit hinauf.« Der mahnende Hinweis ist ein typischer Fall von »Chinglish«, einer legendär gewordenen Pseudo-Sprache aus vollkommen untauglichen Versuchen, chinesische Begriffe, Ausdrücke und Sätze ins Englische zu übersetzen. Mittlerweile findet man im Internet eine Reihe von Homepages, die sich mit den Highlights an Stilblüten (wie ein WC für »männliche Männer« oder »Rutschen Sie vorsichtig aus«) beschäftigen. Was von der Ferne wie ein gemütliches Stiegensteigen wirkte, stellte sich alsbald als anstrengende Bergwanderung heraus. Wiewohl mir nichts von einer Hirnerkrankung meinerseits bekannt war, merkte ich sehr rasch, wie sehr der Hinweis auf die sportliche Tauglichkeit seine Berechtigung hatte – trotz »Chinglish«. Zum einen waren die Stufen teils doppelt so hoch wie die von herkömmlichen Stiegen, zum anderen waren sie über die Jahrtausende hinweg ausgewaschen, uneben und vollkommen uneinheitlich geworden. Keine Stufe glich der anderen. Auf schmale und ausgebrochene folgten breite, dann wieder hohe, um danach von niederen abgelöst zu werden. Mittlerweile tummelten sich Massen an Besuchern auf der Mauer, viele davon in Reisebussen gekommen, sodass einen das mulmige Gefühl beschlich, was wohl geschehen würde, wenn jemand auf den Stiegen ausrutschte und einen Domino-Effekt mit Menschen auslöste. Ein Festhalten am Geländer erscheint nur für Pygmäen oder Kinder möglich, weil dieses in einer gefühlten Höhe von 1,10 Meter angebracht ist, was als Haltegriff zweifellos der Körpergröße chinesischer Krieger des 13. Jahrhunderts entsprochen hat. Nach einem schweißtreibenden Aufstieg, unterbrochen von mehreren kurzen Pausen, waren wir bei einem weiteren Turm angelangt. So weit und nicht weiter, dachte ich mir, obwohl der herrliche Ausblick für die Mühen entschädigte. Nach einer kurzen Verweildauer, eine lange Rast ist aufgrund des Gedränges kaum möglich, begann der vermeintlich angenehme Abstieg, der sich schon nach wenigen Stufen als noch anstrengender als der Aufstieg herausstellte. Schritt für Schritt das Ringen, nicht aus der Balance zu geraten, keine Chance, sich anzuhalten, Knieschlottern seit Beginn des Abstieges. Manche Mauerkletterer wurden von Erschöpfung oder panikartigen Zuständen übermannt und verweigerten wie störrische Esel jeden weiteren Schritt nach vorne, aber auch zurück. Diese galt es, slalomartig zu umkurven, ohne dabei das Gleichgewicht zu verlieren. Endlich wieder am Ausgangspunkt angekommen, waren Freude und Müdigkeit gleichwohl enorm. Nun fielen mir auch wieder Mao Zedongs Worte ein: »Wer nicht auf die Große Mauer gestiegen ist, ist kein wahrer Mann.« Jetzt war der genau richtige Zeitpunkt für den Ankauf eines Souvenirs. Eine kleine Metallplakette, auf der die Verkäuferin vor Ort meinen Namen eingravierte. »Bernhard has climbed up the Great Wall.«[91] Trotz der Tatsache, dass es Jänner war, dampfte es hochsommerlich aus meiner Kleidung. Die Anstrengung hinterließ ihre Spuren. Den Muskelkater spürte ich noch tagelang.

International nicht so berühmt wie das Palastmuseum oder der Himmelstempel, aber für viele Chinesen von herausragender Bedeutung ist die »Gedenkhalle für den Vorsitzenden Mao«, das Mausoleum des Staatsgründers der Volksrepublik. »Die Chinesen empfinden eine fast religiöse Ehrfurcht, wenn sie Mao physisch vor sich sehen«, urteilt Lonely Planet[92], aber ob man das generalisierend so sagen kann, bezweifle ich, zumal ich den Eindruck habe, dass der Kult insbesondere an vielen jungen Menschen relativ spurlos vorübergeht. Faktum ist jedenfalls, dass sich zumeist riesige Menschenansammlungen, größtenteils Inländer, bilden, um Mao Zedongs Leichnam zu sehen. Viele einheimische Besucherinnen und Besucher kaufen an den Eingängen kleine, cellophanierte Sträuße mit weißen Blumen, um sie auf einer speziellen Vorrichtung vor dem überdimensionalen steinernen Mao-Denkmal – der Vorsitzende ist in sitzender Position abgebildet – in der großen Eingangshalle niederzulegen. Manche verneigen sich dabei. Der Eintritt ist frei, denn jeder Bürger der Volksrepublik soll unabhängig von seinem Einkommen die Möglichkeit haben, würdig Maos zu gedenken. Der Trauerblumenhan-

---

91 »Bernhard hat die Große Mauer erklommen.«
92 Lonely Planet. China. Ostfildern 2013, S. 65

del erscheint mir hingegen ein sehr einträgliches Geschäft zu sein, da ich vermute, dass nach einigen Stunden die abgelegten, aber noch nicht welken Sträuße eingesammelt und wieder verkauft werden. Frische Blumen zu entsorgen wäre zugegebenermaßen vollkommener Unsinn. Schon vor dem Anstellen wird man von Ordnern angewiesen, bei speziell hiefür eingerichteten Garderoben Jacken, Taschen und insbesondere Fotoapparate kostenpflichtig abzugeben. Laut so mancher Reiseführerlektüre sei es Pflicht, den Reisepass bei sich zu führen. Ich kann das nicht bestätigen, zumal bei meinen zwei Besuchen niemand in der Warteschlange nach einem Ausweis gefragt wurde. Das diensthabende Sicherheitspersonal achtet aber darauf, dass man einigermaßen ordnungsgemäß gekleidet ist, sprich Hemden und Blusen nicht zu weit geöffnet hat, Sonnenbrillen abnimmt, Mobiltelefone ausschaltet und sich ab dem Betreten des Mausoleums still verhält. Die Wachleute sorgen auch dafür, dass die Wartenden stets zügig weitergehen, um Staubildungen zu vermeiden. Stehen bleiben oder trödeln wird nicht toleriert. Genauso verhält es sich im Inneren der Gedenkhalle, sodass ein Verharren im zweiten Raum, in dem Mao Zedong in einem gläsernen Sarg, mit traditionellem grauem Anzug bekleidet und von einer chinesischen Nationalflagge bedeckt, aufgebahrt liegt, nicht möglich ist. Vielen Besucherinnen und Besuchern sieht man an, dass sie gerne stehen bleiben, innehalten oder gar fotografieren würden, aber all das ist absolut verboten und wird von strengen Blicken der uniformierten Ordner kontrolliert. Nach wenigen Minuten ist der Besuch wieder vorbei.

Wem dies zu kurz war, der kann sich bei einem der optisch ansprechenden Gedenkläden Devotionalien kaufen. Von der Mao-Büste über Mao-Uhren und Mao-Bilder bis hin zu Schmuck mit Mao-Konterfei gibt es alles, was die Herzen der Verehrer begehren. Wer nicht sofort den erstgenannten Preis bezahlen möchte, muss nur etwa hundert Meter weiter zu den nächsten Souvenirständen gehen, wo man teils dieselben Waren erheblich billiger bekommt und auf jeden Fall auch handeln kann. Die weltbekannten Mao-Mützen beispielsweise habe ich schon in einer Bandbreite von 50 (bei der Großen Mauer) über 30 bis zu 15 Yuan gesehen.

Im Frühjahr 2015 hatte ich die nicht alltägliche Gelegenheit, den Informationsdienst China Radio International zu besuchen. Ermöglicht hatte mir dies der mich begleitende Sinologe und Universitätsprofessor Richard Trappl, der höchst erfolgreich das Konfuzius-Institut in Wien leitet und im Reich der Mitte seit Jahrzehnten über hochrangige Kontakte verfügt. »Radio China International (CRI) wurde am 3. Dezember 1941 gegründet und ist der staatliche Auslandsrundfunk der Volksrepublik China. Der Anspruch von Radio China International ist es, die Welt über China, China über die Welt und die Welt über die Welt zu informieren und dabei gleichzeitig das Verständnis und die Freundschaft zwischen der chinesischen Bevölkerung und den Menschen weltweit zu vertiefen.«[93] Das Hochhaus,

---

93 Deutsche Redaktion. Radio China International. (Broschüre), o. O., o. J., S. 2

in dem sich CRI befindet, ist weitläufig eingezäunt und mit einem Kontrollposten ausgestattet. Wir hatten unseren Wagen etwas abseits der Rundfunkzentrale geparkt und Professor Trappl meldete unseren Besuch telefonisch an. Wenige Minuten später wurden wir von der stellvertretenden Direktorin der Deutschland-Abteilung Li Yan und dem Journalisten Chen Yan abgeholt und in das Gebäude geleitet. Der hervorragend Deutsch sprechende Herr Chen führte uns durch die Medienanstalt, beginnend mit dem musealen Bereich, der die interessante Entwicklungsgeschichte des Senders veranschaulicht, über die Großraumbüros der Deutschen Redaktion, in denen die Mitarbeiterinnen und Mitarbeiter via Headsets die neuesten Nachrichten entgegennahmen, bis hin zum Aufnahmestudio für die Radiosendungen. Entzückt reagierte der chinesische Journalist auf meine Aussage, wonach ich durchschnittlich zweimal wöchentlich der Webseite von CRI einen Besuch abstatten würde. »Sie steigern unsere Reichweite«, meinte er, sichtlich zufrieden. Und damit waren wir auch schon beim Kern des Wandels dieser über 70 Jahre alten Medienanstalt angelangt. »Die Menschen hören immer weniger Radio. Daher müssen wir neue Wege gehen«, erzählte uns Chen Yan, um die Entwicklungen der letzten Jahre – Etablierung des deutschsprachigen Internetportals und Herausgabe des Informationsblattes »Info und Echo« seit 1998, Videoreportagen seit 2009 und der Betrieb eines Webradios – zu skizzieren. Dennoch sind und bleiben täglich zwei Stunden deutschsprachiges Programm ein unverzichtbarer Unternehmenseckpfeiler. Wie sehr es CRI gelingt, weltweit

Bindungen bei den Hörern herzustellen, zeigen die vielen Gastgeschenke aus aller Welt, die das Medienunternehmen zu Recht stolz in zahlreichen Vitrinen in der Nähe des Eingangsbereichs ausstellt. Bevor wir, dankbar für die anschauliche Führung, die Rundfunkanstalt verließen, rief ich mir nochmals ins Bewusstsein, welcher Weitblick es gewesen sein muss, 1941, acht Jahre vor dem Beginn der KPCh-Herrschaft und mitten im Zweiten Weltkrieg, einen staatlichen Auslandsfunk zu gründen. Aber niemand hätte wohl damals zu hoffen gewagt, dass man im Jahr 2016 das 75-jährige Jubiläum feiern würde.

Eine weitere Institution, bei der man nicht einfach touristisch aus- und eingehen kann, ist Hanban. Der Name steht als Kurzform für Guójiā Hànyǔ guójì tuīguǎng lǐngdǎo xiǎozǔ bàngōngshì. Es handelt sich dabei um eine dem chinesischen Bildungsministerium unterstellte Organisation, die das Ziel verfolgt, weltweit den Erwerb der chinesischen Sprache und Kenntnisse über die chinesische Kultur und Gesellschaft zu fördern. Hanban ist die Zentrale aller global bestehenden Konfuzius-Institute, von denen es ca. 500 in rund 100 Ländern gibt und die sich als Pendant zu den deutschen Goethe-Instituten verstehen. 2004 wurde das erste in Seoul eröffnet. Zu Beginn des Jahres 2013 hatte ich die Ehre, bei dieser renommierten Bildungseinrichtung vorsprechen zu dürfen. Empfangen wurden Shan Deqin, ihr Sohn Guo Qiao und ich in traditioneller chinesischer Geschäftsmanier, wie schon im Kapitel *Der erste Besuch* beschrieben. Die Gastgeber konnten kaum hochrangiger sein: Ma Jianfei (Professor und Exekutiv-Generaldirektor), Wang Yongping (stellvertretender Direktor der Abteilung für Planung und Entwicklung), Lin Mingsi (Mitarbeiter der Abteilung für Planung und Entwicklung). Ziel des von Frau Shan initiierten Termins war ein nahezu unmögliches Unterfangen: Die Genehmigung zur Gründung eines Konfuzius-Instituts im kleinen österreichischen Wiener Neustadt. Nach kurzen, höflichen Begrüßungsworten durch Herrn Ma war ich an der Reihe. In meiner Rede musste ich den Spagat schaffen, keinesfalls überheblich zu wirken, aber dennoch die Vorzüge und Alleinstellungsmerkmale von Wiener Neustadt (älteste Militärakademie der Welt, Wiege der europäischen Luftfahrt, Studiengang Aerospace an der hiesigen Fachhochschule, Standort des internationalen Krebsforschungs- und -therapiezentrums MedAustron, ehemalige Kaiserresidenz) herauszustreichen. Ich war froh darüber, in meiner Muttersprache sprechen zu können, da mein Freund Guo Qiao als Dolmetscher fungierte. Nach meiner zirka zehnminütigen Rede war wieder Generaldirektor Ma Jianfei am Wort. »Bevor Sie gekommen sind, hatte ich vor, Ihnen zu sagen, dass es bedauerlicherweise keine Chance auf Etablierung eines Konfuzius-Instituts in Ihrer Stadt gibt, weil sie zu klein ist und zu nahe bei Wien liegt, wo sich bereits ein Institut befindet. Nachdem ich Ihre Ausführungen gehört habe, muss ich Ihnen aber sagen, dass Sie sehr wohl Chancen haben«, führte der Professor zu meiner Überraschung aus, um damit zu schließen, dass wir rasch ein Exposé über Wiener Neustadt und seine besonderen Stärken übermitteln sollten, was wir dann umgehend taten. Die Trümpfe Militärakademie und Luftfahrt/Aerospace hatten Bewegung in die Angelegenheit gebracht. Nachdem wir Geschenke überreicht hatten, verabschiedeten wir uns von den Gastgebern. Lin Mingsi tat dies Herrn Guo gegenüber in deutscher Sprache. Nachdem wir Hanban verlassen hatten, sagte dieser zu mir: »Ich wusste, dass er deutsch versteht. Ich habe an seinen Augen und seiner Körpersprache erkannt, dass er deine Ausführungen bereits ohne Übersetzung verstanden hat.« Im Mai 2015, nach vielen weiteren das Projekt vorantreibenden Gesprächen und Schriftwechseln, stand mein zweiter Besuch bei Hanban auf dem Programm, den dieses Mal Richard Trappl organisiert hatte.

Wang Weilin von der Abteilung für Europäische Konfuzius-Institute empfing uns zu einem Arbeitsgespräch, um sofort in medias res zu gehen. Wenn sich die Stadt Wiener Neustadt bereit erkläre, Räumlichkeiten – zum Beispiel an der Fachhochschule – kostenlos zur Verfügung zu stellen, wäre Hanban geneigt, eine Lehrstelle für chinesischen Sprachunterricht mit zwei Native Speakers für 20–50 Schülerinnen und Schüler pro Jahr einzurichten. Bei Erfolg könnte diese Lehrstelle, nach erfolgter Evaluierung nach einem Jahr, zu einem sogenannten Classroom (mit größerer Finanzausstattung, Bibliothek und anderen Parametern) ausgebaut werden. Das Angebot stellte eine große Ehre dar, wenn man bedenkt, wie viele Städte sich weltweit um ein derartiges Institut bemühen. Nach unserer Rückkehr nahm Professor Trappl Kontakt mit den maßgeblichen Entscheidungsträgern auf. Sollte es gelingen, eine Konfuzius-Lehrstelle zu begründen, wäre dies ein Markstein in der mehr als 800-jährigen Kulturgeschichte der »Allzeit Getreuen«.

Wer etwas für das moderne Peking übrig hat, der sollte schließlich unbedingt das olympische Gelände besuchen. Und dies am Abend. Ich habe es zweimal besichtigt, einmal tagsüber und einmal nach Einbruch der Dunkelheit. Zweimal probiert, kein Vergleich. Erst wenn die berühmte Schwimmhalle, der »Wasserwürfel«, im Dunklen leuchtet und das Nationalstadion Peking mit dem in Ansehung der Architektur treffenden Namen »Vogelnest« indirekt multimedial bespielt wird, kommen die Vorzüge des Areals und ihrer Gebäude so richtig zur Geltung. Der Umstand, dass von Straßenhändlern Glas-Aschenbecher in der Form des Nationalstadions verkauft wurden, machte meinen Begleiter Guo Qiao fassungslos. Er ließ keinen Zweifel daran, dass er das als überaus frevelhaft erachtete. Dennoch ließ ich mich nicht davon abbringen, ein Exemplar – selbstverständlich erst nach minutenlangem und lautem Feilschen – zu erstehen. Aber ich kann zu seiner Beruhigung sagen, dass der Aschenbecher keine herkömmliche Verwendung, sondern Eingang in einen Setzkasten mit Reiseerinnerungen gefunden hat.

Ebenso bedeutend wie das moderne Peking sind die kleinen, alten Gassen (Pinyin: hútong) mit den niedrigen Häusern, die einen Eindruck davon geben, wie die Hauptstadt vor der Öffnungspolitik von Deng Xiaoping ausgesehen hat. »Bei meinem ersten Besuch 1974 war Peking am Abend komplett finster, nichts war beleuchtet. Und es gab keine Autos. Maximal war manchmal ein LKW zu sehen, und man musste am Abend im stockdunklen Peking aufpassen, nicht von einem überfahren zu werden«, erzählte mir Professor Trappl von seinen Erfahrungen aus dem China zur Zeit der Kulturrevolution, während wir in der nunmehrigen Weltmetropole Geschäftstermine wahrnahmen. In den kleinen Gässchen sieht man jenes für Österreicher kaum vorstellbare Gewirr an Stromleitungen, das für das weniger fortschrittliche China so typisch war. Ein wahrer »Kabelsalat«, der bei nahezu allen Häusern erkennbar ist. Ebenso wie die vielen außen montierten Klimaanlagen, die in den winzigen Geschäften und Wohnräumen für etwas Abkühlung sorgen sollen, in denen zumeist eine für uns ungewohnte, stickige warme Luft mit seltsamen Gerüchen herrscht. Nicht selten sitzen die Kleinunternehmer auf klapprigen Stühlen vor ihren Läden, betrachten das Treiben, unterhalten sich lautstark mit Passanten oder rauchen genüsslich eine Zigarette. Nicht verborgen bleibt dem Besucher, wenn er wieder in stark frequentierte Straßen zurückkehrt, auch die große Anzahl an Bettlern. Sehr oft handelt es sich um versehrte Männer und Frauen, häufig mit fehlenden Gliedmaßen und auf Krücken gestützt, die zumeist vergeblich auf Spenden der vorbeiziehenden Menschenmassen hoffen. Diese bedrückenden und traurigen Erlebnisse mit Menschen, die es ganz schwer haben und zumeist vom Schicksal gebeutelt wurden, werden von Reiseveranstaltern nur allzu gerne verdrängt, ausgeblendet und totgeschwiegen. Nichts soll das pure Tourismuserlebnis Peking mit seiner langen Geschichte und dem fulminanten Wirtschaftsaufstieg seit 1980 trüben.

Für das Fortkommen im Megaverkehr der Hauptstadt und das Eilen von Meeting zu Meeting bedienten wir uns eines hiesigen Taxiunternehmers namens Li Hui, dessen Dienste Richard Trappl seit 1998 immer wieder in Anspruch nimmt. Der Sinologe erzählte mir, dass über die Jahre eine echte Freundschaft entstanden sei, was man auch sofort an der Art und Weise, wie sich der Universitätsprofessor und der Taxiunternehmer begegneten sowie unterhielten, bemerkte. Wiewohl ich der chinesischen Sprache nicht mächtig bin, war es unschwer zu erkennen, wie viel Spaß die beiden während den Fahrten miteinander haben. »Herr Li ist super. Er spricht kein Englisch, aber das ist auch nicht nötig. Er macht das perfekt, du wirst sehen«, sagte Richard Trappl zu mir, nachdem wir ihm eröffnet hatten, dass wir auch dann auf die Dienste von Herrn Li zurückgreifen wollen, wenn er, Trappl, bereits wieder abgereist war.

Li Hui hat es nicht leicht. Taxiunternehmer in Peking zu sein ist ein harter Job. Daher freut es ihn, wenn er Aufträge für ganze Tage bekommt. Dennoch versucht er immer fair zu sein und einen »guten Preis« zu machen, wie uns sein Stammkunde Trappl versicherte und wir später selbst erfahren durften. Für den Tag nach der Abreise des Professors war Herr Li für 8 Uhr am Morgen avisiert, und überpünktlich wartete er bereits in der Hotelhalle, als ich dem Aufzug entstieg. Da ein Teil meiner Reisegruppe manche der berühmtesten Sehenswürdigkeiten in und um Peking noch nicht kannte, ging die morgendliche Fahrt zuerst zur Großen Mauer. Das war selbstverständlich noch keine schwierige Aufgabe für Herrn Li. Da er im Schatten in der Nähe seines Wagens auf uns wartete, war es nicht einmal nötig, eine Abfahrtszeit zu vereinbaren. Schon kniffliger war es, uns nach dem Besuch der Verbotenen Stadt wieder zu finden. Professor Trappl hatte Herrn Li vor seiner Abreise kundgetan, dass wir das Palastmuseum nach zirka zwei Stunden über das Nord-Tor verlassen würden und er mit dem Taxi in der Nähe der Ampelkreuzung, in einer Seitengasse, warten solle. Aber was tun, wenn wir ihn verfehlen würden? Eine Telefonnummer von Herrn Li hätte uns nichts genützt, da er weder Englisch noch Deutsch und wir umgekehrt kein Chinesisch verstanden. Als wir das Gelände des Kaiserpalastes verließen, sahen wir in einer Entfernung von etwa 500 Metern eine große, mit Lichtsignalanlage geregelte Kreuzung. Dort angekommen, bogen wir in eine Seitengasse ein. Während wir eine Weile dahinschlenderten, überkam uns immer mehr das Gefühl, auf dem falschen Weg zu sein. Richard Trappl konnten wir nicht um Unterstützung bitten, da er telefonisch unerreichbar im Flugzeug saß. Als wir schon danach trachteten, umzukehren, kam uns ein lächelnder Herr Li entgegen, der uns schon von der Ferne erspäht hatte. Zufrieden stiegen wir in den Wagen, um unsere Peking-Erkundungstour fortzusetzen. Am Abend ging es zum Olympischen Gelände, und dazwischen führte uns Li Hui zu einem Einkaufszentrum, in dem auch mehrere kleine Papierwarengeschäfte untergebracht waren, wo man in Leder gebundene Notizblöcke kaufen konnte.

Genau solche hatte sich ein Delegationsmitglied von mir gewünscht. Während mein Reisebegleiter Notizbuch um Notizbuch begutachtete, das Leder anfühlte, zäh verhandelte und feilschte, entdeckte ich chinesische Türschilder für Toiletten, fürs Büro (»Manager«) oder für Badezimmer mit dem Hinweis, man solle mit dem Wasser sparsam umgehen, wie mir Herr Li, den dies übrigens zu einem herzhaften Lachen verleitete, mit Händen und Füßen erfolgreich übersetzte. Ich entschloss mich, einige Schilder als Souvenirs zu kaufen.

Nach dem Verlassen des unerträglich heißen Einkaufszentrums benötigten wir dringend Erfrischungsgetränke, die wir in einem kleinen Laden ganz in der Nähe kauften. Li Hui überwachte genau, dass uns die Limonaden nicht überteuert feilgeboten wurden und wir korrektes Retourgeld erhielten. Auf dem Rückweg zum Auto kaufte unser liebenswürdiger Fahrer jedem von uns ein Soja-Eis am Stiel. Als er uns am übernächsten Tag zeitig in der Früh zum Flughafen brachte, war ich fast ein wenig wehmütig. Wir hatten eineinhalb Tage mit ihm verbracht, ohne uns herkömmlich unterhalten zu können. Und dennoch hatten wir eine Menge Spaß und eine wunderbare gemeinsame Zeit in Peking gehabt. Zum Abschied schenkte ich Li Hui eine Krawatte. Ich hoffe, ich werde ihn wiedersehen. Dann zahle ich das Eis.

Seegurke, Hühnerkralle, Schweineohren & Co.

Sätze wie »Sollte mir die traditionelle Küche nicht schmecken, dann werde ich mich mit Reis satt essen« oder »Ich sehe im Kulinarischen kein Problem, notfalls esse ich Reissuppe« hört man nicht selten von Personen, die vor ihrer ersten Chinareise stehen. Wer noch nicht im Land des Lächelns war und es aus der Perspektive westlicher Chinarestaurants zu kennen glaubt, wird manche Überraschung erleben. Ein Freund von mir, der mit einer Chinesin verheiratet ist und über sehr viel Erfahrungen mit ihrem Heimatland verfügt, erzählte mir einmal, dass ihm bei seiner ersten Reise in das Reich der Mitte das traditionelle Essen überhaupt nicht, weil »viel zu gesund«, geschmeckt habe. Diese Einschätzung ist nicht selten.

China kulinarisch zu erleben, heißt auch, zu entdecken und zu staunen. »Traue deinen Augen nicht!«, lautet dabei eine unverzichtbare Regel. Was wie unappetitliche Innereien aussieht, können auch handgefertigte Kartoffelnudeln sein. Der erfrischende Salat entpuppt sich zuweilen als Quallen-Carpaccio (diesen Begriff würden Chinesen allerdings niemals verwenden!), und die Teigwaren stellen sich bei Nachfrage als Rindergedärme heraus. Fast nichts ist, wie es scheint. Aber eines ist fix: Reis bekommt man als Tourist und erst recht als offizieller Gast kaum zu essen, und Reissuppe habe ich in zehn Jahren kein einziges Mal kredenzt bekommen. Woran liegt es, dass wir gedanklich das Reich der Mitte so stark mit Reis verbinden, aber diesen so selten auf dem Teller wiederfinden? Die Erklärung ist eigentlich einfach. Reis gilt als Arme-Leute-Essen und als Sattmacher. Wer seinen Gästen wenig davon anbietet, zeigt damit, dass er sich teure Gerichte leisten kann und nicht auf billige Hunger-Stiller angewiesen ist. Häufig bekommt jeder Gast zum Abschluss der Speisenfolge eine kleine Schale Reis serviert. In Nordchina wird generell weniger Getreide gegessen, hier sind Nudeln vorherrschend. Die ältesten Nudeln der Welt (4.000 Jahre alt) wurden 2010 im Übrigen nicht in Italien, sondern im Nordosten Chinas am Ufer des Gelben Flusses (Huáng Hé) gefunden. »Die Hirse-Nudeln aus der Jungsteinzeit waren in einer alten Schale unter einer drei Meter dicken Erdschicht verborgen.«[94] Eine Schmach für die Mutter aller Pastas, Italien. Eine chinesische Delikatesse stellen die nahezu durchsichtigen Glasnudeln dar, die oft als warme Beilage serviert werden. Sie sind überaus schmackhaft, aber schwierig zu essen, da sie sich gefühlt ewig in die Länge ziehen, sobald man versucht, sich eine kleine Portion auf den Teller zu hieven. Da Reis im Gegensatz zu Österreich nicht als Beilage dient, nehmen in China diese Rolle neben Nudeln auch Kartoffeln, insbesondere Süßkartoffeln ein.

---

94 http://www.sueddeutsche.de/wissen/jahre-garzeit-aelteste-nudeln-in-china-entdeckt-1.834624

Kaum anzutreffen sind panierte Gerichte, was im krassen Gegensatz zur österreichischen Küche steht, in der die Semmelbrösel-Ummantelung zu einem – vermeintlich unverzichtbaren – Kulturgut geworden ist. Eine seltene Ausnahme ist ein in leicht süßlich-krosser Panierung zubereitetes Schweinefleisch. Auch wer wenig vom kulinarischen Wechselspiel süß-pikant hält, sollte diese Spezialität zumindest einmal probiert haben. Dünne, kleine, überaus deliziöse Steaks sind als Zwischengang keine Seltenheit und ermöglichen es, kurz die Stäbchen zur Seite zu legen, um nach dem für uns so vertrauten Besteck zu greifen. Richtig exotisch wird es aber erst, wenn Seegurken aufs Tapet kommen. »[...] Seegurken? Wer würde die gänzlich unglamourösen Geschöpfe für schützenswert halten? Die Tiere gleichen langen Würsten, die sich durchs Bodensediment wühlen. Sie kommen in allen Weltmeeren vor und sind als Stachelhäuter eng verwandt mit Seeigeln und Seesternen. Nahezu unbemerkt verschwinden die Seewalzen, wie sie auch genannt werden, seit Jahren aus küstennahen Ökosystemen. Weltweit plündern Fischer ihre Bestände. Und das nur aus einem Grund: um sie vor allem nach China zu exportieren«, berichtete Der Spiegel im März 2015.[95] In der Tat gilt die Seegurke im Reich der Mitte als teure Delikatesse. Wer sie noch nie zuvor gesehen hat, wird das im kleinen Suppentopf servierte, wirbellose Geschöpf vielleicht nicht gleich als tierisch erkennen, sondern möglicherweise für eine stachelige

---

95 http://www.spiegel.de/wissenschaft/natur/chinas-feinschmecker-dezimieren-seegurken-weltweit-a-1024000.html

Frucht oder ein Gemüse halten. Vielen gruselt bei dem Gedanken, eine Seegurke zu verzehren, aber ich kann aus mannigfaltiger Erfahrung sagen, dass sie keineswegs ekelhaft mundet. Sie schmeckt weder gut noch schlecht. Sie ist schlicht geschmacklos.

Nicht minder berühmt sind Enten-Zungen. Wer großen Hunger hat, wird sich an ihnen kaum satt essen können, aber das ist auch nicht vorgesehen. Es handelt sich vielmehr um eine Knabberei zwischendurch, die auf kleinen Tellern serviert wird. Der Kauvorgang steht in keiner vernünftigen Relation zum Fleischgenuss, aber das spielt bei dieser Delikatesse natürlich keine Rolle. Jene Chinabesucher, die von dieser Zwischenspeise besonders angetan sind, können sie auch vakuumverpackt in getrockneter Version im Supermarkt erwerben.

Eine weitere lukullische Besonderheit ist die Hühnerkralle, die sich dem verdutzten Restaurant- oder Bankettgast beim Öffnen des Suppentopfes oder auf dem Teller offenbart. »Hühnerkrallen werden in verschiedenen Regionen Chinas angeboten und können als Vorspeise, Snack, Suppe, kaltes oder warmes Gericht oder sogar als Hauptgericht gereicht werden«[96] und haben mit den bei uns bekannten Chicken Fingers/Chicken Wings (paniertes Hühnerbrustfleisch) nicht das Geringste gemeinsam. Wer sich in China auf Hühnerkralle einlässt, und das sollte jeder Reisende zumindest einmal tun, bekommt sowohl optisch wie auch geschmacklich etwas ganz Ungewöhnliches geboten. Ich durfte die-

---

96 http://interculturecapital.de/chinesen-deutschland-hoffnung-und-huehnerfuesse-der-mensa

se Spezialität in Ost-, aber auch Nordchina sowohl in der Suppe wie auch als Zwischengang erleben. Ähnlich wie beim Verzehr einer Enten-Zunge handelt es sich auch hierbei um das aufwendige Abnagen von Knochenstücken, wobei sich die – je nach regionaler Zubereitung – gedämpften, geschmorten, frittierten oder gekochten Fleischteile oftmals als eher zähes, gummiartiges Geschmackserlebnis herausstellten. Ganz einfach zu essen sind im Gegensatz dazu Schweineohren, die ebenfalls sehr häufig auf den Tisch kommen. Da in China die Nachfrage nach Schweineohren und -füßen, wie der Fleischkonsum insgesamt, mittlerweile enorm gestiegen ist, schafft es das Land nicht, den Eigenbedarf abzudecken. Zur großen Freude der landwirtschaftlichen Industrie exportieren Deutschland und Österreich diese Fleischteile um gutes Geld in den Fernen Osten. Zumal bei uns weder die Füße noch die Ohren des Schweins einem relevanten Markt unterliegen und wenig begehrt sind, handelt es sich neben der Lieferung von gefrorenen Schweinehälften um einen besonders lukrativen neuen Geschäftszweig. Schweineohren werden warm oder kalt, häufig als Vor- oder Zuspeise serviert und können mit Soja- oder einer scharfen Chili-Sauce verzehrt werden. In kleine, eher dünne Scheiben geschnitten, wirken sie optisch einer Presswurst oder einem Sulz ähnlich, was auch auf ihre Konsistenz zutrifft. Es handelt sich somit um ein Geschmackspotpourri von geleeartig bis knorpelig, das man getestet haben sollte.

Während ich einmal in Ningbo unwissentlich am Hotelbuffet eine Schildkrötensuppe ausgewählt habe und dies erst erkannte, als kleine Teile des Panzers auf dem Löffel zum Vorschein kamen, wurde mir bei all meinen Chinareisen kein einziges Mal eine Haifischflossensuppe angeboten, oder serviert. Auch in einem wunderbaren Sichuan-Restaurant im 22. Wiener Gemeindebezirk ist diese umstrittene Spezialität auf der Speisekarte mittlerweile dauerhaft gestrichen und nicht mehr erhältlich. »Laut eines aktuellen Berichts von WildAid sind die Verkaufszahlen von Haifischflossen in China um 50 bis 70 % zurückgegangen – drastisch, wie man es dreht und wendet. Viele der befragten Leute gaben an, dass Aufklärungskampagnen, die Angst vor gefälschten Flossen und der hohe Quecksilbergehalt ihre Entscheidung, kein Haifischfleisch mehr zu konsumieren, maßgeblich beeinflussten. Mehr als ein Viertel nannte jedoch das Haifischflossenverbot bei Staatsbanketten, das 2013 durchgesetzt wurde, als einen der Hauptmotivationsgründe. (China hat aber nicht das Finning verboten, die furchtbar grausame Methode, bei der die Flossen von lebenden Haien abgeschnitten und die Haie dann zurück ins Wasser geworfen werden, wo sie entweder verbluten oder ertrinken.) Haifischflossensuppe ist – oder war zumindest – bei Hochzeiten und anderen großen Feierlichkeiten extrem beliebt, weil das Gericht schon seit Ewigkeiten ein Zeichen von Wohlstand ist. WildAid schätzt, dass jährlich ungefähr 100 Millionen Haie auf diese Weise getötet werden, von denen bis zu 73 Mio. für die Suppe verwendet werden. Das führte beinahe zum Untergang mancher Arten.[97] Suppen schmecken in China in aller

---

97 http://munchies.vice.com/de/articles/haifischflossensuppe-ist-am-aussterben

Regel ganz anders als wir sie aus unseren heimischen Küchen, aber auch aus westlichen Chinarestaurants kennen. Dies liegt daran, dass sie in ihrer Konsistenz häufig gelatineartig wirken, wenig bis keinen Eigengeschmack haben und man daher verleitet ist, sie mit Chili, Soja und sonstigen greifbaren Saucen zu würzen und aufzupeppen. Weder Pfeffer noch Salz, noch Soja- oder Chilisaucen stehen, wie bei uns zu Hause beim »Chinesen um die Ecke« üblich, in Menagen am Tisch. Frisch zubereitetes Chiligewürz und Sojaöl werden nur in kleinen Mengen und ausschließlich zu bestimmten Gerichten serviert. Sojaliebhaber wie ich müssen daher stets Extraportionen erbitten, was bei so manchem Gastgeber für Erheiterung gesorgt hat. Selbstverständlich gibt es auch überaus köstliche Gemüse- oder Nudelsuppen, bei denen die einzige Problematik darin besteht, die zumeist übergroßen Einlagen ohne Bekleckern der Bekleidung zu verzehren. Gibt es etwas zu feiern, beispielsweise einen Geburtstag, dann wird als krönender Abschluss des Festmahls oft noch eine (Eier-)Suppe gereicht, mit der der Gastgeber die herausragende Stellung des Anlasses und der Gesellschaft zeigen kann. Die in unseren Breitengraden durch asiatische Restaurants so geläufig gewordene Pikant-Säuerliche Suppe konnte ich weder in Nord-, noch in Ost-, noch in Südchina auf Speiseplänen erblicken, geschweige denn verkosten.

Weltberühmt ist hingegen die Peking-Ente (Pinyin: běijīng kǎoyā), eine Kreation aus der Ming-Dynastie (1368–1644), deren Verzehr ein Ritual darstellt und es sich daher nicht geziemt, würdelos mittels Stäbchen nach aufgewarteten Fleischstücken zu schnappen. Das »richtige« Essen der Peking-Ente muss gelernt sein und ist zugleich ein gutes Training für den optimalen Umgang mit dem chinesischen Essbesteck. Der fernosterfahrene Reisegast kann sein Wissen zeigen, indem er ein Stück jener hauchdünnen, kleinen, kreisrunden Palatschinken (Pfannkuchen), die mitserviert werden, auf seinen Teller befördert, es mit der bereitstehenden cremigen Hoisin-Sauce, die vorwiegend aus fermentierten Sojabohnen hergestellt wird und salzig-süßlich/würzig-pikant schmeckt, bestreicht, darauf Lauchstücke, Frühlingszwiebel sowie ein Stück knuspriges Entenfleisch legt und beweist, dass er dies lediglich mit den Stäbchen, ohne Zuhilfenahme der Finger, zusammenzurollen vermag, um die Köstlichkeit nunmehr dem Mund zuzuführen. Wer in Chinas Hauptstadt hervorragend Peking-Ente essen möchte, sollte dies im Da Dong tun, einem Lokal mit großen, schlicht, aber elegant eingerichteten Speisesälen und vielen Extrazimmern, in dessen Foyerbereich an den Wänden u. a. gerahmte Widmungen von Österreichs Bundespräsident Heinz Fischer und dem ehemaligen österreichischen Botschafter in China, Martin Sajdik, hängen. Das Da Dong ist auch an Wochentagen fast immer von Gästen – darunter sehr vielen jungen Menschen – überlaufen, sodass man ohne Reservierung kaum Chance auf einen freien Tisch hat. Wenn man das Restaurant nach zwei bis drei Stunden wieder verlässt, zeigt sich an den vielen leeren Schnapsflaschen auf den unterschiedlichen Tischen, dass dem báijiǔ-Trinken keineswegs nur in Nordchina gefrönt wird, sondern dieses auch im Zentralraum hohe Popularität genießt.

Eine weitere herausragende Spezialität ist der Feuertopf (Pinyin: Huǒguō) – ein unverzichtbares kulinarisches Erlebnis im Reich der Mitte, das, quellenmäßig belegt, bereits im 5. Jahrhundert existiert hat. Es handelt sich dabei um die chinesische Variante des Fondues (allerdings mit Suppenbrühe und nicht mit Öl), wodurch in manchen Teilen der Schweiz die Bezeichnung Fondue Chinoise gebräuchlich ist, während die Briten von Hot Pot sprechen. Mein erstes Erlebnis mit dem Huǒguō, dessen berühmteste Machart aus Sichuan stammt, hatte ich vor mehreren Jahren in Harbin, als William Fei und ich vom damaligen Leiter des Sportamtes dazu eingeladen wurden. Seitdem habe ich diese asiatische Köstlichkeit in vielen Destinationen Chinas genossen, und sie darf bei keiner Reise fehlen. In Peking gilt das Restaurant Haidilao als Top-Adresse (»berühmt für seine authentische Sichuan-Küche«), mit der überaus praktischen wie kuriosen Nebenerscheinung, dass sich wartende Gäste, vorzugsweise Damen, im vom Speisesaal getrennten Foyer einer kostenlosen Maniküre unterziehen können, was auch von der Internetplattform »The Beijinger« extra beworben wird: »Lassen Sie sich Ihre Nägel machen, und genießen Sie eine Obstplatte, während Sie in der langen Schlange warten.«[98] In den speziellen Feuertopf-Restaurants sind die (zumeist runden) Tische bei jedem Sitzplatz mit eigenen Kochstellen ausgestattet, sodass jeder Gast die Temperatur des Feuertopfes, in dem zumeist fein aufgeschnittenes Rind- oder Lammfleisch, Meeresfrüchte, Pilze und

---

98 http://www.thebeijinger.com/directory/haidilao-hot-pot-1

Gemüse gekocht werden, selbst regeln kann. Eine andere Variante stellen demgegenüber zweigeteilte Gemeinschaftstöpfe dar. In einer Hälfte wird durch Beigabe von Chilis, Koriander, Nelkenarten und sonstigen Gewürzen eine scharfe Brühe entworfen, die dem Namen Hot Pot alle Ehre macht, während die andere Gefäßhälfte insbesondere jenen Personen zur Verfügung steht, die wenig von tränenden Augen halten und lieber milde Gerichte genießen. Huǒguō ist im winterlich-eiskalten Harbin ebenso beliebt wie im »Glutofen« Chongqing.

Neben erstklassigen und berühmten Restaurants lohnt es sich in Großstädten aber auch solche Lokale aufzusuchen, in denen nahezu ausschließlich Einheimische ihr Mittag- oder Abendessen einnehmen. Auch wenn das Personal zumeist kein Wort Englisch spricht, ist eine Essensbestellung keine Schwierigkeit, da es Speisekarten gibt, auf denen die angebotenen Gerichte mit Fotos abgebildet sind. Am Preis kann sich der Gast orientieren, ob es sich um eine Vor- oder Hauptspeise handelt. Lediglich die chinesischen Begriffe für Wasser (shuǐ), Bier (píjiǔ) und Cola (kělè) sollte man zuvor in möglichst authentischer Aussprache erlernen, da ansonsten die Bestellung eines Durstlöschers sehr leicht scheitern kann. Gelingt dies, steht einem friktionsfreien, zumeist köstlichen und preiswerten Mahl nichts im Weg, auch wenn sich die Speisen in natura teilweise doch deutlich von den Abbildungen in der Speisekarte unterscheiden. Hauptsache urig und nicht für Touristen verfälscht.

Die einzige Speise, die mir bei meinen Chinareisen überhaupt nicht bekommen ist und die ich hinkünftig meiden werde, war eine Fischkopfsuppe in einem traditionell-bäuerlichen Lokal in der nordchinesischen Provinz Heilongjiang. Die rustikale Gaststätte, die nach Einschätzung meines Freundes Guo Qiao auch Mao Zedong sehr gefallen hätte, bot in einem Halbkreis gemauerte Bänke ohne Rückenlehne, in deren Mitte sich ein beheizter Ziegelofen befand. Auf diesem stand ein großer Suppentopf, in den nach und nach Zutaten beigebracht und zum Verzehr entnommen wurden. Die Haupteinlage bestand aus Fischköpfen. Eine treffende Beschreibung findet sich dazu auf ICC – China-Portal für Wirtschaft und Kultur von Redakteur Volker Stanislaw: »Viele Chinesen schwören auf Fischkopfsuppe aufgrund einer besonderen Wirkung. Meine Arbeitskollegin behauptete von sich, dass sie nur so klug sei, weil sie als Kind immer Fischköpfe gegessen habe. Viele chinesische Schüler essen vor Klausuren und Prüfungen Fischköpfe. [...] An dieser Stelle sei noch angemerkt, dass nicht der ganze Kopf gegessen wird. Es geht viel mehr um den Geschmack und die Suppenbrühe, die sehr nahrhaft sein soll. Lediglich die Backen des Fisches kann man essen und die Fischhaut. Gräten werden förmlich abgenagt und ausgesaugt. Auch Augen werden in China gerne verspeist.«[99] Genauso taten es unsere Gastgeber, meine Begleiter und ich. Das Unheil nahm seinen Lauf. Geweckt durch heftige Bauchschmerzen nach rund zweistündigem Schlaf, folgte bald darauf »Montezumas Rache«, was zur Folge hatte, dass

---

99 http://interculturecapital.de/besonderheiten-der-chinesischen-kueche-fischkoepfe-als-gluecksbringer

ich die ganze kurze Nacht auf der Toilette im Hotelzimmer verbrachte. Dummerweise standen am frühen Morgen die Abfahrt zum Flughafen und die nachfolgende lange Heimreise auf dem Programm, sodass mir nichts mehr Angst einflößte als der Gedanke, den zwölfstündigen Flug am WC verweilen zu müssen. Zum Glück bewahrte mich eine Akutmedizin vor diesem Schicksal, aber Bauchschmerzen erinnerten mich noch drei Tage lang intensiv an das bäuerliche Abendmahl. Lieber gesund als klug, dachte ich mir in jenen Tagen.

Eines meiner chinesischen Lieblingsgerichte ist hingegen der pikante, erfrischende Quallensalat. Während diese Organismen im Meer von Badenden gefürchtet werden, weil ihre Bisse samt Giftinjektion höllische Schmerzen verursachen können, sind sie, fein geschnitten, um Ingwer, Gurke sowie Chili erweitert und in Sojasauce eingelegt, ein zugleich günstiges, gesundes und wohlschmeckendes Alltagsessen. Ebenfalls nicht wegzudenken aus original-chinesischer Küche sind Teig-Maultaschen, die es sowohl mit Gemüse-, Fleisch-, Meeresfrüchte-, aber auch süßer Füllung gibt. Die jiǎozi werden zumeist als Zwischengänge verzehrt und – sofern nicht süß – zuvor in Sojasauce getunkt. Es gibt aber auch Spezialitätenrestaurants, in denen ausschließlich Maultaschen, in unterschiedlichsten Variationen, angeboten werden. Tofu, Sojabohnen, Bambussprossen und Morcheln sind ebenso unverzichtbarer Teil chinesischer Kulinarik wie die sogenannten Tausendjährigen Eier, die durch ihr schwarzes Äußeres, das in der Fermentation begründet liegt, so manchen Gast verschrecken. Dennoch sollte sich kein Chinabesucher diese Spezialität mit einer Haltbarkeit von bis zu drei Jahren entgehen lassen und sie zumindest probiert haben. Während die mit Gemüse und Fleisch gefüllten Frühlingsrollen eines der gängigsten Gerichte in westlichen Chinarestaurants sind, werden sie in ihrem Herkunftsland nur zu bestimmten feierlichen Anlässen verzehrt, insbesondere zum namensgebenden Frühlingsfest.

Der Besuch von Garküchen auf der Straße ist ein Muss für jeden Chinareisenden. Klapprige, nicht gerade sauber anmutende Tische, Töpfe mit undefinierbarem Inhalt, all das wirkt auf den ersten Blick nicht gerade einladend. Aber, ehrlich gesagt, wer würde schon gerne genau wissen, wie es in den Küchen österreichischer Gasthäuser zugeht. Hauptsache, es sieht auf dem Teller gut aus und schmeckt. Dieser Umstand trifft auch auf die Speisen der Garküchen zu. Man kann dabei, stehend oder auf Hockern sitzend, Exotisches (z. B. frittierte Heuschrecken – eine herrliche Knabberspeise und viel gesünder als die bei uns üblichen fettig-salzigen Kartoffelchips) sowie Traditionell-Chinesisches wie Suppen, Fleischspieße oder Maultaschen genießen.

Wer sich bei längeren Aufenthalten im Reich der Mitte wundert, warum er trotz der häufig gestellten Frage »nǐ chī fàn le ma?«[100] und der vielen warmen Mahlzeiten kaum bis gar nicht an Gewicht zunimmt und weniger von Völlegefühlen oder gar Sodbrennen geplagt wird, als zu Hause, der sollte sich die am öftesten verzehrten Speisen, ihre Zutaten und

---

100 »Hast du schon gegessen?«

deren Zubereitung vor Augen führen: viel frisches Gemüse, viel gedünsteter Fisch, viel ungezuckerter Tee, kaum paniertes Fleisch, wenig Frittiertes, wenig Fett, keine Mehlspeisen, viel Obst. Während in Österreich Sachertorte, Apfelstrudel, Palatschinken oder riesige Eisbecher mit Schlagobers den Abschluss eines ausgiebigen mehrgängigen Mahls bilden, werden in China verschiedene Arten von Melone, Orangen, Drachenfrucht und Cherrytomaten (sie gelten als Obst und nicht als Gemüse!) als letzter Gang serviert.

Unvergessen wird mir bleiben, dass Legionen von Besuchern des Eis- und Schneefestivals in Harbin bei −30 Grad Celsius unverdrossen an gefrorenen, kandierten Früchten, die sie an Straßenständen erworben hatten, schleckten und kauten, während ich Sorge hatte, mir daran die Zähne auszubeißen. Dieses Geschenk war ebenso etwas Besonderes wie der in Ningbo erhaltene süße Mondkuchen anlässlich des Mondfestes (Mittherbstfest), den ich samt wunderbarer Blechdose mit nach Hause gebracht und meiner Familie aufgewartet habe. Die Freunde aus der Provinz Zhejiang wären vermutlich irritiert gewesen, wenn sie erfahren hätten, dass wir Kaffee anstatt Tee dazu getrunken haben.

Sollten Sie trotz aller Versuche, Ihnen Seegurke, Hühnerkralle, Schweineohren & Co. schmackhaft zu machen, dabei bleiben, dass Sie diese Dinge ekelhaft finden und für ungenießbar halten, dann empfiehlt sich ein Gespräch mit einem Chinesen darüber, was er von Käse hält. Der Angesprochene wird sich und Sie fragen, wie es möglich ist, dass Menschen freiwillig verdorbene, gestockte Milch zu sich nehmen. Und das ist gut so. Reisen leben vom Erfahren, Staunen, Genießen, Verabscheuen, von der Erweiterung des eigenen Horizonts. Für all jene Chinareisenden, die nicht stur nach der Devise »Was der Bauer nicht kennt, isst er nicht« vorgehen, wird vieles dabei sein, das ihnen schmeckt – seien es Fleisch, Fisch, Gemüse oder Nudeln. Diejenigen, denen wirklich gar nichts davon behagt, haben es in größeren Städten ganz leicht. Alle hundert Meter leuchtet das Reklameschild von Burgerrestaurants, Fried-Chicken-Imbissläden oder Coffeeshops. Der Westen lässt grüßen.

Fußmassagen in Shanghai und andere Erlebnisse

Dreimal Shanghai, dreimal »Wow!« – so könnte ich mein Gefühl und meine Eindrücke beschreiben. Shanghai ist nicht Peking. Was wie eine Binsenweisheit klingt, vermag doch einiges über den Unterschied der beiden Städte auszudrücken. Wenn Chinatouristen nach ihrer Rückkehr gefragt werden, was ihnen spontan zu Peking einfällt, werden sie mit hoher Gewissheit »Die Große Mauer, die Verbotene Stadt, das Himmelstor, der Tian'anmen und der Sommerpalast« antworten. Zu Shanghai (über 23 Mio. Einwohner) würden die Antworten vermutlich »moderne Stadt, Skyline, Wolkenkratzer, Hafen, Reichtum« oder so ähnlich lauten. Die Zuschreibungen könnten unterschiedlicher kaum sein. Wiewohl es in der regierungsunmittelbaren Stadt Tempelanlagen und alte Stadtviertel gibt, ist der Blick fast ausschließlich auf das pulsierende Wirtschaftszentrum mit der größten Industriemacht Chinas gerichtet. Glitzer und Glamour betäuben die Sinne.

Mein erster Besuch war vor einigen Jahren ein Kurzaufenthalt aufgrund eines flugbedingten Zwischenstopps, bevor die Reise nach Nordchina fortgesetzt wurde. Da niemand gerne acht Stunden am Flughafen verbringt und das Gepäck ohnehin bis zur Zieldestination durchgecheckt worden war, hatten meine Begleiter und ich genug Zeit, um uns von einem Reiseführer einen mehrstündigen Überblick über die Stadt und ihre Entwicklung geben zu lassen. Mit einem Kleinbus quälten wir uns durch den Großstadtverkehr, und als wir die Skyline erblickten, waren alle beeindruckt. Im Stadtviertel Pudong, östlich des Hangpu-Flusses, das in den 1970er Jahren ausschließlich aus Grünflächen und Bewaldung bestanden hat, wie mir Professor Trappl erzählte, ist ab 1990 ein atemberaubendes Stadtviertel mit rund 2,9 Mio. Einwohnern entstanden, in dem sich ein Hochhaus an das andere reiht. Die Wolkenkratzerdichte ist hier so hoch wie an nur wenigen Orten der Welt (z.B. New York/Manhattan, Central-Hongkong und Dubai-City). Besonders berühmt sind der 423 Meter hohe Jin Mao Tower (Büro- und Hotelturm mit 88 Stockwerken), die »Perle des Orients« (ein 468 Meter hoher Kragarm mit drei Kugeln; fünfthöchster Fernsehturm der Welt), das 492 Meter hohe Weltfinanzzentrum Shanghai (für Büro- und Hotelnutzung), das wie ein überdimensionaler Flaschenöffner aussieht, und der Shanghai Tower mit einer Höhe von 632 Metern, in dem ein Hotel, ein Einkaufszentrum, Büros und Aussichtsplattformen untergebracht sind. Es handelt sich dabei nach dem Burj Khalifa (830 Meter) in den Vereinigten Arabischen Emiraten und dem Tokyo Sky Tree (634 Meter) in Japan um das dritthöchste Gebäude der Welt. Allesamt haben sie eine markante Architektur und geben gemeinsam Shanghai jenes für Aufschwung, Wirtschaftswachstum und Reichtum stehende Antlitz.

Im Gegensatz dazu steht Puxi, das alte Gesicht der Stadt, westlich des Hangpu-Flusses. Wir hatten glücklicherweise freie Sicht auf Pudong. Sonnenschein, plus 8 Grad Celsius und kein Smog. Nach beeindruckenden Wahrnehmungen und ausführlichen Erläuterungen des Reiseführers brachte uns dieser zu einem traditionellen Teehaus, in dem eine Verkostung stattfand. Sorte um Sorte wurde getestet. Von grünem und weißem, über roten und gelben bis hin zu Pu-Erh- und Jasmintee reichte die vorgeführte Palette. Zu jedem Tee erhielten wir ein Zettelchen, auf dem dessen Wirkung beschrieben war. Der eine zum Entgiften, der andere als Schlankmacher, der dritte gegen Erkältung, der vierte für die Darmflora und so weiter. Obwohl meine Begleiter und ich in unserer Heimat nicht gerade den Ruf passionierter Teetrinker besitzen, entwickelten wir Feinfühligkeit sowie Interesse für die unterschiedlichen Geschmäcker der Kräutermischungen und deren angebliche oder tatsächliche Wirkungen. Schließlich wurde uns auch ein Heißgetränk serviert, dessen Genuss die Linderung von Migräne versprach. Ich wurde hellhörig, da ich, wie schon erwähnt, sehr wetterfühlig bin und seit meiner Kindheit häufig unter Kopfschmerzen leide. Bei diesem Tee musste ich zuschlagen. Aber nicht nur mich hatte das Fieber gepackt, auch Stadtrat Horst Karas kaufte kräftig ein. Die Naturprodukte waren nicht günstig, aber die Gesundheit musste einem etwas wert sein. Nach einem ausgiebigen Spaziergang im Zentrum von Shanghai fragte uns der Reiseführer, ob wir Lust auf eine Fußmassage hätten. Stadtrat Karas, Gerald Sinabell, Geschäftsführer der Wiener Neustadt Holding, und ich waren von der Idee begeistert. Endlich Entspannung nach den Flügen Wien–Amsterdam, Amsterdam–Shanghai mit sehr wenig Schlaf und nach einer anstrengenden Stadtbesichtigung. Da auch noch die Weiterreise nach Harbin bevorstand, kam eine Fußmassage gerade recht. Der Guide brachte uns in ein Massageinstitut, wo wir in den diversen Zimmern viele Kunden sitzen sahen, die sich gerade einer Behandlung unterzogen. Ein Mitarbeiter führte uns in einen Raum mit drei Massagesesseln, wo wir Platz nahmen, nachdem wir uns der Schuhe und Socken entledigt hatten. Drei junge, zierliche Damen traten ein, begrüßten uns höflich in englischer Sprache, wuschen uns die Füße und stellten die entscheidende Frage: »Sanft, mittel oder hart?« Hart natürlich, waren wir uns einig und freuten uns auf bevorstehende 50 Minuten Entspannung.

Schon nach kurzer Zeit fragte ich mich, ob ich besonders empfindlich sei oder ob das harte Kneten wohl auch meinen Reisekollegen Schmerzen bereiten würde. Da im Massageinstitut absolute Stille angeordnet war, konnte ich jedoch keinen Erfahrungsaustausch pflegen. Als besonders quälend empfand ich das Ziehen an den Zehen, bis die Knochen knackende Geräusche von sich gaben, sowie das Hineindrücken des Daumens in die Fußsohle. »Ist es zu fest?«, fragte mich meine Masseuse, die mit ihren zierlichen Händen eine schier unglaubliche Kraft entwickeln konnte. »Nein, nein«, log ich. Jetzt hieß es, ein Mann zu sein. Aber wie die unendlich langen 50 Minuten überstehen? Ich blickte zur Seite. Horst Karas verzog keine Miene, während Gerald Sinabell die Augen geschlossen hatte und rundum zufrieden wirkte. Zwischendurch war die Behandlung an einigen Stellen des Fußes angenehm geworden, sodass bei mir die Hoffnung aufkam, dass jetzt der sanftere und daher entspannende Teil kommen würde. Aber weit gefehlt. Nun kam jener Part, bei dem die Behandlung aus Fausthieben gegen die Fußsohle bestand. »Wohltuend schmerzhaft«, nennen dies Internetseiten, die diese Massageformen bewerben, wiewohl sich bei mir der erste Teil der Zuschreibung stark in Grenzen hielt.

Irgendwie verging die Zeit dann doch, und als wir gebeten wurden, wieder Schuhe und Socken anzuziehen, war ich erleichtert, es überstanden zu haben. Wir bedankten uns artig, zahlten und verließen das Institut. Jetzt war es an der Zeit, zu klären, wie es den anderen ergangen war. Horst Karas gab unumwunden zu, dass es ihm die gleichen Schmerzen bereitet hatte wie mir. Gerald Sinabell hingegen hatte bestens geruht, war sogar kurzzeitig eingeschlafen und fühlte sich herrlich erholt. Von Beanstandungen keine Spur. »Aber du hast doch auch gesagt ›hart‹?«, fragten wir, was er bejahte. Entweder hatte er vollkommen gefühllose (oder gar abgestorbene?) Fußreflexzonen oder eine nachsichtige Masseurin, lautete unsere Erklärung. Seine Schlussfolgerung war eine andere: »Ihr seid Schwächlinge!«

Im Mai 2015 weilte ich zum dritten Mal in der Millionenmetropole. Insgesamt konnte ich die regierungsunmittelbare Stadt somit im Winter, im Sommer (bei der EXPO) und auch im Frühling erleben. Neben geschäftlichen Terminen war etwas Zeit, um Shanghai intensiver kennenzulernen. Daher tat ich das, was ich in größeren Städten immer tue, wenn ich auf Reisen bin. Ich buchte eine Fahrt mit einem Sightseeing-Bus. Zumeist bekommt man dabei relativ preisgünstig und bequem einen guten Überblick über die jeweilige Stadt, und da die Tickets fast immer 24 Stunden gültig sind, steht man als Tourist nicht unter Zeitdruck. Obwohl ich unter anderen bereits in Berlin, Dublin, Glasgow, London, Rom, Brüssel und Tallinn Hop-on-Hop-off-Touren gemacht hatte, war jene in Shanghai etwas Außergewöhnliches. Noch niemals zuvor hatte ich so viele Menschen bei einer Station in den Bus drängen sehen, denen dann, im Fahrzeuginneren, die vollkommen fehlende Bewegungsfreiheit und das Zusammengepferchtsein wie Sardinen in der Dose nichts auszumachen schien. Da es sich fast ausschließlich um Chinesen im Bus handelte, die, vermutlich von weit angereist, Shanghai besuchten und denen dieser Umstand keinerlei Gemütsregungen abrang, blieb das Unbehagen über diese Situation den wenigen ausländischen Gästen vorbehalten. Ein Andrang der angenehmen Art herrschte hingegen zu späterer Stunde in der VUE-Bar im 32. und 33. Stockwerk vom Westturm des Hotels Hyatt on the Bund, die man aufgrund ihrer Terrasse und des damit verbundenen grandiosen Blicks über die Hochhäuser von Shanghai gesehen und besucht haben muss. In dieser Bar, die neben der unvergesslichen Aussicht auch ein Whirlpool für jene Gäste bietet, die Badebekleidung bei sich haben, ereignete sich, kaum waren wir eingetroffen, eine für China nicht ungewöhnliche Situation. Bei der Rezeption wurde ich gefragt, ob ich einen Tisch reserviert hätte oder Hotelgast sei. Beides verneinte ich wahrheitsgemäß. Danach wurde ich gebeten, den Eintrittspreis zu begleichen, für den ich wiederum einen Getränkegutschein in gleicher Höhe bekommen würde. Da ich über kein chinesisches Bargeld mehr verfügte, wollte ich mit Kreditkarte bezahlen. Die beiden freundlichen Damen eröffneten mir, dass das Lesegerät die Karte nicht akzeptiere, betonten aber sofort, dass sie des Öfteren technische Schwierigkeiten damit hätten. Eine der Kolleginnen holte daher ein weiteres mobiles Gerät, aber leider wiederholte sich der Vorgang. Mein Zahlungsmittel wurde nicht akzeptiert, einer meiner Reisekollegen musste mich »auslösen«. In der wunderbaren Bar angekommen, versuchte ich erneut erfolglos bargeldlos zu bezahlen – wieder half mein Kollege aus. In diesem Moment fiel mir ein, dass mich Richard Trappl gebeten hatte, im VUE nach dem österreichischen General Manager zu fragen und diesen grüßen zu lassen, da er ihn gut und lange kenne. Ich fragte daher, ob der General Manager im Haus sei. Am entsetzten Gesicht der Mitarbeiterin konnte ich ablesen, dass sie meine Anfrage mit dem Vorfall der Nicht-Akzeptanz meiner Kreditkarte in Zusammenhang brachte und eine Beschwerde meinerseits bei ihrem Chef befürchtete. Um sie zu beruhigen, erklärte ich rasch, dass es nichts zu beanstanden gäbe, wir uns sehr wohl fühlten, ich aber gebeten worden sei, von einem österreichischen Universitätsprofessor Grüße auszurichten. Die Dame war sichtlich erleichtert und versprach, diese dem Manager, der an diesem Tag dienstfrei hatte, zu überbringen. Um sich die Namen korrekt zu merken, erbat sie eine Visitenkarte von mir. Nachdem sie einen Blick darauf geworfen und erkannt hatte, dass ich vormals Politiker war, wurde uns sofort einer der besten freien Tische zugewiesen. Nun fiel mir wieder ein, was mir mein Freund William Fei prophezeit hatte. »Lass dir unbedingt Visitenkarten machen, auf denen steht, dass du Bürgermeister warst. In China wird ein ehemaliger Politiker noch höher geschätzt als ein aktiver.« Auf meine Frage, wie das zu verstehen sei, gab er mir folgende Erklärung: »Jemand, der gerade ein politisches Amt innehat, muss erst beweisen, was er zu leisten imstande ist. Wer lange Politiker war, hat die Leistungen bereits erbracht.« »Was noch zu leisten ist, das bedenke, was du schon geleistet hast, das vergiss«, würde die österreichische Schriftstellerin Marie von Ebner-Eschenbach dem wohl entgegenhalten.

Es gibt Gastronomiebetriebe, dort sitzt man gut, und dann gibt es welche, dort isst man gut. Beides zugleich ist fein, aber nicht immer zu erreichen. In Shanghai habe ich beides erlebt – aber getrennt. Herrlich gesessen bin ich in einem Restaurant direkt am Hangpu mit Blick auf das beleuchtete nächtliche Pudong. Die Speisekarte war vielfältig und bot auch Spezialitäten wie Leopardenhaut oder »geschmorte gesalzene Ziege mit Gnocchi«. Beiden Verlockungen widerstand ich mühelos, doch auch die Gemüsespeisen und das Rindfleisch waren mäßig wohlschmeckend. Herrlich gegessen habe ich hingegen auf einem Klappstuhl an einem wackeligen Tisch in einem kleinen Gässchen in Puxi. Der Betrieb war nicht viel größer als eine Garage. Es gab zwei Tische im Inneren und zwei vor dem Lokal. Die Küche war offen und entsprach in keiner Weise den Vorstellungen österreichischer Marktämter und deren Lebensmittelpolizisten, aber die Nudelsuppe mundete herrlich und der zu berappende Preis war lächerlich. Sogar das Mineralwasser war kalt. Touristen-Herz, was willst du mehr!

Neben einem ausgedehnten Einkaufsbummel durch jene Straßen, welche die vielen offenen Läden beherbergen, wo nicht nur das Gustieren, sondern schon das Schauen Spaß macht, sollte man sich in Shanghai auch die Schuhe putzen lassen. Aber Obacht! Während man in Österreichs Städten häufig von bezahlten Studenten belästigt wird, die Spenden oder Mitgliedschaften für Umweltschutzorganisationen, Vereine gegen Tierversuche o. Ä. keilen und die Penetranz schon zu Beginn der Begegnung geschieht, sind die Schuhputzer von Shanghai zuerst die fleischgewordene Respektbezeugung. Zurückhaltend wie englische Butler, weisen sie darauf hin, dass man staubige, nicht glänzende Schuhe trage und sie gerne bereit wären, diesen Zustand zu ändern. Natürlich solle das nicht im Stehen geschehen, daher wird flugs ein Schemel herbeigeschafft, und ehe man sich's versieht, ist man schon in einer Geschäftsbeziehung angelangt. Unverzüglich macht sich der Meister ans Werk. Einen Preis nennt er nicht. Nach getaner – zweifellos guter – Arbeit verkehrt sich das Bild und weckt Erinnerungen an die oben erwähnten Spendensammler. Plötzlich stellt der eben noch so noble Dienstleister unter lautem, dem Touristen peinlichen Geschrei unverschämte Geldforderungen. Nun heißt es, Grenzen zu ziehen, einen vernünftigen und adäquaten Preis zahlen, sich aber nicht zum Narren machen lassen.

Jeder Kunde kann sich sicher sein, noch eine Zeitlang vom Schuhputzer »verfolgt« zu werden, aber keine Sorge, das ist Show und Ritual zugleich und gehört ebenso zu China wie die gespielte Theatralik der Händler beim Feilschen.

Apropos Feilschen. Als Horst Karas und ich unseren Freunden in Harbin erzählten, welche Teesorten wir zu welchem Preis erstanden hatten, verdrehten sie die Augen. Höflich umschrieben sie, dass bessere Kräutermischungen um weniger Geld zu erwerben gewesen wären. Wir hätten mit dem Einkauf auf ihre Unterstützung warten sollen. Den Anti-Migräne-Tee habe ich übrigens heute noch. Er liegt ungeöffnet in irgendeinem Schrank in meiner Küche. Wahrscheinlich ist er nicht mehr genießbar, aber vermutlich hätte er mir ohnehin nicht geholfen. Vielleicht hätte ich doch den Schlankmacher nehmen sollen.

Auf den Spuren des Kaffees im Land des Tees

Eine ganz besondere Reise durfte ich zu Beginn des Jahres 2012 unternehmen. Über Ersuchen des Cafétiers und Röstereibetreibers Roman Schärf besuchte ich mit ihm, Klaus Billwein und Guo Qiao Kaffeeplantagen in Südchina. Doch das war nicht der Beginn meines damaligen China-Aufenthalts. Zuvor weilte ich bereits mit meinem Büroleiter zwei Tage in Harbin, um dem neuen Bürgermeister Song Xibin die Ehre zu erweisen. Danach trafen wir in Peking mit Roman Schärf zusammen, um am nächsten Tag in den Süden von China, nach Kunming zu fliegen. Im nordchinesischen »Gefrierschrank« Harbin war es bei einer Tagestemperatur von −15 Grad Celsius für den Monat Februar überraschend mild, aber dennoch deutlich winterlich gewesen. In Peking zeigte das Thermometer 0 Grad an, als wir unseren Flieger Richtung Provinz Yunnan bestiegen. Nach fünf Stunden landeten wir in der Hauptstadt Kunming (»Stadt des ewigen Frühlings«), von wo aus es weiter nach Pu'er ging. Normalerweise freuen sich die meisten Passagiere, so auch ich, wenn ein Flug nur 55 Minuten dauert. Der Umstand, dass es der Pilot offenbar aufgrund der kurzen Route nicht für notwendig erachtete, eine übliche Flughöhe anzupeilen, schlug sich bei mir allerdings in der Magengrube nieder, zumal die Maschine laufend absackte, von Turbulenzen durchgeschüttelt wurde und wir mangels entsprechender Distanz zu festem Untergrund den Reisbauern bei der Feldarbeit zusehen konnten. Ich war glücklich, als wir heil am Pu'er Airport ankamen. Dort wurden wir bereits erwartet und von Mitarbeitern des Foreign Affairs Office herzlich mit Blumen willkommen geheißen. Der dicke Wintermantel von Klaus Billwein, bis vor kurzem noch hochgeschätztes Kleidungsstück, erwies sich nunmehr als wenig dienlich. Es hatte 23 Grad Celsius. Über null. Unser Empfangskomitee, an der Spitze der Leiter des Außenamtes, Rong Wei, war demgemäß sommerlich mit kurzärmeligen Hemden bekleidet. Innerhalb von 32 Stunden erlebten und erlitten wir Temperaturunterschiede von 38 Grad.

Ziel der Reise war es, Kaffeeplantagen zu besichtigen, da Roman Schärf beabsichtigte, ein Joint Venture-Projekt mit Landwirten einzugehen, um in Südchina Kaffee anzubauen, der in Nordchina geröstet werden sollte, um damit ein in Harbin geplantes Wiener Kaffeehaus zu beliefern. Dem Doyen der Kaffeemanufaktur war es wichtig, die Bohnen nicht zu importieren, sondern in China zu züchten und so ökologische Nachhaltigkeit zu gewährleisten. Durch vernünftige Bezahlung und ein Erfolgsbeteiligungsmodell sollte es gelingen, bei den Bauern eine emotionale Bindung zu diesem Projekt zu erzeugen. Schärf benötigte dazu aber auch die Unterstützung der lokalen Verwaltung und insbesondere der Politik, denn wie in Österreich (Stichwort: Ausländergrundverkehr) muss auch in

China ein ausländischer Staatsbürger gewisse bürokratische Hürden überwinden, bevor er Grund und Boden erwerben bzw. bewirtschaften darf. Um die Bedeutung des Vorhabens zu unterstreichen und den Unternehmer tatkräftig zu unterstützen, waren Guo Qiao und ich mitgereist. Da mit meiner Person ein Bürgermeister zu Gast war, »musste« uns die Stadt Pu'er nach chinesischem Usus hochrangig empfangen, und Herr Guo konnte als Partnerschaftsrepräsentant von Harbin/Wiener Neustadt glaubhaft sein Interesse an der Etablierung eines österreichischen Kaffeehauses in seiner Heimatstadt darlegen. Darüber hinaus war er für uns wichtiger Partner und hervorragender Dolmetscher zugleich.

Pu'er ist eine touristisch unbedeutende kreisfreie Stadt der Provinz Yunnan, die bis 2007 noch Simao geheißen und erst durch eine Verwaltungsneugliederung und Umbenennung ihren Namen erhalten hatte.[101] Dennoch hat das in eine bewaldete Landschaft eingebettete Pu'er viel zu bieten. Neben frischer Luft, jenseits des Großstadt-Smogs, findet man wunderschöne Tee- und Kaffeeterrassen, die sich wie Fächer über die Hügel legen. Yunnan (rund

---

101 Untersucht wurden: 1. Pao, Basil: China. Unterwegs in allen Provinzen. München 2008 2. Fülling, Oliver; Bolch, Oliver: Highlights China. Die 50 Ziele, die Sie gesehen haben sollten. München 2011 3. Dumont Bildatlas China. Ostfildern 2011 4. Geo Special. Die Welt entdecken. China. Klassische Schönheit, aufregende Moderne. Reisewege durch das Reich der Mitte. 1/2012 5. Lonely Planet. China. Ostfildern 2013. 6. Delius, Peter (Hg.): China. Eine Bilderreise. Hamburg 2008. Pu'er findet dabei nirgends Erwähnung.

46 Mio. Einwohner) grenzt an Laos, Myanmar (vormals Burma) sowie Vietnam, und nur die Insel Hainan ist in der Volksrepublik China noch südlicher gelegen. Es handelt sich um die »ethnisch und geografisch heterogenste Provinz Chinas: 26 der 55 offiziell anerkannten Volksgruppen leben in dem 394.000 Quadratkilometer großen Gebiet«, in dem es die letzten wild lebenden Elefanten im Reich der Mitte gibt.[102] Wenn Pu'er auch kaum Besucher anlockt, so ist der Name der Stadt weltweit bekannt. Diesen Umstand verdankt sie dem berühmten roten Tee gleichen Namens, der ihn in die weite Welt hinaustrug. »Die ursprünglich Heimat des Pu-Erh-Tees findet sich in einer abgelegenen Region Yunnans, dem Ba Da Shan. Dort finden sich noch heute auf einer Höhe von etwa 1,5–2 km Teebäume, die bis zu 30 Meter hoch wachsen und über 800 Jahre alt sind. [...] Pu Erh Tee wird genau wie grüner und schwarzer Tee aus der Tee-Pflanze Camellia sinensis gemacht. Es ist eine spezielle Unterart des Teestrauches, die Qingmao genannt wird.«[103] Wer mit offenen Augen durch die Teeabteilungen österreichischer Supermärkte geht, wird das berühmte Produkt nahezu immer in den Regalen wiederfinden. Aber unsere Reise diente bekanntermaßen anderen Zwecken.

Mit einem Kleinbus fuhren wir zu den nahegelegenen Bergen. Mittlerweile waren hochsommerliche Temperaturen erreicht, die Klaus Billwein und

---

102 Delius, Peter (Hg.): China. Eine Bilderreise. Hamburg 2008, S. 467f
103 http://puerhtee.com

mir erheblich zusetzten, waren wir doch noch vor kurzem eisiger Kälte ausgesetzt. Mühevoll erklommen wir Hügel um Hügel, bis wir die Kaffeefelder erreichten. Die Anstrengungen hatten sich gelohnt. Nunmehr erschloss sich uns ein herrlicher Blick über die grünen Weiten, das Tal und die Berge. Jetzt ging es daran, den Kaffeeanbau zu besichtigen und die Güte der Bohnen zu begutachten. »Alles Arabica-Bohnen«, schwärmte Fachmann Schärf nach kurzer Zeit, um hinzuzufügen, dass die Qualität genauso hoch wie auf seiner Plantage in Costa Rica sei. *Coffea arabica* gilt als der Ferrari unter den Kaffeepflanzen, während *Coffea canephora* aufgrund ihrer geringeren Empfindlichkeit gegen Krankheiten und klimatische Einflüsse sowie ihres schnelleren Wachstums Robusta genannt wird. Slogans von Herstellern oder Café-Ketten wie »Aus 100 % Arabica-Bohnen« sollen unterstreichen, dass man ausschließlich auf die edle Sorte setzt. Beim Gespräch mit einem vermeintlichen Feldarbeiter stellte sich heraus, dass es sich um einen ehemaligen Vizebürgermeister von Pu'er handelte, der sich im Ruhestand der Weiterentwicklung des Kaffeeanbaus angenommen hatte. Sofort sendete ich ein ironisches SMS an meinen Vizebürgermeister Wolfgang Trofer, mit dem Hinweis, dass er sich am chinesischen Kollegen ein Vorbild nehmen solle und hoffentlich wisse, was er hinkünftig in der Pension zu tun habe. Eines war nach dem ausgiebigen Besuch der Felder jedenfalls klar: Die Bedingungen des Anbaus und die Qualität der Bohnen waren exzellent. Im Anschluss fuhren wir zu den Verarbeitungsbetrieben, wo sich sehr bald herausstellte, dass zwar die

Ware herausragend, die Behandlungsmethoden aber teilweise vollkommen unfachmännisch bzw. höchst mangelhaft waren. Roman Schärf erkannte sofort, dass den Mitarbeitern Geduld oder Wissen fehlten, um zu erkennen, dass die Bohnen nicht lange genug getrocknet wurden und teilweise gar nicht geschält waren. So kam es, dass noch feuchte Kaffeebohnen mit Schale in die Röstöfen gelangten, was dem Veredelungsprozess diametral entgegensteht. Das Endprodukt, der uns servierte Kaffee, schmeckte, wenig verwunderlich, mittelmäßig. Dies lag zum einen an der mangelnden Trocknung und Schälung der Bohnen, zum anderen aber auch an den kapazitätsmäßig viel zu kleinen Röstanlagen, wie mir Experte Schärf erklärte. Wir kosteten uns durch mehrere kredenzte Heißgetränke und mussten dabei erkennen, dass es uns ohnehin nicht gelungen wäre, zu erkennen, ob Hochwertiges dabei war, zumal die Kaffees oft, von freundlichen Damen bereits mit Zucker und Milch versehen, serviert wurden. Der letzte Beweis war erbracht. Pu'er ist berühmt für seine Tee-, aber nicht für seine Kaffeekultur – trotz herrlicher Bohnenqualität.

Es offenbarte sich auch hier ein Phänomen, das in China vom Norden bis in den Süden bemerk- und spürbar ist. Westliche Marken werden oft über Gebühr verehrt, auch dann, wenn die Waren unverschämt übertenert sind und die Qualität Anlass zu Ärger gibt. So verhielt es sich insbesondere lange Zeit mit Wein aus den weltweiten Hauptexportländern, und so zeigte es sich auch in Pu'er, was international bekannte Kaffeekonzerne betrifft. Der Einwand von Roman Schärf, dass eine dieser Ketten rein vom Marketing lebe, ungeniert minderwertige Bohnen im großen Stil verwende und somit kein Vorbild sein könne, wurde teilnahmslos zur Kenntnis genommen. An der Wand prangte ein Bild, das den Eigentümer und Aufsichtsratsvorsitzenden genau jenes angesprochenen Weltkonzerns als Gast in den Kaffeehainen von Pu'er zeigte. Minderwertig hin, oder her. Auf diesen Besucher war man hier stolz.

Auch ein zweites chinesisches Problem wurde fast schon klischeehaft bestätigt, jenes der Dienstleistung. Das riesige Reich liegt beim Standard der Schulbildung ganz weit vorne, ist wirtschaftlich auf der Überholspur, ist zur Spitzensportnation geworden, vermag Weltraumstationen zu bauen, ist aber, was die Dienstleistung betrifft, teilweise noch immer ein Entwicklungsland. Nicht zufällig sind Manager der mittleren Ebene oder leitende Angestellte (z. B. in Schichtbetrieben des Fabriksektors, in Restaurants oder bei Rezeptionen von gehobenen Hotels) häufig Ausländer, die dem einheimischen Personal Fachwissen vermitteln sollen. Auch in der Rösterei von Pu'er war dies der Fall. Der Geschäftsführer, dem die mangelnde Eignung mancher Beschäftigten sicher nicht verborgen geblieben war, stammte aus Südafrika. Dem offiziellen Kaffeeindustrie-Entwicklungsbüro der Stadtregierung Pu'er steht noch viel Arbeit bevor, das Teeindustrie-Büro wird es hingegen leichter haben. Wenn auch der Kaffee nicht nach Wiener Art schmeckte, so konnten wir uns dennoch in einem Schau-Kaffeehaus daran erfreuen, dass im Eingangsbereich eine große Statue von Johann »Schani« Strauß – dem »Walzerkönig« – stand.

Meine Delegation war von unseren Gastgebern in einer wunderbaren Hotelanlage untergebracht worden. Vom Balkon meines Hotelzimmers konnte ich auf einen unmittelbar in der Nähe gelegenen See und schier unendliches Grün blicken. Aufgrund der Hitze wäre ich am liebsten baden gegangen, aber weder war Zeit dafür, noch hätte ich eine Badehose mitgehabt. Mein Koffer war voll mit warmem Wintergewand. »Wenn ich mit meinem Studium fertig bin und mehr Geld habe, möchte ich einmal hier Urlaub machen«, nahm sich Guo Qiao vor. »Da möchte ich dabei sein«, war meine Antwort, und während ich diese Zeilen schreibe, blickt mein Freund dem unmittelbar bevorstehenden Abschluss seiner akademischen Ausbildung entgegen. Ich werde ihn an seine Absichtserklärung erinnern.

Am Abend wurden wir hochrangig empfangen. Bürgermeister Li Xiaoping und Vizebürgermeister Yang Weidong machten uns mit einer offiziellen Abordnung die Aufwartung. Das gewohnte politische Procedere mit der typisch chinesischen Sitzordnung auf Polstermöbeln wurde um ein enormes Highlight erweitert. Der Raum, in dem der Empfang stattfand, hatte eine riesige Glasfront, die uns einen herrlichen Blick auf den See und die Uferlandschaft ermöglichte. Ein unvergessliches Ambiente, dessen Wirkung sich die heimischen Offiziellen sichtlich bewusst waren. Nachdem wir die unternehmerischen Anliegen unseres Freundes Roman Schärf vorgebracht hatten, sprach der Bürgermeister eine mögliche Verschwisterung der Städte Pu'er und Wiener Neustadt an. Ich wusste, dass dies ein heikler Punkt war, und versuchte, die Situation diplomatisch zu lösen. Weder wollte ich die herzlichen Gastgeber vor den Kopf stoßen noch bei ihnen falsche Hoffnungen wecken. Wie mit Herrn Schärf besprochen, durfte ich in Aussicht stellen, dass er sich vorstellen könne, einen Coffeeshop in Pu'er zu errichten, sofern es zu einer Kooperation mit ortsansässigen Bauern käme. Weiters sprach ich umgehend eine Gegeneinladung an den Bürgermeister in meine Heimatstadt aus und sagte jede Form der Kooperation in Belangen von Wirtschaft und Kultur zu, die in meiner Macht stünde. Hinsichtlich einer Verschwisterung musste ich aber bedauernd mitteilen, dass wir bereits mit den chinesischen Städten Harbin (Schwesterstadt) und Ningbo (Freundschaftsstadt) verbunden sind und ich daher eine weitere offizielle Kooperation dem Gemeinderat nicht vorschlagen könne. Wiewohl sich Bürgermeister Li und Vizebürgermeister Yang nichts anmerken ließen, war mir klar, dass sie ob dieser Botschaft enttäuscht waren. Als Gastgeschenk erhielt ich ein riesiges, gerahmtes Bild, das mich vor erhebliche Transportschwierigkeiten stellen sollte. Das Sicherheitspersonal auf allen Flughäfen war extrem misstrauisch, was ich mit einem derart großen Kunstwerk bezweckte und argwöhnte, ob sich hinter bzw. im Bild nicht doch etwas ganz anderes befände. Erschwerend kam hinzu, dass das Gemälde in keinen Scanner hineinpasste, was das Misstrauen nicht gerade verringerte. Die Stewardessen der Fluglinien wiederum machten mich laufend darauf aufmerksam, dass sie keinerlei Haftung übernehmen würden, sollte das Artefakt zerbrechen. Selten hat mich ein tolles Geschenk derart genervt, aber wie durch ein Wunder ist es heil zu Hause angekommen und eine nachhaltige Erinnerung an Pu'er.

Beim anschließenden Abendessen – in einem riesigen Saal war ein einziger runder Tisch festlich für uns gedeckt – gab es südchinesische Köstlichkeiten, bei denen man an der erheblichen Schärfe leicht erkennen konnte, dass ihre Zubereitung an die Sichuan-Küche der Nachbarprovinz angelehnt war. Nach dem opulenten Mahl luden uns die Vertreter des Auswärtigen Amtes zu einem Verdauungsspaziergang entlang des Sees, wo sie uns berichteten, dass in dieser Gegend häufig Affen anzutreffen seien, da sie hier ihren natürlichen Lebensraum vorfänden. Aufgrund der vollkommenen Dunkelheit mussten wir den geplanten Rundgang etwas verkürzen, aber eine ganze Stunde lang konnten wir die unterschiedlichen Düfte der Vegetation und das Gefühl des nahen Wassers genießen. Ein idealer Ort, um abseits vom stressigen Alltag die Seele baumeln zu lassen. Nach unserer Rückkehr im Hotel verabschiedeten sich Rong Wei und Kollegen. Da uns noch nicht nach Schlaf zumute war und wir Lust auf einen Absacker verspürten, begaben wir uns in die vollkommen leere Bar, die den Anschein erweckte, als seien wir die einzigen Hotelgäste. Wir baten Guo Qiao, für uns Schnaps zu bestellen. Das, was wir erhielten, hatte mit unseren bisherigen báijiǔ-Erfahrungen wenig zu tun. Viel milder, viel süßer. Keine Spur von »flüssigen Rasierklingen« Marke Maotai.

Am nächsten Morgen hieß es, Abschied nehmen, da wir uns für den Rückflug nach Peking via Kunming bereitmachen mussten. Beim Auschecken wurde uns eröffnet, dass wir die Hälfte der Hotelzimmerkosten zu bezahlen hätten. Für uns war das kein Problem, aber es stellte einen Sinneswandel der Gastgeber dar, zumal uns bei der Ankunft von offizieller Seite mitgeteilt worden war, dass wir eingeladen seien. »Ist dir das aufgefallen?«, fragte mich Guo Qiao. Ich nickte. Wir waren uns einig, dass die Haltungsänderung von chinesischer Seite in meiner Aussage, wonach eine Verschwisterung von Pu'er und Wiener Neustadt nicht möglich sei, begründet lag. Vielleicht war ich doch zu westlich direkt gewesen und zu wenig chinesisch vage geblieben. Dennoch sprach ich, wie zugesagt, eine offizielle Einladung nach Wiener Neustadt aus. Aber der Kontakt war erloschen.

Um es kurz zu machen: Auch im Jahr 2015 gibt es noch keine Kooperation mit chinesischen Kaffeebauern, keine Rösterei im Norden und kein Kaffeehaus in Harbin. Dies, obwohl Kaffeefachmann Schärf sogar eine weitere Reise nach Südchina in die Provinz Hainan unternahm, wo er aber erkennen musste, dass weder die Lagen der Felder noch die Qualität der Bohnen jenes Niveau erreichten wie in Yunnan. Das Bemühen ist von allen Seiten ernst, aber die bürokratischen und rechtlichen Schwierigkeiten (z. B. Lizenzverträge, Absicherung von Urheberrechten etc.) sind enorm. Roman Schärf hat seinen Plan auch nach 3 ½ Jahren noch nicht aufgegeben, aber ein unkalkulierbares wirtschaftliches Risiko kann auch der Kaffee-Visionär nicht eingehen. Ich selbst kann ihm als Ex-Politiker in Südchina nicht mehr relevant behilflich sein, und so werde ich wohl kaum mehr in die Tee-Stadt mit den Kaffee-Ambitionen kommen und keine Möglichkeit haben, die wild lebenden Affen zu sehen. Es sei denn, als Urlauber gemeinsam mit Guo Qiao.

»Ich war in Jinhua« – »Wo?«

Vor einigen Jahren stattete ich gemeinsam mit dem Unternehmer und Ehrenpräsidenten des Überseechinesenkomitees der Österreichischen Gesellschaft für Chinaforschung (ÖGCF) Zhan Weiping und Klaus Billwein der südostchinesischen Stadt Jinhua (im Großraum rund 4,5 Mio. Einwohner), 300 km südlich von Shanghai in der Provinz Zhejiang gelegen, eine Kurzvisite ab. Da Herr Zhan schon in China weilte, trafen wir uns am Flughafen, von wo aus wir eine rund dreistündige Autofahrt unternahmen, um an unser Ziel zu kommen. Da wir zeitlich ziemlich unter Druck waren, stieg unser Fahrer ordentlich aufs Gas, um uns pünktlich zum ersten Meeting zu bringen. Obwohl wir überland unterwegs und nicht dem Verkehr der Großstädte ausgesetzt waren, gestaltete sich das Einhalten des Zeitplans schwierig, da die zubringende Autobahn teilweise gesperrt war. Der Grund hiefür lag darin, dass ein afrikanischer Minister zu Besuch in der Provinz weilte, was wir zufällig erfuhren und bemerkten, als uns ein schwer bewachter und von Polizisten auf Motorrädern eskortierter Konvoi von schwarzen Limousinen mit rasender Geschwindigkeit überholte.

Der Sinn unseres Aufenthaltes lag darin, zu sondieren, ob es gelingen könne, chinesische Immobilieninvestoren für ein Engagement in Österreich zu begeistern. Zu Beginn unserer Termine stand ein Mittagessen mit dem hiesigen Vizebürgermeister Zhu Fulin, Vertretern des Außenamtes, des Büros für Land & Ressourcen und der Gesellschaft für die Freundschaft mit ausländischen Staaten auf dem Plan. Vor einem Restaurant warteten der Politiker und seine Begleiter bereits, um uns herzlich zu begrüßen. Noch ehe wir hineingingen, fragte ich, wie man ihre Heimatstadt richtig aussprache. Ich wollte gerüstet sein. »Tschinchua« bekam ich zur Antwort. In einem kleinen Extraraum im ersten Stock des Lokals nahmen wir bei guter und ausgelassener Stimmung die Mahlzeit ein. »Wir haben auch eine österreichische Schwesterstadt. Kennen Sie Hollabrunn?«, ließ der Ranghöchste nach einiger Zeit übersetzen. Mein Büroleiter und ich glaubten, unseren Ohren nicht zu trauen. Lächelnd bejahten wir. Tausende Kilometer fernab der Heimat auf eine niederösterreichische Kleinstadt im Weinviertel angesprochen zu werden, das ist Globalisierung, dachte ich mir.

Nach dem Mittagessen verabschiedeten wir uns von Vizebürgermeister Zhu und wurden von den zuständigen Beamten mit dem Auto zu einer eingezäunten, mit Schrankenanlage gesicherten sowie bewachten Wohnhausanlage gebracht, die ausschließlich aus Villen bestand. Von außen war die Exklusivität schon erkennbar, aber erst nachdem wir einige Häuser von innen gesehen hatten, erschloss sich uns der ganze unvorstellbare Luxus. Die Bauten erstreckten sich zumeist über drei Ebenen (Parterre, 1. und 2. Stock) und hatten voll ausgebaute Keller, in denen eigene TV-Zimmer, begehbare Weinkeller, Billardräume u. Ä. untergebracht waren. Sämtliche

Räumlichkeiten der zum Verkauf anstehenden Villen waren stilvoll möbliert, mit edelsten Parkettböden, Marmorfliesen und Teppichen ausgestattet. Wohn-, Schlaf- und Arbeitszimmer, Küchen, Bäder, WCs, Balkone, Terrassen in mehrfacher Ausfertigung waren ebenso eine Selbstverständlichkeit wie ein herrlich angelegter Garten mit Swimmingpool. Es verschlug uns die Sprache, angesichts dieser verschwenderischen Pracht, die um drei Millionen Euro zu erwerben war. Das Schauspiel wiederholte sich, als wir ein zweites Villenviertel besuchten. Genau solche Wohnhausanlagen sollten in Österreich entstehen – das waren die Vorstellungen der chinesischen Investoren, die mich baten, nach geeigneten Grundstücken in meiner Heimat Ausschau zu halten. Für Gemeinden, die über entsprechende Flächen verfügen und nach Einnahmequellen suchen, konnte dies durchaus wirtschaftlich interessant und lukrativ sein. Bedingungen, um welche Städte oder Gemeinden es sich handeln solle, stellten die Immobilienfachleute keine. Österreich, war die einzige Anforderung, zumal es sich ohnehin »nur« um Sommerresidenzen handeln sollte. *Noblesse oblige*, oder sollte man es besser mit dem Lyriker Thomas S. Lutter sagen: »Nach verbrauchtem Ideal ist die Dekadenz erste Wahl!«

Ohne die sehenswerten offiziellen Denkmäler wie den Amtssitz des Prinzen Shi des Himmlischen Reiches des Großen Friedens oder die Steinsäule des Falong-Tempels gesehen und auch ohne mir ein Bild von der berühmten Schinken-Industrie gemacht zu haben, oder die Shuanglong-Tropfsteinhöhlen, die Sechs-Höhlen-Berge von Lanxi, die heißen Quellen von Wuyi und den Felsen von Yongkang besucht zu haben, musste ich aus Termingründen die bezirksfreie Stadt Jinhua wieder verlassen. Es ging zurück nach Peking.

Ich werde laufend von Chinesen gefragt, in welchen Städten ihrer Heimat ich schon gewesen sei, und daraufhin entspinnen sich immer dieselben Dialoge: »Beijing« – »Ist klar«, »Shanghai« – »Ja«, »Harbin« – »Ah, ganz im Norden. Da ist es kalt«, »Ningbo« – »Bekannt wegen des Hafens«, »Pu'er« – »Sehr berühmter Tee!«, »Daqing« – »Die Ölstadt«, »Jinhua« – »Wo?«. »Tschinchua« – »Kenne ich nicht!« Ich probiere es mit einer geänderten Aussprache: »Tschinkwa«. Ohne Erfolg. Ich ernte Kopfschütteln. Nun versuche ich, Fakten zu Hilfe zu nehmen. »Die Schwesterstadt von Hollabrunn«, aber ich bemerke schnell die Sinnlosigkeit des Unterfangens. Das kennt natürlich erst recht niemand. »Eine Stadt mit Schwerpunkt Maschinenbau, Textil- und Nahrungsmittelindustrie«, aber das ist logischerweise viel zu ungenau für das Reich der Mitte. Wieder nichts. »Jinhua in der Zhejiang-Provinz«. »Aaah, Tschinchua«. Sagte ich doch, denke ich mir dann, aber es beweist mir ein ums andere Mal, wie schwer es ist, phonetisch mit chinesischen Wörtern und Begriffen zurechtzukommen – trotz redlichen Bemühens. Immer wenn ich in einer Zeitung von Hollabrunn lese, denke ich an Jinhua. Dann fallen mir unverzüglich die luxuriösen Villen ein, die in einer Stadt stehen, deren Namen ich nicht verständlich aussprechen kann. »Wo waren Sie?« – »In Tschin..., ach, Sie wissen schon, in dieser Industriestadt in der Zhejiang-Provinz, 300 km südlich von Shanghai.«

Chop Suey – Vermischtes zum Schluss

Chop Suey gilt neben Reis und Soja-Sauce im Westen als der Inbegriff der chinesischen Küche. Der Haken daran: Im Reich der Mitte kennt man Chop Suey, wenn überhaupt, nur durch westliche Einflüsse, und es ist in der original chinesischen Küche nicht anzutreffen. Um die Entstehung der Speise ranken sich zahlreiche Mythen. Die einen sagen, ein chinesischer Koch in den USA habe es im Auftrag eines Diplomaten als Diätspeise entworfen, die anderen vermeinen, es sei in den 1860er Jahren in einem Restaurant in San Francisco nach Geschäftsschluss als Resteessen entstanden. Was auch immer wahr sein mag, Faktum ist, es handelt sich um ein im Wok (kantonesisch für »gewölbte Pfanne«) zubereitetes Gericht, bestehend aus Gemüse (Bambussprossen, Pilzen, etc.) und manchmal auch Rind- oder Schweinefleisch; alles fein gehackt und geschnitten. Vermischtes zum Schluss, in (kleinen) Happen serviert, soll auch in diesem Buch geboten werden:

Chinesen, die beruflich international tätig sind, bedienen sich westlicher Fantasie-Vornamen, die für ihre ausländischen Partner deutlich leichter auszusprechen sind als ihre wirklichen Taufnamen. So heißt »Peter« aus Harbin eigentlich Ru und »Michael« Yueming. Davon abgesehen, stehen ansonsten immer die chinesischen Nachnamen an erster Stelle, z. B. Mao (Nachname) Zedong (Vorname). 1,3 Mrd. Chinesen teilen sich schätzungsweise 4.100 Nachnamen. Zum Vergleich: In Deutschland (rund 82 Mio. Einwohner) gibt es ca. 300.000 Familiennamen. 95,3 Mio. Bürgerinnen und Bürger heißen Li. In der Namenshitparade folgen auf den Plätzen 2–10: Wang, Zhang, Liu, Chen, Yang, Zhao, Huang, Zhou, Wu. Daher sind die von den Eltern selbst kreierten Vornamen der Kinder von besonderer Bedeutung.

Acht ist in China eine absolute Glückszahl, was daher rührt, dass die Aussprache in kantonesischer Sprache jener von »reich werden« (fa) in Mandarin sehr ähnlich ist. Im Reich der Mitte werden zum Teil Unsummen für Autowunschkennzeichen geboten – so z. B. 20.000 Euro für die Nummer 888 im Jahr 2006 in Shanghai – die häufig die Zahl 8 inkludieren. Die Olympischen Spiele in Peking wurden ganz bewusst im Sinne der Zahlensymbolik am 8.8.2008 um 8 Uhr am Abend eröffnet.

China eilt der Ruf voraus, jenes Land zu sein, in dem gnadenlos gespuckt und gerülpst wird. Das ist es auch teilweise in der Tat, aber nicht mehr in jenem Ausmaß wie einst. Im Beobachtungszeitraum 2006 bis 2015 konnte ich einen deutlichen Wandel in den diesbezüglichen Sitten erkennen. Früher war es keine Seltenheit, dass Passagiere ungeniert auf den Teppichboden des Flugzeuges spuckten, oder dass hochrangige Politiker während offiziellen Banketts lauthals rülpsten, um sich danach mit den Fingern – ohne vorgehaltene Hand, wohlgemerkt – Essensreste aus dem Mund zu klauben. Während auf Restauranttoiletten, auf Flughäfen und in Fußgängerzonen vor allem noch durch Männer mittleren oder höheren Alters kräftig gespuckt wird, sieht man dies bei der jüngeren Generation und auch bei formalen festlichen Anlässen kaum noch. Auch das Rülpsen, das mich immer an das angebliche Zitat von Martin Luther – »Warum rülpset und furzet ihr nicht, hat es euch nicht geschmecket?« – erinnert hat, ist fast schon aus der Mode gekommen. Geblieben ist hingegen das laute Schlürfen von Suppen.

Während also auch bei politischen oder geschäftlichen Mahlzeiten nach Herzenslust geschlürft werden kann, gilt eine in Europa ganz normale Verhaltensweise als nicht opportun: das Schnäuzen! »Putzen Sie sich keinesfalls bei Tisch die Nase und stopfen Sie danach Ihr Taschentuch wieder in die Hosentasche. Zum Schnäuzen geht der Chinese und gebildete Tourist auf die Toilette«, schrieb die Süddeutsche Zeitung in einem China-Knigge-Bericht 2008[104], aber ganz so schlimm ist es nicht. Wiewohl Schnäuzen in China als ekelhaft gilt, reicht es in dringenden Fällen, sich deutlich vom Tisch wegzudrehen, kurz der restlichen Gesellschaft den Rücken zu zeigen, in etwas geneigter Haltung den Akt zu vollziehen, um sich dann wieder – ohne Taschen-

---

104 http://www.sueddeutsche.de/reise/china-knigge-behalten-sie-ihr-gesicht-1.578759-9

tuch – zu zeigen. Ist die Notwendigkeit des Schnäuzens allerdings absehbar, ist es klug und ratsam, die Toilette aufzusuchen.

China pflegt über seine Botschaften und die gut organisierten sogenannten Überseechinesen-Komitees engen Kontakt zu Auslandschinesen, die vielfach schon die Staatsbürgerschaft jener Länder angenommen haben, in denen sie leben. Es ist daher absoluter Usus, dass die Botschafter der Volksrepublik akribisch Unternehmen (z. B. Handels- oder Gastronomiebetriebe) ihrer (ehemaligen) Landsleute besuchen. Nicht selten findet man an Wänden von westlichen Chinarestaurants Bilder, die den Gastwirt in stolzer Pose gemeinsam mit Exzellenzen zeigen. Hohe Wertschätzung wird in China aber auch ausländischen Amtsträgern (seien es Politiker oder Diplomaten) entgegengebracht. Ein Freund von mir entdeckte zu seiner Verwunderung in Südchina in einem Lokal ein Porträt von Heinz Fischer.

Offizielle Abendessen, zu denen chinesische Politiker ihre westlichen Amtskollegen einladen, sind exakt durchgeplant. Sie beginnen in der Regel um 17.30 oder 18 Uhr und enden zumeist nach zwei, maximal drei Stunden. Das bevorstehende Ende des Termins wird durch einen letzten Trinkspruch des Gastgebers erkennbar. Danach wird die Tafel aufgehoben und alle verlassen zügig das Restaurant oder Hotel, in dem gespeist wurde. Aus der Gewohnheit des klaren Zeitplans heraus, leitet sich die Sorge chinesischer Politiker über nicht enden wollende Diner ab, wenn sie zu Gegenbesuchen dienstlich im Westen weilen. Wer beispielsweise Einladungen von italienischen Bürgermeistern kennt, weiß, dass ausgerichtete Abendessen nicht vor 21 Uhr, oftmals erst um 22 Uhr beginnen. Da in unseren Breitengraden das formale Tafelheben eher nicht üblich ist, sondern sich die Gäste individuell je nach unterschiedlicher Fahrzeit und anderen Parametern verabschieden, fühlen sich chinesische Politiker in diesen Situationen oft unwohl. Um einem allzu lange dauernden Abendessen zu entrinnen, bedienen sie sich daher gegenüber dem Gastgeber Formeln wie »Es war für Sie sicher ein anstrengender und harter Tag, Sie werden müde sein. Ich darf mich daher verabschieden.« Vom Umstand, wie lange ein Bankett gedauert hat, lassen sich jedoch keinerlei Schlüsse ziehen, wie viel Alkohol getrunken wurde. In aller Regel wird bei zweistündigen chinesischen Diner deutlich mehr Hochprozentiges konsumiert als bei vierstündigen europäischen. Báijiŭ lässt grüßen!

Ehe ich es vergesse. Ich habe in China viele Hunde gesehen. Aber keinen davon im Kochtopf oder auf dem Teller. Der Trend zum Haustier (Hunde, Katzen) ist dagegen stark im Steigen. Fachleute sagen, dass außerhalb von Guangzhou (Kanton) ganz China allein über den Gedanken, »des Menschen besten Freund« zuzubereiten, den Kopf schüttelt, geschweige denn, dass »Hund süß-sauer« eine Nationalspeise wäre. Also, ab ins Reich der Mythen damit!

Für die Besuchsdiplomatie auf kommunaler Ebene gibt es in China ganz klare Regeln. Kommen ausländische Beamte, werden sie von heimischen Beamten empfangen. Kommen ausländische rangniederere Kommunalpolitiker, werden sie zumeist von einem Vizebürgermeister oder von Vertretern des regionalen Volkskongresses oder der Konsultativkonferenz willkommen geheißen. Internationale Bürgermeister und Vizebürgermeister werden in aller Regel vom örtlichen Bürgermeister oder sogar vom Parteivorsitzenden eingeladen. Es gilt das Prinzip der Augenhöhe.

Obwohl es in der chinesischen Spitzenpolitik ähnlich wenig Frauen gibt wie in der westlichen und es in der Geschichte der Volksrepublik noch nie eine weibliche Staatspräsidentin oder Premierministerin gegeben hat, können Frauen in China in der Wissenschaft, Wirtschaft und auch in der Politik Karriere machen. Männliche Ressentiments gegenüber Kolleginnen konnte ich in all den Jahren keine feststellen. Auffällig ist insbesondere, dass ich auf Städteebene zahlreiche weibliche Führungskräfte kennengelernt habe, die Spitzenämter wie jene für Wissenschaft, Bildung, Kultur oder Außenbeziehungen managen. Auch im universitären Bereich bin ich mit vielen Wissenschaftlerinnen in hochrangigen Positionen zusammengetroffen. Landesweit existiert eine eigene Frauenvereinigung, in der alle Bürgermeisterinnen und Vizebürgermeisterinnen organisiert sind.

China ist das Reich der Mitte, aber auch das Reich der Gegensätze. In feinen, gediegenen Restaurants mit exquisiter Küche kann es vorkommen, dass Sie vollkommen verdreckte WCs vorfinden, die ärger aussehen als jene mobilen Toilettenanlagen, die der Besucher von Rockkonzerten kennt. Aber das ist längst nicht alles an Widersprüchlichkeiten und Kontrasten, die das riesige Land zu bieten hat. Ich durfte einmal bei der Eröffnung eines neu errichteten Bürogebäudes dabei sein. Im Großen zeigte sich ein moderner Komplex mit schönen und hellen Verwaltungsräumlichkeiten. Bei näherer Betrachtung konnte man jedoch das Detail erkennen, dass die Zimmer keine herkömmlichen Schlösser und Türschnallen hatten, sondern mit einem Verriegelungssystem ausgestattet waren, wie es bei uns eher zum Absperren von Abstellräumen oder – ehrlich gesagt – zum Verschließen von Plumpsklos auf Almhütten zur Anwendung kommt. Unsere Verwunderung war groß. Wer China öfter bereist, hat sicher schon einmal gesehen, dass sich nach starken Regenfällen die Straßen von Millionenmetropolen in Flüsse verwandeln, was aber offenbar nur Westler irritiert und überrascht. Autos, Motor- und Fahrräder fahren unbeirrt weiter, als seien sie Boote, Fußgänger ziehen ihre Schuhe aus, krempeln die Hosen auf und spazieren bloßfüßig durch die Wassermassen. Ich konnte dieses Phänomen in Nord- und Ostchina persönlich erleben, und auch in westlichen TV-Dokumentationen ist es immer wieder Bestandteil der Berichterstattung. Wenn man weiß, welcher Hightech aus China stammt und dass man dort imstande ist, Weltraumstationen zu errichten, wundert sich der westliche Gast, wie es sein kann, dass es dem Land in urbanen Räumen offenbar nicht gelingt, ihre Kanalisation auf den notwendigen Stand der

Technik zu bringen. China ist eben auch das Reich der Gegensätze, und ein Teil der Faszination dieses Landes geht auch genau davon aus. So manche Unzulänglichkeit ist das Salz in der Suppe.

Kein Gast, ob Tourist oder Geschäftsreisender, sollte sich in China auf bargeldlosen Zahlungsverkehr verlassen. Ich habe das leidvoll erfahren und daraus gelernt. Wiewohl man in den Städten gefühlt an jeder Ecke eine Bank findet – Argricultural Bank of China, Bank of China, Bank of Communications, China Construction Bank, China Development Bank etc., etc. –, heißt das nicht, dass man es auch schafft, Geld zu beheben. Die Schwierigkeit beginnt damit, dass viele Bankomaten jenseits von Peking und Shanghai nur chinesischsprachig ausgestattet sind, was jeden Versuch, an chinesisches Bargeld zu kommen, unmöglich macht. Geht man nunmehr in das Bankinnere, um Euro-Scheine in Renminbi zu wechseln, ist dies nur dann von Erfolg gekrönt, wenn man den Reisepass bei sich hat. Liegt dieser gut verwahrt im Safe des Hotelzimmers, ist auch dieser Anlauf gescheitert. Personalausweise, Führerscheine und sonstige Dokumente werden nicht akzeptiert. Der weitgereiste Gast lässt sich dadurch aber nicht aus der Ruhe bringen, wozu gibt es Kreditkarten. In vielen Geschäften, Bars und in nahezu jedem Hotel kann man damit bezahlen. Der Haken daran ist nur, dass geschätzt jedes zweite Lesegerät kundtut, die Kreditkarte sei defekt, ungültig oder verursache sonstige Schwierigkeiten. Dieses Spiel wiederholt sich dann nicht selten mit allen verfügbaren Karten der gesamten Reisegruppe. Mit etwas Glück akzeptiert das elektronische Gerät das eine oder andere Exemplar, und man darf darauf hoffen, von einem Reisekollegen Geld geliehen zu bekommen. Immer in Erinnerung bleiben wird mir, dass ich einmal zehn Bankomaten aufgesucht habe, bis es mir in einem Foyer eines Shanghaier Hotels tatsächlich gelungen ist, Geld bei der Maschine zu beheben. Ähnliche Probleme verursachen viele Lesegeräte, die für die Ticketkontrolle an den Drehkreuzen der U-Bahnstationen anzutreffen sind. Die Einheimischen nehmen die anhaltenden Schwierigkeiten gelassen, intervenieren bei den Angestellten und verhalten sich gegenüber westlichen Besuchern überaus hilfsbereit.

Jede Stadt will vorankommen, vom ökonomischen Boom profitieren, das Wirtschaftswachstum ebenso steigern wie das Bevölkerungswachstum. Belegbare Zahlen spielen eine große Rolle. Wer Superlative zu bieten hat, darf sie zeigen. Dies geschieht aber weder überheblich noch arrogant. So kann man in Harbin (Werbeslogan: »On the top of China«[105]) erfahren, dass in ihrer Stadt das erste Bier gebraut, das erste Brot gebacken und die erste Wurst erzeugt wurde. Von ganz China wohlgemerkt. Auch das erste Orchester wurde in der Hauptstadt von Heilongjiang gegründet. Die ostchinesische Stadt Ningbo ist hingegen stolz darauf, dass sie eine der allerersten Städte war, in denen Reis angebaut wurde und welche Weltbedeutung ihr Hafen hat. Daqing lebt sprichwörtlich vom Ruhm als erste Ölstadt Chinas,

---

105 »An der Spitze von China!«

und natürlich schwärmt Pu'er vom eigenen berühmten Tee, der längst auch den europäischen Markt erobert hat. Peking und Shanghai hingegen müssen keine herausragenden Merkmale mehr betonen. Der Status der beiden Städte spricht für sich selbst.

Die Rivalität der beiden asiatischen Player China und Japan ist nicht erst seit dem Streit um die Diaoyu-Inseln, deren strategisch wichtiges Territorium im ostchinesischen Meer sowohl von Japan, der Volksrepublik und auch von Taiwan als jeweiliges Staatsgebiet reklamiert wird, für Reisende vielerorts spürbar. In Nordchina ist man bezüglich dieses Themas besonders sensibel, nicht zuletzt deshalb, da Japan 1932 die Mandschurei besetzte (es gab sogar seit 1933 einen Stützpunkt der NSDAP Auslandsorganisation in Harbin!), ausbeutete und am Gebiet Mandschurei/Jehol unter Herrschaft des selbsternannten Kaisers Puyi den monarchischen Satellitenstaat Mandschukuo etablierte, der bis 1945 Bestand hatte (Stichwort: Museum über japanische Kriegsverbrechen und Menschenversuche). Obwohl zahlreiche chinesische Kommunen japanische Schwesterstädte haben, ist das tiefe historische Misstrauen geblieben. Was früher kriegerisch ausgetragen wurde, erschöpft sich derzeit im Inselstreit zum Glück in wechselseitigen Drohgebärden und *in generalita* vor allem in einem wirtschaftlichen Wettlauf, wobei es für Japan nur schwer zu verkraften ist, dass das ehemals rückständige China mittlerweile nach den USA die zweitgrößte Volkswirtschaft der Welt ist. Wenn in China eine technische Einrichtung nicht funktioniert, oder wenn einer wie ich in einem

Aufzug stecken bleibt, kann man schon manchmal die ironisch-spöttelnde Bemerkung »Made in Japan« hören, die als Begründung für das Versagen herhalten muss.

Jeder China-Reisende kennt den vielfach von Einheimischen artikulierten Wunsch nach einem gemeinsamen Foto, oft als Selfie. Dieser Vorgang wird zumeist von unüberhörbarem Kichern der Chinesen begleitet. Besonders häufig werden sehr große Westler, Menschen mit lockigem Haar und Blondinen um ein Bild ersucht. So kann sich jeder westliche Gast kurz als Star fühlen, denn zurück in der Heimat, bittet ihn kaum jemand um eine Fotografie.

Den Spruch »Andere Länder, andere Sitten« könnte man noch um »Andere Länder, andere Geschmäcker« erweitern. Zwischen einem chinesischen Freund und mir hat sich zufällig das »Quiz« ergeben, den jeweils anderen zu fragen, welche Frauen, beispielsweise Passantinnen in einer Fußgängerzone, er für attraktiv hält. Auf einer Skala von 1 bis zur Höchstnote 10 konnten unsere Ansichten kaum unterschiedlicher sein. »Wie würdest du diese Frau benoten?«, hat er mich einmal gefragt. »Ich finde diese Dame überaus hübsch, ich sage 7–8«, war meine Replik, die ihn sichtlich amüsierte. »Maximal 4«, war seine Antwort. Die deutliche Divergenz in unserer Einschätzung war keine Seltenheit, sondern die Regel. Mein Freund hat dafür auch eine Erklärung. Chinesinnen, die sich westlich kleiden und schminken oder aufgrund der Augenformen weniger asiatisch wirken, entsprechen eher unseren Vorstellungen und wirken daher auf uns ansprechend. Diese Entscheidungsparameter fallen bei Einheimischen jedoch gänzlich weg. Seit mein Freund verheiratet ist, wagt er kaum noch, sich auf das Fragespiel einzulassen, aber ich habe dadurch einiges über die chinesische Perspektive von Ästhetik gelernt.

Die Vorstellung, in China würden sich alle Menschen mit dem Fahrrad fortbewegen, mag vor 35 Jahren gestimmt haben, im Jahr 2015 ist sie maximal eine Legende. Auf den Hauptverkehrsadern in Städten wie Peking, Shanghai, Harbin oder Ningbo sieht man nur ganz vereinzelt Radfahrer, dafür regelrechte Auto-Lawinen und in verstärktem Ausmaß Elektro-Motorräder. Die vielen Stadtautobahnen machen den Fahrradverkehr nahezu unmöglich und jedenfalls lebensgefährlich. Grün leuchtende Ampeln bedeuten übrigens gar nichts. Jeder Verkehrsteilnehmer geht und fährt zu jeder Zeit, egal, was die Lichtsignalanlage anzeigt. Besonders Fußgänger sollten sich im Eigeninteresse dessen bewusst sein.

Inlandsflüge sind im riesigen Reich der Mitte durchaus mit der Benutzung öffentlicher Verkehrsmittel in Mitteleuropa – wie Bus, Zug oder U-Bahn – vergleichbar, anders wären die enormen Distanzen auch nicht zu überwinden. Diesen Umstand erkennt man bereits am Handgepäck der Einheimischen, bei dem es sich nämlich keineswegs, wie normalerweise üblich, um Hand- bzw. Aktentaschen oder

Trolleys, sondern zumeist um Einkäufe (Lebensmittel, Gemüse, Schnaps etc.), Geschenke und in Kisten oder Schachteln verpackte Gegenstände aller Art handelt. Manchmal kommt bei mir sogar die Vermutung auf, dass sich in den gut verschnürten Verpackungen lebende Tiere befinden, aber einen Beweis dafür konnte ich noch nicht erbringen. Die Inlandsflughäfen ohne internationale Anschlüsse nehmen darauf Rücksicht und Bezug, dass viele der Reisenden wenig bis keine Erfahrung mit Flugsicherheitsbestimmungen haben. Auf großen Tafeln wird ausschließlich auf Chinesisch, aber deutlich mit Bildern illustriert, veranschaulicht, was nicht gestattet ist. Zu meiner Erheiterung konnte ich dabei erkennen, wie den Passagieren erklärt wird, dass das Mitführen von Faustfeuerwaffen, Maschinengewehren und Handgranaten im Flugzeug verboten ist. Offenbar eben keine Selbstverständlichkeit! Im Zuge dessen fiel mir wieder ein, was ich am Eingang des berühmten Hardrock Cafés in Peking gelesen hatte: »No nuclear weapons allowed inside!«[106] Was dort klarerweise als Spaß für Touristen gedacht ist.

Nach den Sicherheitskontrollen kann die »fliegende Busfahrt« beginnen, und in der Tat werden, wie bei einer herkömmlichen Autobusreise, Stationen angepeilt. Nach der Landung beim ersten angestrebten Flughafen müssen alle Passagiere aussteigen. Jene, die am Ziel angelangt sind, packen ihre Sachen zusammen, jene, die weiterreisen wollen, dürfen das Handgepäck in den Fächern belassen.

---

106 »Keine Atomwaffen im Inneren gestattet!«

Nach rund 15 Minuten Aufenthalt im unmittelbaren Airportbereich nahe der Gangway steigen die verbliebenen Fluggäste wieder ein. Dieser Vorgang wiederholt sich teilweise drei, vier Mal, bis die Maschine ihre Zieldestination erreicht hat. »Endstation, bitte alle aussteigen«, würde es in Österreich heißen.

Vor dem Rathaus in Harbin konnte ich im Mai 2015 eine größere Menschenansammlung sehen, die auf Transparenten und Fahnen (für mich unleserliche) Botschaften transportierte. Als ich meinen Freund William Fei fragte, was da los sei, meinte er: »Das ist eine Demonstration gegen ein bestimmtes Bauvorhaben.« Irgendwie war ich froh, auch diese Seite Chinas gesehen zu haben. Die Demonstranten blieben übrigens von der Staatsautorität komplett unbehelligt. Auch als ich nach etwa zweistündigen Terminen das Rathaus wieder verließ, waren diese noch vor Ort.

Karaoke-Singen ist in China ein beliebter »Volkssport« und wird KTV genannt. In zahlreichen Bars und Hotels gibt es jene Räume, die man teils um teures Geld mieten kann, wo ausgelassen gefeiert, Alkohol getrunken und eben gesungen wird. Die Darbietungen wirken auf westliche Ohren größtenteils wie Folter. KTV ist oft auch nach einem erfolgreichen Geschäftsabschluss angesagt, um denselben zu befeiern. »Ausländer sollten allerdings aufpassen. Da Prostitution offiziell verboten ist, werden manchmal auch Bordelle als Karaoke-Bars getarnt«, schrieb der Tagesspiegel vor einigen Jahren in seiner Serie »China verstehen«.[107] Dem ist nichts hinzuzufügen.

Unverzichtbar erscheint mir für jeden Gast, der möglichst viel vom chinesischen Lebensgefühl inhalieren will, Bazars zu besuchen, nach Souvenirs und landestypischen Produkten Ausschau zu halten und kräftig zu feilschen. In aller Regel ist dies Teil des Verkaufsvorganges, und der Händler würde sich sehr wundern oder gar lauthals lachen, wenn der potenzielle Käufer ohne Widerrede den erstgenannten Preis akzeptierte. Ist dem Verkäufer der gebotene Preis zu gering, wird er Ihnen die Ware nicht geben. In Shanghai gefiel mir auf einem ästhetisch wunderschönen Markt eine geschnitzte Holzmaske. Nach einer ursprünglichen Forderung von 150 Yuan war der Straßenverkäufer bereit, den Preis auf 80 Yuan zu senken. Ich hingegen wollte nur 50 Yuan bezahlen. Der Mann nahm die Maske und hängte sie an ihren ursprünglichen Platz zurück. 80 Yuan waren seine händlerische Schmerzgrenze gewesen. Es gibt schließlich auch Orte, an denen Standbetreiber nicht bereit sind zu handeln. So habe ich es nahe der Großen Mauer erlebt. Als ich feilschen wollte, sagte die Verkäuferin in mürrischem Ton: »Fixprice. No bargaining!«[108]. Obwohl hier nichts zu machen war, sind die Mitarbeiterinnen vom Harbiner Außenamt der Meinung, ich sei ein gu-

---

107 http://www.tagesspiegel.de/sport/china-verstehen-karaoke/1306186.html
108 »Fixpreis. Kein Feilschen!«

ter Feilscher. Sie tauften mich »Mr. Miller the pricekiller«[109].

In zehn Jahren, in denen ich das Reich der Mitte besucht habe, fanden sich viele interessante und erfolgreiche Personen in meinen Reisegruppen. Zwei von ihnen riefen auf der chinesischen Seite aber besonderes Interesse hervor. Wolf Rückert (voller Name Wolf-Dietrich Karl-Rückert) war zu Beginn des Jahres 2012 Mitglied meiner Wirtschaftsdelegation, die Harbin besuchte. Für Rückert, ein heute 72-jähriger Diplomphysiker, war es keineswegs der erste Besuch in China, konnte er doch auf einen langjährigen, turbulenten Lebensweg in Fernost zurückblicken. 1972 erhielt er als junger Techniker den Auftrag, in der Demokratischen Volksrepublik Korea (umgangssprachlich Nordkorea) einen Monat lang Schweißtechnik zu vermitteln. In der Annahme, bald wieder zurück zu sein, brach er zu diesem Unternehmen auf. Da es zu Beginn der 1970er-Jahre kaum westliche Facharbeiter in Nordkorea gab, wurde er auch dem Staatsgründer und Präsidenten Kim Il Sung vorgestellt. Aufgrund des Erfolges des Knowhow-Transfers wurden aus einem Monat acht, ehe der Langnase zu ihrer völligen Überraschung eröffnet wurde, dass sie den »Großen Führer« Kim zur Geburtstagsfeier des »Großen Vorsitzenden« Mao in Peking begleiten solle. Dort beantwortete der Jubilar Kims Frage, was er sich zum Wiegenfest wünsche, mit dem Hinweis auf den mitgereisten westlichen Techniker. Das Interesse

---

109 »Herr Müller, der Preiskiller«

verstärkte sich noch, als Mao erfuhr, dass der junge Mann ein Ur-Ur-Ur-Nachkomme des deutschen Dichters und Gelehrten Friedrich Rückert ist, der »Nachdichtungen der ältesten schriftlich hinterlassenen Literatur Chinas herausgegeben und ein von Konfuzius gesammeltes Liederbuch 1833 ins Deutsche übersetzt hatte.[110] So verschlug es Wolf Rückert nach China, wo er von nun an im Norden des Landes (wohnhaft in Liaoyang), in der Provinz Liaoning, den chemischen Anlagenbau forcieren, lenken und 40.000 Arbeiter, bestehend aus 80 % Militärs und 20 % Bauern, leiten sollte. Der Job war weder einträglich (Verdienst: 450 Yuan) noch einfach, noch ungefährlich, zumal es im letzten Drittel der Kulturrevolution immer noch proletarische Fanatiker, Modernisierungsverweigerer und auch Anti-Industrie-Tendenzen im Volk gab. Daher wurde der junge Mann, den sie dennoch teilweise »alter Lehrer« oder auch lăo Rü (als Abkürzung von Rückert) nannten, eskortiert und beschützt. »Seht mich als Lehrer, nicht als Kommandeur« wurde sein Motto. Rund alle zwei Monate hatte die Langnase zu Beginn ihrer Tätigkeit dem Vorsitzenden Mao über den Fortgang der Bauprojekte persönlich zu berichten. Insgesamt rund zwölfmal traf Rückert mit dem Staatsgründer zusammen, der ihm dabei auch seine drei wichtigsten Ziele für die Menschen in der Volksrepublik erläuterte: 1. Ernährung, 2. Kleidung, 3. Mobilität mittels Fahrrad. Fotos von den Zusammenkünften zu machen wurde ihm mit dem Verweis »Sie nehmen den Menschen die See-

---

110 http://www.rueckert-gesellschaft.de/archiv2013.html

le!« nicht gestattet. Neben der Beschäftigung mit dem chemischen Anlagenbau für die Textilindustrie (wie das Chemische Faser-Kombinat in Liaoyang), bauten Rückerts Arbeiter Schweißtechnik-Schulen (z. B. in Harbin, Daqing), in denen im Laufe der Jahre rund 2.500 Personen – darunter viele Frauen – ausgebildet wurden. Waggonweise trafen dazu Spenden aus Deutschland und Österreich (z. B. alte Schweißmaschinen, Elektroden) ein. Trotz teils erheblicher Fortschritte waren der Fachkräftemangel und die permanenten Probleme mit der Stromversorgung enorm, und die Menschen nahmen oft nicht viel mehr als heißes, mit Knoblauch angereichertes, Wasser zu sich. Westler waren damals nur unmerklich häufiger in China anzutreffen als Außerirdische. So war es auch keine Überraschung, dass Wolf Rückert persönlich vom österreichischen Botschafter in Peking, Wilfried Gredler, empfangen wurde. Nach dem Tod des Vorsitzenden fiel er in Ungnade, wurde als Mao-Vertrauter drangsaliert, war Repressalien ausgesetzt und wurde beruflich entfernt. Erst Deng Xiaoping holte lăo Rü wieder zurück zum Anlagenbau. Insgesamt blieb Wolf Rückert zwölf Jahre (bis 1984) in China, wo auch seine Töchter aufwuchsen. »›Vertraue nur Menschen über 70‹, hat Deng Xiaoping einmal zu mir gesagt, jetzt bin ich selber so alt«, beschloss der Mann, der nur für ein Monat nach Nordkorea gehen wollte, aber mehr als ein Jahrzehnt in China geblieben ist, seine Erzählung.

Die zweite besondere Persönlichkeit, die mich einmal nach Nordchina begleitet hat, ist der langjährige Leiter des Ressorts »Internationale Politik«

des größten österreichischen Tagblattes, der Kronen Zeitung. Kurt Seinitz bereiste 1972 im Rahmen einer österreichischen Journalistendelegation (u. a. von Arbeiterzeitung, Kleine Zeitung) erstmals die Volksrepublik China. Seitdem sind mehr als 40 Jahre vergangen, und der außenpolitische Redakteur hat sich in unzähligen Artikeln, aber insbesondere in seinen Bestsellern »Vorsicht China« und »Zeitbombe China« ausführlich, oftmals kritisch, aber ausgewogen und jedenfalls fundiert mit dem Reich der Mitte beschäftigt. Drei chinesische Führer – Zhou Enlai, Deng Xiaoping und Jiang Zemin – traf er zu Gesprächen und führte mit ihnen Interviews. Aus dem sehr jungen Journalisten des Jahres 1972 ist im Laufe der Zeit ein ausgewiesener Chinakenner geworden. Als ich mich im Sommer 2013 zur Vorbesprechung unserer gemeinsamen Nordchinareise mit ihm und William Fei in einem Chinarestaurant in Wien traf, meinte Seinitz, dass es Schwierigkeiten geben könne, zumal er soeben das kritische Buch »Zeitbombe China« inklusive eines Interviews mit dem Dalai Lama herausgebracht habe. Wie sich bald herausstellen sollte, gab es aber keinerlei diplomatische Komplikationen. Die Journalistenreise wurde zum vollen Erfolg. Wir wurden höchstrangig empfangen, absolvierten ein Mammutprogramm an Terminen und konnten sogar noch den Abschluss eines wichtigen Geschäftes für ein Wiener Neustädter Unternehmen feiern. Da Kurt Seinitz überaus bescheiden auftrat, lag es an William Fei und mir, auf dessen jahrzehntelange Chinaerfahrungen und besondere Reputation hinzuweisen. Als unsere chinesischen Freunde erfuhren, dass dieser Mann noch

Zhou Enlai und Deng Xiaoping persönlich getroffen hatte, war die Bewunderung groß und tief. Am letzten Tag der Journalistenreise, knapp vor unserem Abflug, baten die Mitarbeiter des Außenamtes im Auftrag ihrer Stadtregierung Kurt Seinitz, er möge nach seiner Rückkunft in Wien einige signierte Exemplare seines Buches »Zeitbombe China« nach Harbin senden, was er gerne zusagte. Mit diesem Ersuchen haben uns die nordchinesischen Politiker ganz elegant drei Botschaften mit auf den Weg gegeben: 1. Sie erweisen jemandem Respekt, der über ein enormes Wissen über ihr Land verfügt und der seit dem Beginn der diplomatischen Beziehungen zwischen China und Österreich viel zur Verständigung beider Völker beigetragen hat. 2. Sie wissen aber auch, dass Kurt Seinitz ein sehr kritisches Chinabuch veröffentlicht hat, in dem auch ein Interview mit dem Dalai Lama ausführlichen Platz einnimmt. 3. Mit der Bitte um Übermittlung von Exemplaren dieses Buches wollen sie, gerade weil sie über den Inhalt Bescheid wissen, ihre Weltoffenheit zeigen.

In zehn Jahren China-Engagement ist es Partnern und meinem Team gelungen, rund 600.000 Euro messbare Umsätze und unmittelbare Wertschöpfung für die Region im südlichen Niederösterreich bis ins Burgenland zu lukrieren. Von vier verkauften hochwertigen Klavierflügeln »Made in Austria« sowie 28.000 Flaschen heimischen Weins und Schnapses, über die Stärkung des Wirtschaftstourismus und damit der Gastronomie sowie Hotellerie, bis zu Gratis-Stipendien von Top-Universitäten und kostenlosen hochwertigen Opern- und Kulturaufführungen in Ostösterreich. Dieser Weg war nicht immer einfach, manchmal kritisiert, oftmals steinig und zäh, aber insgesamt richtig. Er hat nicht nur dem Industrieviertel und seinem Umland, sondern auch der Bezirkshauptstadt Wiener Neustadt gut getan. Jene Stadt, die im Zweiten Weltkrieg aufgrund ihrer kriegswichtigen Relevanz als Rüstungsstandort durch alliierte Bombenangriffe nahezu dem Erdboden gleichgemacht worden war und 1975 für ihre Bemühungen um Verständigung, Frieden und Toleranz am damals geteilten Kontinent vom Europarat mit der Ehrenfahne und 1989 mit der Ehrenplakette ausgezeichnet wurde. Internationales Engagement bringt weder schnelle Schlagzeilen noch Schulterklopfen, es ist vielmehr ein Anspruch an den eigenen Weitblick und die Weltoffenheit.

Es wäre ein vollkommener Irrglaube, anzunehmen, ein Großteil der chinesischen Bevölkerung würde sich ein politisches System nach dem Vorbild westlicher Demokratien wünschen. Wer dies vermutet, denkt ausschließlich west-zentristisch – trotz der Massenproteste in Hongkong, trotz der prominenten Dissidenten und spektakulären Korruptionsprozesse. Bei vielen chinesischen Intellektuellen ist die Furcht vor einer neuen, selbstzerstörerischen Kulturrevolution viel stärker ausgeprägt als die Sehnsucht nach Demokratie. Und eines eint das riesige Reich und ihre Bürgerinnen und Bürger: der Stolz auf die jahrtausendealte Kultur sowie auf den enormen wirtschaftlichen Aufstieg der letzten 35 Jahre. China ist wieder zu einer Weltmacht geworden, das hebt das kollektive chinesische Nationalgefühl enorm. »Durch Beijings Aufstieg hat sich schon jetzt das wirtschaftliche und militärische Kräftegleichgewicht verändert, und jetzt verändert sich zudem das westliche Verständnis von Politik, Wirtschaft und Ordnung. Wer behauptet, dass die Volksrepublik mit wachsendem Reichtum immer westlicher würde, ist eines Besseren belehrt worden. Zum ersten Mal seit dem Ende des Kalten Krieges stehen Europa und Amerika einer eindrucksvollen Alternative gegenüber: dem chinesischen Modell.«[111]

Ich habe in den Jahren 2006 bis 2015 beruflich wie auch privat mehrere Provinzen, Städte, Kreise und Dörfer besucht – viele davon finden sich in keinem einzigen Reiseführer oder Bildband. Dabei hatte ich neben politischen Zusammenkünften einerseits und der Besichtigung von Sehenswürdigkeiten andererseits auch die Gelegenheit, Unternehmen, Universitäten, Schulen, Spitäler und eine pädagogische Einrichtung für Kinder mit besonderen Bedürfnissen zu besuchen. In Letzterer war es berührend zu sehen, wie die Buben und Mädchen auf ein eigenständiges Erwachsenenleben vorbereitet wurden. Unter anderem gab es einen kleinen Übungsladen, in dem ihnen behutsam beigebracht wurde, mit Geld umzugehen, einzukaufen, ganz einfach später in der realen Welt zurechtzukommen. An einer Schule erfuhren wir, dass die Schülerinnen und Schüler in Verhandlungstechnik unterrichtet werden, um so im künftigen beruflichen Leben gewappnet und er-

---

111 Leonard, Mark: Was denkt China? München 2010, S. 178

folgreich zu sein. Besondere Erlebnisse waren auch die Besuche am Harbin Institute of Technology und an der Beijing Normal University, beides sind besonders renommierte Hochschulen. An Letzterer überbrachte mir zudem die Vizepräsidentin Hao Fanghua, eine Freundin von Shan Deqin, zwei kostenlose Semester-Studienplätze für junge Menschen aus meiner Region als Geschenk. Man kann diesen Wert nicht hoch genug einschätzen. Traurig war hingegen das Erlebnis in einer Photovoltaik-Fabrik im Osten von China, wo uns ein leitender Angestellter lachend (!) berichtete, die Produktion würde demnächst von manuell auf vollautomatisch umgestellt, nur die Beschäftigten wüssten noch nichts davon, dass sie bald ihren Job verlieren würden.

China ist der Angst einflößende Drache, aber auch der verletzliche Tiger. China ist die Skyline von Shanghai, die Verbotene Stadt von Peking, die Schnee- und Eispracht von Harbin, der Tee von Pu'er, der Hafen von Ningbo, die Ölstadt Daqing, das Villenviertel von Jinhua und die Perspektivenlosigkeit des ärmlichen Dorfes Jinxing. China ist die Permanenz an Menschenmassen, der gesundheitsgefährdende Smog und der unerträgliche Verkehr in den Großstädten mit ihren häufig überfluteten Straßen. China ist Hightech und Rückständigkeit zugleich. China ist die zweitgrößte Volkswirtschaft der Welt, aber auch eine Nation von 268,9 Mio. (Stand 2013) bettelarmen Wanderarbeitern. China wird im Westen mit nichts mehr assoziiert als mit dem Reis. China ist Reis, aber eben nicht nur. Es lohnt sich, das China hinter dem Reis kennenzulernen.

»Wenn du das Wasser trinkst, vergiss nicht, wer danach gegraben hat« – Danksagung

Auf einer meiner ersten Reisen habe ich in Nordchina den in der Überschrift angeführten Spruch kennengelernt. Er hat mich all die Jahre nicht mehr losgelassen, weil ich denke, dass er einfach und treffend etwas ausdrückt, worauf viele von uns, vor allem in der Hektik des Alltags, nur allzu oft vergessen: Dankbarkeit zu zeigen und zu leben. Wer Wasser trinkt, sollte nicht vergessen, wer es durch Grabungen möglich gemacht hat. Wer ein Buch schreibt, sollte sich jene Personen in Erinnerung rufen, ohne die es nicht zustande gekommen wäre.

Ich bedanke mich bei Edda Schneider für das zeitaufwendige Korrekturlesen und für wichtige stilistische Anmerkungen. Mein Dank gilt Marie Grüner, BA, DI Dr. Gerhard Pramhas, MBA, KommR. Walter Rose und Mag. (FH) Anita Oberhofer für hilfreiche inhaltliche Anregungen bzw. das Zurverfügungstellen von Fotos. Zu besonderem Dank bin ich Mag. Claudia Altmann-Pospischek verpflichtet, die nicht nur wichtige Lektorin war, sondern auch maßgebliche inhaltliche Inputs geleistet und mir eine Vielzahl von Bildern überlassen hat. Johannes Elischak sei für die wichtige Beibringung von Archivmaterial zum Kapitel über Dr. Jakob Rosenfeld gedankt.

Eine maßgebliche fachliche Stütze während der Arbeit an diesem Buch war der Direktor des Konfuzius-Instituts Wien, Univ.-Prof. Dr. Richard Trappl, wofür ich ihm sehr zu Dank verpflichtet bin. Ich fühle mich überaus geehrt, dass der Leiter des Ressorts »Internationale Politik« der Kronen Zeitung und Bestseller-Autor Kurt Seinitz meinem Buch ein Vorwort beigesteuert hat. Vielen Dank!

Die akribische Recherchearbeit und Übermittlung von angefragten Daten durch Guo Qiao war ein unverzichtbarer Baustein bei diesem Buchprojekt, wofür ich mich in aller Form bedanken möchte. Weiters danke ich Shan Deqin und Chen Xun für ihre wichtige Rolle als Nachrichtenüberbringer und stets hilfsbereite Kontaktpersonen.

Herzlichen Dank an Fei Zu-Xi, für seine Bereitschaft, mir über sein Leben, aber auch seine Einschätzung zu den österreichisch-chinesischen Beziehungen Rede und Antwort zu stehen. Ebenso bedanke ich mich herzlich bei meinen geduldigen Interviewpartnern Prof. DI Wolf-Dietrich Karl-Rückert und Roman Schärf, die mir viel weitergeholfen haben. Weiters möchte ich mich beim Ehrenpräsidenten des Überseechinesenkomitees der ÖGCF Zhan Weiping herzlich für seine Bewertung bedanken.

Nicht zuletzt gilt mein Dank dem Seifert Verlag, insbesondere Frau Dr. Maria Seifert, ohne deren Vertrauen und Unterstützung dieses Buch niemals zustande gekommen wäre.

Alle Daten, Zahlen und Fakten wurden quellenbasiert und nach bestem Wissen und Gewissen erhoben sowie recherchiert. Für etwaige dennoch vorkommende Fehler möchte ich mich entschuldigen. Sie liegen alleine in meiner Verantwortung. Für Anregungen oder Anfragen bin ich dankbar und unter bernhard.mueller@gmx.eu erreichbar.

Bernhard Müller *Wiener Neustadt, am 1. Juli 2015*

Quellen

Literatur

brand eins Wissen (Hg.): China in Zahlen. Hamburg 2012

Delius, Peter (Hg.): China. Eine Bilderreise. Hamburg 2008

Dumont Bildatlas China. Ostfildern 2011

Fülling, Oliver; Bolch, Oliver: Highlights China. Die 50 Ziele, die Sie gesehen haben sollten. München 2011

Gamsa, Mark: The many Faces of Hotel Moderne in Harbin. In: East Asian History, Nr. 37, Dezember 2011

Gehrke, Jürgen: „Die sehen ja alle gleich aus!": Einflussfaktoren der unterschiedlichen Wiedererkennensleistung von Gesichtern der eigenen Ethnie und Gesichtern anderer Ethnien (Cross-Race Bias). Inaugural-Dissertation zur Erlangung des Doktorgrades der Philosophie des Fachbereichs Psychologie der Justus-Liebig-Universität Gießen. 2005

Huang, Joanne: China besser verstehen. Interkulturelle Annäherung – Warum Chinesen anders denken und handeln. Augsburg 2010

Kaminski, Gerd: Von Österreichern und anderen Chinesen. Wien 2011
Leonard, Mark: Was denkt China? München 2010
Lonely Planet. China. Ostfildern 2013
Martin, Helmut: China ohne Maoismus? Wandlungen einer Staatsideologie. Reinbek bei Hamburg 1980
Meyers. Atlas China. Auf dem Weg zur Weltmacht. Mannheim 2010
Moritz, Ralf (Übersetzer): Konfuzius: Gespräche (Lun-Yu). Ditzingen bei Stuttgart 1998
Pao, Basil: China. Unterwegs in allen Provinzen. München 2008
Pilny, Karl: Tiger auf dem Sprung. Politik, Macht und Märkte in Südostasien. Frankfurt/Main 2008
Schneider, Gerd; Comberg, Jufang: Geschäftskultur kompakt. China. Meerbusch 2014
Van Hess, Hans: Die 101 wichtigsten Fragen. China. München 2008
Vermeer, Manuel: China.de. Erfolgreich verhandeln mit chinesischen Geschäftspartnern. Wiesbaden 2007
Vivas, Maxime: Hinter dem Lächeln. Die verborgene Seite des Dalai Lama. Paris 2011

Internet

http://www.amazon.de
http://austria-forum.org
http://www.baunetz.de
http://www.chinadaily.com.cn
http://www.chinaembassy.at

http://www.chinafrica.cn/english
http://www.chinahighlights.com
http://www.chinaknowledge.com
http://www.chinatoday.com.cn/chinaheute
http://www.chinavitae.com
http://www.china-briefing.com
http://www.china-guide.de
http://de.sputniknews.com/german.ruvr.ru
http://de.statista.com
http://derstandard.at
http://www.duden.de
http://en.moutaichina.com
http://www.focus.de
http://www.forumchina.de
http://geb.uni-giessen.de
http://www.geohive.com
http://german.china.org.cn
http://german.cri.cn
http://german.ningbo.gov.cn
http://german.people.com.cn/
http://www.gesundheit.de
http://www.guinnessworldrecords.com
http://www.handelsblatt.com
http://interculturecapital.de
http://www.interiorsfromspain.com
http://www.journal21.ch
http://www.konfuzius-institut.at
http://www.manager-magazin.de
http://munchies.vice.com
http://www.nbmuseum.cn
http://www.nextroom.at
http://www.nzz.ch
http://www.n-tv.de

http://www.onmeda.de
http://puerhtee.com
http://religionv1.orf.at
http://www.rp-online.de
http://www.spiegel.de
https://staseve.wordpress.com
http://www.stylepark.com
http://www.sueddeutsche.de
http://www.sunrise-and-sunset.com
http://www.tagesspiegel.de
http://tamschick.com
http://www.thebeijinger.com
http://www.tigerbalm.com
http://www.tsingtaobeer.com
http://www.welt.de
http://www.weltausstellung-shanghai.de
http://www.wieser-verlag.com
http://www.zeit.de

Zeitschriften

Amtsblatt und Mitteilungen der Stadt Wiener Neustadt Nr. 10/Juli 1971
Amtsblatt und Mitteilungen der Stadt Wiener Neustadt Nr. 14/November 1971
East Asian History, Nr. 37, Dezember 2011
Geo Special. Die Welt entdecken. China. Klassische Schönheit, aufregende Moderne. Reisewege durch das Reich der Mitte. 1/2012

Interviews

(William) Fei Zu-Xi am 11.03.2015
(William) Fei Zu-Xi am 16.03.2015
Wolf-Dietrich Karl-Rückert am 26.06.2015
Roman Schärf am 30.06.2015

Sonstiges

Aktennotiz von (William) Fei Zu-Xi (undatiert)
(Broschüre) Deutsche Redaktion. Radio China International, o. O., o. J.
(Broschüre) Information Office of Ningbo Municipal People's Government (Hg.): Ningbo China 2011. Ningbo 2011
(Broschüre) Organisation zur Unterstützung der österreichisch-chinesischen Beziehungen, o. O., o. J. (2007)
(DVD) Inside Ice Vegas

Abendstimmung in der ostchinesischen Stadt Ningbo

Mit Cafétier Roman Schärf und Plantagenmitarbeitern in der südchinesischen Provinz Yunnan

China auf dem Land – die Bilder entsprechen den westlichen Vorstellungen vom riesigen Reich der Mitte, zeigen aber nur eine Facette.

Vorbereitungen zu einem großen Festbankett – wer hier eingeladen wird, hat eine hohe Stellung oder ist ein wichtiger ausländischer Gast.

Nur für Mutige und Trainierte: Winterschwimmen bei -20 Grad Celsius im eisigen Harbin. Der »Pool« wird dabei in den Songhua-Fluss geschlagen.

Ein Geschenk von Ningbo an Wiener Neustadt: Die umjubelte Aufführung der Oper »The Grand Trousseaus – Dream of a Maiden«. Ein Hauch von Fernost in Ostösterreich.

Uniformierte Chinesinnen versuchen sich vor der brütenden Hitze in Shanghai zu schützen. Im Hintergrund die berühmte Skyline.

Heftige Verkehrsstaus regen im Land des Lächelns maximal ausländische Langnasen auf. Aber Radfahren wollen hier – entgegen allen westlichen Klischees – nur wenige Chinesen.

Früchte- und Gewürzmärkte, wie man sie in ganz China findet.

Original chinesisches Essen (auf hohem Niveau): Ente, Fisch, Quallensalat, Muscheln, Rindfleisch, Gemüse sowie Tee und Bier …

… und die Nachspeise

Kandierte Früchte im Winter

Die chinesische Delikatesse Hühnerkralle scheint aus der Suppe lockend »iss mich« zu signalisieren.

Der beeindruckende Pavillon der VR China (»Krone des Orients«) bei der EXPO 2010

Langnasen sind begehrte Fotoobjekte, insbesondere wenn sie einen großen Bauch haben. Nicht selten gibt es danach bei den chinesischen Fotopartnern ein heftiges Kichern.

Überflutete Straßen nach heftigen Regengüssen sind aufgrund der häufig schlechten Kanalnetze in China keine Seltenheit.

Der rührige Chauffeur Li Hui bringt seine Fahrgäste nicht nur sicher durch den Großstadtverkehr, sondern sorgt auch für deren leibliches Wohl. Im Bild links Jürgen Schwarz, einer meiner Reisegefährten.

»Gānbēi!« mit meinem Freund Michael Gao: Ex-Trinken auf die Freundschaft und Gesundheit

Unterzeichnung des Städtepartnerschaftsvertrags Wiener Neustadt–Harbin 2008; Bürgermeister Zhang Xiaolian mit dem Autor

Morgens in der Großstadt – eine Mischung aus Kälte, Hausbrand und Smog

Pagoden und Tempel – der Inbegriff des alten Chinas

Fei Zu-Xi, westlich genannt William, haben die österreichisch-chinesischen Beziehungen und auch ich viel zu verdanken. Ein Gentleman vom Scheitel bis zur Sohle.

Dr. Jakob Rosenfeld, Arzt und Humanist, war in Österreich lange Zeit in Vergessenheit geraten – in China wird er verehrt. Diese Würdigung befindet sich im Jüdischen Museum in Harbin.

In dieser Form gehen offizielle Empfänge von ausländischen Politikern über die Bühne. Hier der Autor mit Song Wei, einem Offiziellen der Stadt Ningbo.

Großkatzen im Sibirischen Tiger-Park, Provinz Heilongjiang. Tiger stehen in China für Mut und Tapferkeit, aber auch für Zielstrebigkeit, Führungsqualität und Organisationstalent.

Amtseinführung der ständigen Repräsentanten der Partnerschaftsbüros Wiener Neustadt–Harbin 2011; v.l.n.r.: Guo Qiao, Shan Deqin, der Autor, Botschaftsrat Wang Shunqing

Über den Dächern der 10-Millionen-Einwohner-Metropole Harbin

»Der große Steuermann« Mao Zedong (gest. 1976) würde »sein« China nicht wiedererkennen. Dennoch gibt es im Land unzählige Statuen von ihm, und über dem Eingang zur Verbotenen Stadt hängt unverändert sein Konterfei.